山の本棚

池内紀

山と溪谷社

目次

本書は、月刊誌『山と溪谷』（小社）
二〇〇七年一月号から二〇一九年一〇月号まで連載した
「山の本棚」を単行本化したものです。
本文の内容は、連載掲載時のままとしています。
本書で紹介している本のなかには、
現在、絶版、品切れとなっているものもあります。

山 の 本 棚

池内紀

『飯田蛇笏集成』

飯田蛇笏　角川書店　一九九四年―一九九五年　全七巻

中央線で塩山をすぎ、勝沼のトンネルを出ると、やにわに視界が大きくひらける。俳人飯田蛇笏《だこつ》がくり返し語ったところだ。

「山梨の地域は、南北都留《つる》の二都と他の諸郡とが一聯の分水嶺によって分けられており……」

そこはまた山好きがくり返し出かけていくところでもある。南アルプス、国師《こくし》、甲武信《こぶし》、八ヶ《やつ》岳、金峰《きんぷ》、瑞牆《みずがき》、大菩薩《だいぼさつ》……。列車は一面のブドウ畑の中を、まっしぐらに走りくだる。心がはやって、用もないのにソワソワと立ち上がったりしたものだ。

芋の露連山影を正《ただしゅ》うす

世に知られた蛇笏の作。ほかにも多くの山の句を作った。みずから「山岳礼讃・自句自解」を書いている。生まれ故郷は、山都甲斐国のほぼ中央にあたる。

八方の岳しずまりて薺打《なづなうつ》

仕事部屋からは南アルプスが見えたようだ。甲斐平をへだてて右手に八ヶ岳。自解のなかで述べている。

「……南に廻るに従って同時に一聯の分水嶺へかかることになり、ここに三峠《みつとうげ》、御坂峠《みさかとうげ》等をつつむ富士岳麓一帯の諸峰がむらがり聳えている」

蛇笏句集は山の本棚に欠かせない。本名、飯田武治。山梨県東八代郡五成村（のち境川村。現・笛吹市）の旧家の生まれ。一度は東京に出たが、家を継ぐべく二十四歳のとき郷里に帰った。明治末年のことである。

つぶらなるなす汝《な》が眼吻《す》はなん露の秋

若いころはローマン的な作風だった。それがしだいに変わっていく。

炭売《すみうり》の娘《こ》のあつき手に触《さわ》りけり

旧家の総領息子にとって、山居は宿命のようなものだったのだろう。そこから悠大な風土を詠みこんだ格調高い作品が生まれた。

雪やみて山岳すわる日の光り

「山岳すわる」といった表現は、日夜山並みにしたしんだ人の感性にちがいない。松本に向かうすがら、ガラスのように澄んだ冬空に、甲斐の山が突き立っているのを目にすると、蛇笏の一句が頭をかすめる。

極寒の塵《ちり》もとどめず巖《いわ》ぶすま

何万語をついやしたからといって、山の壮大さがつたわるとはかぎらない。切りつめられた十七音が巨大な大地のかたまりと向き合って、一歩もひかないけしきである。

『楢山節考』

深沢七郎　中央公論新社　一九五七年

小説の出だしに、これが「山の物語」であることが示してある。「山と山が連《つら》なって、どこまでも山ばかりである」そのかぎりでは、どの地方にもあてはまる。だからつぎに「この信州の山々の間にある村」とつづけてある。主人公おりんたちの村のあるところ。

わが国の山里に伝わる棄老説話をモチーフにした。年をとり不要になった老人は奥山深くに棄《す》てられる。「姥捨《うばすて》伝説」が有名であって、イメージをかさねるために信州としたまでのこと。ほんらい、どこであってもかまわない。

『楢山節考《ならやまぶしこう》』がすばらしいのは、すべてが山の世界のルールのもとに語られていることだ。たとえば隣村に、わざわざ名をあげたりしない。山の向こうなので「向う村」、双方がこれですませている。

家の呼び方にしても、ケヤキの根っこを切った切株が家の前にあるので「根っこ」。隣家は「銭屋」。先祖の誰かが越後へ出かけ、天保銭一枚を持ち帰ったのに由来する。その後どんなに貧乏しても、豪勢な「銭屋」に変わりはない。

山国は米に乏しい。アワ、ヒエ、トウモロコシが常食で、白飯は祭りのときか、よくよくの重病人しか口に入らない。盆踊り歌がからかっている。


おらんの父《と》っちゃん身持の悪さ　三日病んだらまんま炊いた

たかが三日ぐらいの病気で米を食べた極道者というわけだ。


お山まいりの道順を村の衆が教えるくだり。

「裏山の裾を廻って次の山の柊の木の下を通って裾を廻り、三つ目の山を登って行けば池がある……」

山里ではつねにこんな言い方で道筋を伝えるものだ。まさしく山ことばによるアクセスである。終わりもまた衣類に託し、山暮らしの定式で結んである。楢山へ去った人の綿入れは、はやくもその夜、孫がどてら代わりに背中にかけ、「縞の細帯」は嫁になる女がしめている。

厳しくすべてを山のルールが支配している。だからこそ凄惨な物語が透明な美しさをもち、おりん・辰平という聖母子像が生まれた。ルール破りの隣家の老人は、がんじがらみにしばられて谷へ落とされなくてはならない。

半世紀前に世に出た山の物語が、いまなお拭《ぬぐ》ったように新しい。現在では不要になった老人は介護施設や病院に棄てられる。ただ悲しくセツないだけなのは、もっぱら金銭ずくの町のルールによるからだろう。

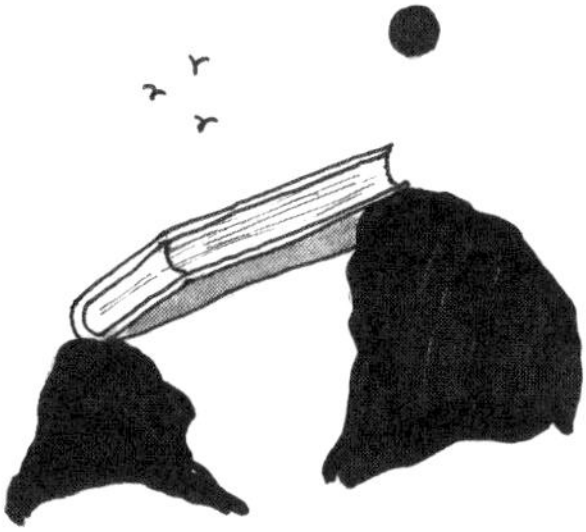

「照葉樹林文化論」

中尾佐助　北海道大学出版会『中尾佐助著作集』第Ⅵ巻に所収　二〇〇六年

栽培植物学の中尾佐助（一九一六―一九九三）は、照葉樹林文化の提唱者として知られている。戦後、日本人によってもたらされた学説のなかで、とびきり独創的で、雄大な視野をもち、さまざまな分野に広範な影響を及ぼした。

昭和二十七年（一九五二）、日本山岳会マナスル踏査隊の一員としてネパールへ出かけた。約三カ月の調査を終えてカトマンズへ到着する前日のこと。辺りがしだいに暗くなり、はるか下のほうにカトマンズの灯りがチラチラしはじめた。

「まわりの山々は暗くなってくる。その山々を、びっしり黒々と森林がおおっている。あの森はなにか」

常緑カシ類を主体とする照葉樹林である。ヒマラヤの中腹は照葉樹林帯であり、それはヒマラヤから中国・雲南省、長江以南、朝鮮南部、さらに西日本へとつづいている。

中尾佐助がヒマラヤ山麓の黒々とした森に気づいたのは、さきだってどっさりと目の記憶があったからだ。二十代はじめの中国東北部・小興安嶺にはじまり、朝鮮北部の狼《ロー》林《リン》山脈、南樺太、東南アジア。永らく鎖国状態だったブータン王国にはじめて入国を許され、半年あまりにわたり、くまなく歩いた。

著作集Ⅵ収録の写真の一つだが、プータンハウスで、採集した植物を標本にしている写真がついている。新聞紙に一点ずつはさんでいく。頭上には整理ずみが洗濯バサミのようなものでぶら下げてある。

採集植物つきの新聞紙が、四角い箱のようにきちんと積み上がり、頭上からは扇状に形をとって下がっている。職人のような手ぎわよさに気がつく。

中尾佐助は、丹念に調査し、ひろくたずね、よく観察した。たえず実物で考え、まちがいを修正し、あらためて実物でたしかめた。あくまでも実証を重んじ、植生の帯をつくって共通する文化を提唱したが、強いて体系化したりはしなかった。

「人間文化の要素として共通性があると最初に私が気づいたのはシソの存在だった」

いつも具体的な手がかりから出発した。

つづいて茶、ナットウ、麹酒、柑橘類、漆、絹、はては鵜飼といった漁の仕方。特有の文化要素をたしかめるなかから、雄大な考え方がまとまりをみせていく。山を歩きながら五感と手足で、中尾流にいうと、「無理せずとも集まってきた情報」でもって、こよなく知的なたのしみができるのだ。

『越後山岳』

日本山岳会越後支部 編

（日本山岳会越後支部の会報にあたる。一九四八年二月〜二〇一七年の間に第十三号まで刊行）

旅先で古書店に行きあわせると、古い雑誌が積み上げてあるあたりをながめている。紙が黄ばんでいたり、チョコレート色に変色したのが狙い目だ。歳月のせいというよりも紙質が劣悪だった。ひどい紙が使われた。

戦後十年ほどの間に出たもの。紙は悪いが中身はいい。悪夢のような戦争が終わったあとの飛び立つような解放感と、燃えるような向学心と、誰はばかることなく文字にできるよろこびが伝わってくる。

『越後山岳』もそんな一つだ。創刊は昭和二十三年（一九四八）二月。編集・発行は新潟市祝町・藤島玄《げん》。同人組織の場合、きっと核になる人がいるものだが、越後の山ではこの人だったのだろう。仲間うちでは「ゲンさん」などとよばれていたのではなかろうか。

「山毛欅《ブナ》林の間にランプの灯が粉雪に燦めく　苗場ヒュッテ　苗場の鐘が鳴る！」

表紙うらの広告が初々《ういうい》しい。イモがゆをすすって出かけ、寒さよけに唐辛子を持っていくような山行だったが、身も心も夢にあふれていた。

執筆者には住所がそえてある。そのなかに武田久吉、松方三郎、槇有恒らがまじっている。わが国登山界に大きな足跡を残した人たちだが、同人たちとまったく同じ扱いで、松方三郎　東京都港区赤坂霊南坂町、槇有恒　神奈川県茅ヶ崎市中海岸といったぐあいだ。たのまれたほうも、無報酬でこころよく寄稿した。朽ちかけた紙のあいだから、澄みきった山気が匂い立ってくる。

クリーニング業、洋服仕立て、代書屋……。同人それぞれ仕事をもっていた。発行人・藤島玄は、「鉄工所勤めの身で」と書いているから、日常がわかる。時間に限られ、ふところは乏しい。汚れたザックに使いふるしのズボン、ツギのあたったシャツ。

「活動の夏の後に思索の秋がくる」

越後の冬は長い。かじかんだ手をイロリの火にあぶりながらペンをとったのだろう。

「御神楽《みかぐら》岳東面概念図」「御神楽岳偵察行」「御神楽沢遡登」「御神楽岳奥壁登攀記録」などと号にまたがってつづいているのは、一つの山に登るにあたり、まず偵察し、図をつくり、議論をし、実際に登ったあと、きちんと記録をつくったからだ。

第四号には「實《さね》川遭難報告記」が掲載されている。いっしょに行った仲間が、遭難者の登山歴から家庭、出発までのいきさつより稿を起こし、遭難の顚末をくわしく報告した。自分より十メートルほど下流の浅瀬で、右岸に頭を向け二、三回横転したという。

「私はその時、立ち上ったなと思いましたが、次の瞬間にバタッと倒れて頭を下流に向け、顔を水に伏せ、両手をY字型に水に伸し、ザックを背負ったまま流れの中央に入ってスーッと流されて……」

一切の私心をおさえ、できるだけ正確に述べようとした。凍りついたように立ちつくした一瞬が、まざまざと見えるようだ。

古本屋で見つけたのは第五号までだが、現在も出ているのかどうか。おりおり取り出して頁《ページ》をくると、貧しく、そしてこよなく豊かだった山びとの姿が、風の通り過ぎるように目の前をかすめていく。

「高野聖」

泉 鏡花

『高野聖・眉かくしの霊』 左久良書房 一九〇八年

鏡花の小説「高野聖《こうやひじり》」の冒頭に、たのしい地図が出てくる。

「参謀本部編纂《へんさん》の地図をまた繰開《くりひら》いて……」

国土地理院に移管されるまで、五万分の一地形図はすべて日本陸軍参謀本部測量部編纂によった。そのかぎりではごくふつうの地図だが、すぐあとのくだり。「旅の法衣《ころも》の袖をかかげて、表紙を附けた折本になっているのを引張り出した」。お経のような形に仕立ててあったわけだ。「旅の法衣」からもわかるとおり、語り手は高野山の高僧。若いころ飛驒から天生《あもう》峠を越えて信州に出た。そのときの不思議な体験をものがたる、というつくり。

鏡花一流の空想が盛りこんであって、山旅の報告であったものが、山中でいきあわせた一軒の山家《やまが》と、そこに住む奇妙な夫婦、とりわけ美しい女とのエロティックなかかわりへと移っていく。作者としてはそこを読ませたかったのだろうが、絵草子的な怪異譚の書き換えであって、いまの目でみると、むしろ小説の前半にあたる峠越えの描写が興味深い。

ここでは「天生峠」となっているが安房《あぼう》峠だろう。焼岳の南にあって標高一八一二メートル。飛騨と信州を結ぶ峠道だが、名うての難路として聞こえていた。しかも旅僧は農夫の忠告を無視して、五十年このかた人の通らぬ旧道へと入っていった。折本仕立ての地図を「また繰開いて」思案したのは、そのせいである。

「さあ、これからが名代の天生峠と心得たから……」

草鞋《わらじ》の紐を締め直し、喘ぎながら登っていく。まず巨大な蛇があらわれた。両方の草むらに頭とシッポがまたがるほどで、それが「のたりと橋を渡している」。

やがてぼたりと笠に落ちてきたものがある。鉛のように重く、笠を打ち払っても離れない。「何心なく手をやって摑《つか》むと、滑らかに冷《ひや》りと来た」。

指の先に吸いついてブラリと下がり、やっと放れたとおもうと、指先から血がタラタラと出た。

「幅が五分、丈が三寸ばかりの山海鼠《なまこ》」、つまり山蛭《やまびる》である。肱《ひじ》に張りついたのは生血《いきち》を吸って、みるまにプクプク肥っていく。気がつくと首にも、帯の間にも、肩にもいる。頭上の枝いちめんにうごめいて、ぼたりぼたりと降りかかる――。

「高野聖」は一九〇〇（明治三十三）年の作。鏡花は知人の話をヒントに旅の僧の怪異譚を生み出したらしい。山中の出来事も空想の産物だが、かえってそのため、いかなるリアルな描写よりも、かつてわが国の山河の特徴であった神韻縹緲《しんいんひょうびょう》とした深山のおもむきが、あざやかに捉えられているのではなかろうか。

明治や大正の記録はしばしば、山野の蛇や山蛭を語っている。僧を悩ませた女にしても、山の魔性の化身ととれなくもない。山好きには覚えがあるだろう。何日もの小屋暮らしと単調な歩行のなかで、強烈な美女幻想にみまわれるものである。

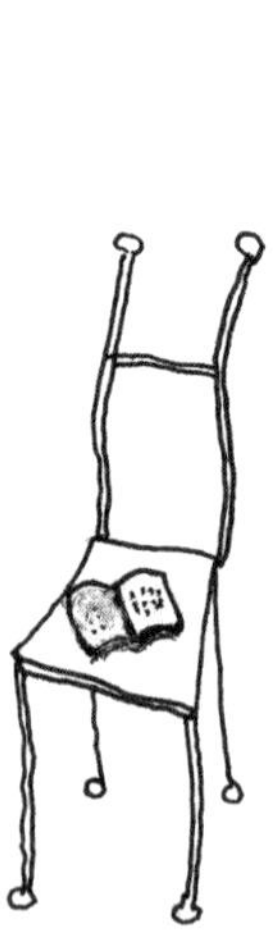

『山びとの記　木の国 果無山脈』

宇江敏勝　増補新版　新宿書房　二〇〇六年

昭和五十五年（一九八〇）、中公新書の一冊として宇江敏勝『山びとの記』が出た。それは山の本の歴史のなかで、一つのエポックをつくるものだった。

登山家でも山の趣味人でもない。林業の専門家でも植物学の先生でもない。まさしく「山びと」の本である。それも山に生きた老人の回想でも聞き書きでもなく、まさにいま山で暮らしている人。そして山仕事のかたわら、山小屋のロウソクやランプの下でつづられた。

宇江敏勝はこのとき四十二歳だった。山深い熊野の生まれ。祖父も父も炭焼き。炭が下火になるのをみて三代目は山林労働者に転じた。登山家はそこに山があるから登るというが、「われわれは山に生まれたから、そこに山があったから、山で生きるより仕方がなかったのである」。

山仕事はチームを組んで小屋暮らしがつづく。早朝から仕事につき、一日働いて小屋にもどると、すぐさま焼酎になって、酔いつぶれるまで飲んだ。宇江敏勝が仲間と少し違っていたのは、そんな日々のなかで本を読み、丹念に日記をつけていたことだ。

冬がきて仲間が里に下っていっても、ひとりで小屋に残っていた。夜中に目が覚めると、雪が枕のまわりに吹きこんでいる。

「……たまにはふと、自分はここでなにをしているのだろう、なんでこんなところにいるのだろう、と省みて思うことがあった」

自分をいぶかしく思うことはあっても感傷にふけったりしない。山で生まれた猪《いのしし》の仔の目で山並みをながめ、水を飲んだ。青い苔から滲み出し、砂がまじり、小さな虫や微生物なども棲まわせて流れている水。それを飲めばまさしく猪の仔のように身も心もしゃんとした。

和歌山県と奈良県が県境を接するあたり、果無《はてなし》山脈などと豪壮な山名がついているのは、高さではなく山の懐深さのせいだろう。行けども行けども山また山。

炭焼きの子の青春は炭焼きと植林にあけくれた。作業班の編成、造林と労働、移りかわる季節、山の動物たち。産業形態の変化のなかで山そのものが捨てられていく。人がつぎつぎと都会へでていくなかで宇江敏勝は残った。「ある種こだわりの心情」をもって、と述べている。

四十をこえたとき。長い年月のなかで堆積していたものが、「ほとばしり出る」ようにしてあらわれた。

一点に根ざした人が、どんなに遠くへ行くものか。一個人の見聞と経験を通して、わが国の山の暮らしそのものが、あざやかに提出されていた。足早に通過するだけのにわか山人ではなく、とどまりつづける山びとの記録が、澄んだ風となって山の本の世界に吹き抜けた。

刊行後四半世紀を経て増補新版が出た。その間、宇江敏勝は十冊をこえる優れた著書の書き手になった。しっかり根をのばし、たくましく枝葉を張って、さし仰ぐ大木になった。

「湖畔手記」

葛西善蔵　改造社『葛西善蔵全集』に所収　一九二八年

奥日光の湯ノ湖に兎島がある。名前は島だが、ウサギの耳のように突き出た小さな出っぱりだ。分け入ってすぐのところに葛西善蔵の文学碑があって、歌のかたちをしたものが彫りこまれている。

秋ぐみの　紅きをかめば　酸《す》くしぶく
タネあるもかなし、おせいもかなし

大正十三年（一九二四）に発表した「湖畔手記」の一節。おせいは愛人で、妻とは別居していた。「手記」ではすぐ前に「白根山、雲の海原夕焼けて、妻し思えば胸いたむなり」と、先に妻をうたっているのだが、文学碑を建てた人々は、なぜか愛人のくだりを選んだわけだ。

葛西善蔵は生涯「私小説」とよばれるものを書いた人で、文中の主人公は作者そのもの、ちょっとしたことで愛人と口論して家をとび出し、その足で奥日光までやってきた。「海を抜くこと五千八十八尺の高処、俗塵を超脱したる幽邃《ゆうすい》の地……」温泉誌の記述を引きながら紹介風につづっているのは、それほど辺陬《へんすう》の地であって、世に知られていなかったせいだろう。

これを書いたとき、三十七歳。放浪をかさね、友人知人には借金ずくめで妻とは別居、愛人と言い争って逃げ出してきた。三界《さんがい》に身の置きどころのない中年男が、秋も末の奥日光の湯宿で二週間ばかり過ごした。

その間の反省や悔恨、思い出した数々のこと。「湖畔手記」は煩悶のあげくの甦りの記だが、実をいうと、それはあらためて読むほどのことでもない。これまでにも、さんざん書いてきたことである。

この手記がたのしいのは、八十年あまり前の奥日光がみごとに記録されていることだ。葛西善蔵にとって初めてではなかった。二十歳のとき、日光見物のあと金精《こんせい》峠を経て奥鬼怒川の上流へ出ようとしたところ、戦場ヶ原で往きくれてしまった。

「牛を曳いて来た十六五の少年に助けられ、二荒山の下の木挽《こびき》小屋で、一晩泊めて貰った……」

少年は兄と二人で木挽小屋に住み、兄の挽いた板を牛で日光の町まで運んでいた。そんな暮らしが、つい昨日までつづいているような山里だった。

ひなびた宿には若い娘たちが、かいがいしく働いている。湖畔でつんできた野草を帳場に飾り、紙片に名を書きつけている。秋グミ、大カメノキ、ゴマナ、ニガナ、ハタザヲ、ヤマハハコ。月が替わると宿は閉じられ、娘たちは町へ下っていく。

大正末年のそのころ、日光が国立公園の予定区域になったとたん、すぐさま観光開発の手がのびていた。

「対岸の麓では、土工たちが、この湖を一周する路の普請にかかっている」

古木を伐り倒し、土砂を崩す音がにぶくひびいてくる。中年男の逃亡記が、はからずも観光元年の実態をしるしとめた。いずれここも、自分たちのような孤独者を快く受け入れる所ではなくなるだろうと手記の作者は書いているが、その言葉どおりになったことは、当今の奥日光の車と人の賑わいからもあきらかである。

『友へ贈る山の詩集』

串田孫一　鳥見迅彦 編著

現代教養文庫　社会思潮社　一九六七年

タイトルにそえて「友へ贈る」とある。目次をひらくと八章立てで、各章名は山頂、登攀、富士と火の山、山のすがた、山の四季、山のいのち、山のこころ、山と人生。それぞれの章がさらにこまかく分けてあって、「山頂」だと峠、谷、山みちとつづく。「山のこころ」の場合、妖精、山恋い、遠い山、ふるさとの山、山のまぼろし。

初版発行は昭和四十二年（一九六七）。当時、たとえば二十代で山に登っていた人は、自分のイメージの底にあるのとそっくりの原寸大の山を見出すだろう。

たしかに『山の詩集』は「友へ贈る」ものだった。その友は山仲間とかぎらない。恋人、あるいは一方的に思っているだけの人、さらには自分への贈物でもあった。山に恋している自分が一人の「友」であったからだ。

「どうしてこんなに恋しいのだろう。きのうは一緒にいて、わかれてきたばかりなのに、もう、また会いにゆきたい」

章の初めに編者が短文をつけていて、それが自分という一人の「友」を要約している。「たしかにこれは恋だ。ただし相手が異性ではなくて、山であった」

山をうたった百六十篇あまりの詩を収め、それぞれの詩の下に関連すること、同じ詩人の他の詩やエッセイ、鑑賞のためのコメントがついている。さらにコラム風に編者自身の山の随想と山の博物メモ。

おそろしく盛り沢山なのは、読み手がそれを求めていたからである。腹の飢えはコッペパンでしのいでも、精神の飢えには貪欲だった。ページがぎっしり埋まっていないと承知しない。

冒頭は尾崎喜八の詩「山頂」、最後も同じ詩人の「単独行」。当時、山の詩人として尾崎喜八がもっていた大きさがうかがえる。

自分の究極の詩を予感して
むしろそれに親しむようになった者に、
もう登山は昔のような意味を持たない。

「単独行」のしめくくり。それは単なる楽しみでも冒険でもなく、「非情の美」にかこまれた孤独な境地であって、「おのが真相と対決するきびしくも澄んだ体験」だというのだ。

そんな詩を多少とも酩酊ぎみの目で追っていた自分を思い出しはしても、いまはもう通りすぎる。ときおり『山の詩集』を開いてみるのは、何よりも天野忠に会うためである。「東洋には姨捨山があって／不要な老人は捨てられる／古いペンを捨てるように／まことに合理的なことだ　これは」。

これが前半。後半がまた一段とステキだ。

諸君
古いさびたペンは捨てよう
ただし山へ捨ててはならぬ
山では
泣きながら
不要な老人が歩いている

『日本山嶽志』

高頭 式 編纂　博文館　一九〇六年

明治三十八年（一九〇五）、小島烏水《うすい》、武田久吉ら七名が発起人となって日本山岳会設立。翌三十九年、会誌『山岳』が創刊された。

同じ三十九年に『日本山嶽志』が出た。序のおしまいに「明治三十六年十一月二十五日夜　北越　高頭式《たかとうしょく》」とあるから三年がかりで本になったことがわかる。

当時知られていた日本の主だった山を一つ一つ、名の由来、山勢、登路、眺望、動植物、地質、宿、水の有無、伝説、さらに俳句や詩歌にうたわれたところまで書きとめた。山国スイスにも当時、これだけ総合的な山岳事典があったかどうか。

「群巒尽ル所、平野アリ、平野窮マル所、群巒アリ、高低参差、際涯ヲ知ラズ、名ズケテ山嶽ト云ヒ……」

これがいかに並外れた本であるか、そのヴォリュームからもわかる。全一〇〇〇ページをこえ、厚さ十五センチ。六十点にあまる写真図版と数十のペン画山岳図、さらに二刷りによる百三十ページの「山嶽表」つき。

編纂者高頭式は明治十年（一八七七）、長岡郊外深沢村（現・長岡市深沢町）の生まれ。序を書いたとき二十六歳だった。二十代の青年が世界でも類のない山の事典を独力でつくりあげた。発行は博文館だが、一出版社がこれだけ大部なものを引き受けるはずがない。深田久弥が山の本をめぐるエッセイに書いている。

「高頭氏一個人の努力と財力とでなった本で、おそらく氏のような篤志家の現われぬ限り、今後こういう本はまたと出来ないだろう」

高頭家は越後の大地主で、式（本名式太郎）二十歳のとき父が亡くなり家督を継いだ。家名を仁兵衛といい、大好きな山のことでは式を名のった。刊行にあたり出版費用の全額を引き受けた。

高頭式は日本山岳会設立の発起人の一人でもあった。そもそもこの人がいなくては会そのものが生まれなかっただろう。「山岳会規則」には正会員、特別会員をもって運営し、会費は正会員年額一円、特別会員は三円以上とするとあった。かなりの金額である。明治三十四年、石川啄木は岩手県渋民村の代用教員をしていたが、月俸八円。これで一家四人を養った。

設立当時の会員数百十六名。会誌創刊号は四六判で百九十四ページ。会計がなりたつはずがない。そのため発起人のあいだで確認事項がとりかわされた。

「高頭氏は山岳会の会計に欠損ある場合、向う十年間、毎年千円（会費千人分）を提供する」

加えて会誌刊行費用の全額を保証した。山岳会はながらく事務、運営費のおおかたを高頭式にゆだねていた。槇有恒によると、みずからはそれを「一度も他言されたこともなく、ただ少数の者が知っていただけ」。昭和二十三年（一九四八）、初代会長小島烏水の死に際して、追悼の席で武田久吉が漏らしたことから、ようやく世につたわった。

高頭式は昭和三十三年（一九五八）四月死去。その大著の一語どおり、まさしく「志」の人だった。

『戸隠の絵本』

津村信夫　ぐろりあ・そさえて　一九四〇年

信州・戸隠山《とがくし》。ノコギリの歯のような峰々が並んでいて、それぞれにおどろおどろしい名前がついている。この手の山はたいてい修験者によってひらかれた。戸隠山に登るには宝光社、中社、奥社と、神さびた道をたどっていく。

「戸隠中社で里坊と呼ばれるのは、昔奥社に本坊を有してゐた神職の家々の、云はば冬の間の別荘のやうなものであつた」

奥社の坊が廃止され、それらの人々が中社に下りてきた。そして里坊が戸隠参りの宿坊になった。

詩人津村信夫（一九〇九―一九四四）が初めて戸隠を訪れたのは昭和の初め、まだ十代のころで、冬のさなかに奥社へ向かったところ吹雪にあって断念、中社の坊に泊まった。神戸で育ち、慶応の予科に入ったばかりのモダンボーイは、昔ながらの習俗を色こくとどめた人々の暮らしに目を丸くした。よほど強い印象を受けたのだろう。その後、くり返し戸隠に滞在、宿坊の手伝いをしていた娘に恋をして、のちに妻に迎えた。

山は鋸の歯の形
冬になれば　人は往かず
峯の風に　屋根と木が鳴る
こうこうと鳴ると云ふ

『戸隠の絵本』の冒頭に「戸かくし姫」と題した詩があって、恋人を思わせる娘が出てくる。吹き下ろす風が屋根をふるわし、家々はかたく戸を閉ざして厳しい冬をやりすごす。「美しい時」ばかりではないのだと遠慮がちに述べて、娘は「皓《しろ》い歯」を見せたという。詩人は清純な少女のたたずまいを、そんな一語に封じこめた。

宣澄踊《せんちょうおどり》、お地蔵様、雷、紫陽花、袈裟治君《けさじくん》、月夜のあとさき、挿頭花《かざし》、少年……つづいて津村信夫は散文でもって戸隠の暮らしをつづっていった。頬かむりに尻っぱしょりして踊りあかす老人たち、秋の日のお神楽、目玉の大きな蜻蛉、戸隠天狗のこと。詩ではなく、散文にして、自分では「抒情日誌」と名づけていた。戸隠まで県道が通い、バスが走りはじめたころで、中社と宝光社に土産物を売る店があらわれた。めだった変化はその程度で、長い歴史をもつ修験の村は、夏のあいだこそ都会の人がやってくるが、秋がきて冬になると、「聚長の家々を中心として、古《いにしえ》の姿に還る」。

『戸隠の絵本』には、かつてあったわが国の山里の風景が、淡い水彩によるようにして描きとめてある。都会からきたよそ者は、未知の習わしにすぐさま「美しい時」をみたがる。わざわざ「抒情日誌」と称して、自分に自戒をこめたぐあいである。とはいえリアリズムはつまらない。その目で見ると宜澄踊の踊り手たちは、単にしたたか酒を飲んだ汚い爺さんばかりになる。

「此処でお祭りしてある宜澄さんと云ふお坊さんは、賑やかなことの好きなお人でしてね、お酒をあげて、わし等が踊ををどると、願ひごとはなんでも聞いてくださるんで」

よそ者の目が半分、やさしい抒情家の目が半分、そこから夢のような信濃の絵本が誕生した。

『ヒマラヤ文献目録』

薬師義美 編　増補改訂第3版　白水社　一九九四年

はじまりはごく私的な関心だった。ヒマラヤを中心としてチベット、中央アジアに関する文献の目録をつくる。雑誌のバックナンバーを丹念に調べてカードをつくっていく。「編者の趣味」とことわって、「東は中国雲南省と北部ビルマから、西はカラコルム、ヒンドゥー・クシュ、天山《テンシャン》、パミール」までひろげたのは、文明史、また照葉樹林文化への視点からではなかっただろうか。

その間、深田久弥の「九山山房」に泊まりこんで、全蔵書の調査をした。そこに収蔵されている中央アジア関係の基本文献が、国立国会図書館・東洋文庫をしのぎ、日本だけでなく世界的にも無類のライブラリィであることを知った。

一九七一年三月、深田久弥死去。その遺志にこたえるようにして、翌七二年、『ヒマラヤ文献目録』を出版。五百部限定の私家版だった。七〇年代にはじまるヒマラヤ登山の活発化とともに文献も激増。一九八三年、増補改訂第2版としてまとめた。このたびは出版社が引き受けて白水社刊。

「第2版を出してから、あっという間に10年が経過した」

そんな増訂第3版の序を書いたのが一九九四年八月のこと。第2版の約二倍にふくらみ、収録した欧文図書七六〇一点。邦文図書一七九七点。計九三九八点。邦文のものはすべて英訳つき。この分野の「定本」であって、ことヒマラヤに関するかぎり、世界の誰もが、まずMr. Yakushiの文献リストにあたってみる。

目録などには用がない、とはいわせない。ためしにズシリと重いのを手にとって開いてみよう。

たとえば邦文ア行32、浅田晃彦『世界無銭旅行者・矢島保治郎』、一九八六年、筑摩書房刊。明治期にチベットへ二度入り、チベット娘と結婚した。ダライ・ラマ十三世の親衛隊長になった冒険家の伝記。

ためしにヤ行にあたると矢島保治郎（金井晃編）『入蔵日誌』、一九八三年、チベット文化研究所刊。三部構成になっていて、第一部は明治四四年のラサ入りの記録。第二部は二度目の入蔵と七年間に及ぶラサ滞在の報告。第三部が伝記。これがもとになって単行本の伝記が生まれたのだろうが、目録の簡明な記述からも、ゆたかに夢がひろがっていく。

むろん、大先輩がいた。そう思って邦文カ行に移る。河口慧海《えかい》述／林久寿男編『大秘密国・西蔵探検』、又間精華堂、明治三六年、四六判、一五一頁。慧悔師の有名なチベット旅行記は、まず口述をとりまとめたかたちで出たことがわかる。「大秘密国」とアタマにつけて世の興味をそそったらしい。

翌三七年、『西蔵旅行記』上・下巻、発行は博文館、菊判、ともに四百頁をこえる。経典を求めての途方もない記録が、ここにはじめて一歩を踏み出した。

ヘディンの『シルクロード』は、最初は『赤色ルート踏破記』のタイトルで出た。一九三九年であって、蒙満国境で日・ソ連軍が衝突、ノモンハン事件の起きた年である。訳書のタイトル一つにも時代色がくっきり出ているだろう。使い方ひとつで、文献目録がさまざまな物語を語ってくれる。

『高安犬物語』

戸川幸夫　新潮社　一九五六年

戸川幸夫は動物文学で知られているが、「高安犬物語《こうやすいぬ》」はデビュー作。一九五五年に発表されて直木賞を受賞した。

高安犬というのは、山形県・米沢の北隣り東置賜郡《ひがしおきたま》高畠町《たかはた》高安地区で繁殖した日本犬で、主として番犬や熊猟犬として使われていた。物語の主人公チンは、高安犬として純血を保っていた最後の犬と思われる。

「立派な犬だった。ピンと立った耳、犬張子のように張った胸、逞しく巻き上がった尾、きっと正面を見すえる刺すような瞳、悠々と力強く歩いてくるその犬を見た瞬間、私はこれこそ長い間さがし求めていたものだと感じた」

マタギの吉蔵は熊猟にかけては右に出る者がない。旧式の単発銃を用いており、つねづね口にしていた。「勝負はただ一発だァ、連発銃なんて不要《いら》ねえ」。その吉蔵が育て、はげしく鍛えた犬である。

「まずァ、チンみたいな奴は百匹に一つス。ほんねなス、千匹に一つもねえかもすんにエス」

猟の舞台は蔵王《ざおう》から吾妻《あづま》、飯豊《いいで》の山岳地帯。チンは風にのってくる熊の体臭をかぎとると、まっしぐらに追っていく。沢から岩場を飛ぶように走り、川もよく泳ぐ。水底に沈んだ獲物を引きあげてくる。原生林の王者のような狗鷲《いぬわし》が舞い下りてきて獲物を先取りしかけたとき、チンは岩に駆け上がり、そこから大きく跳躍して宿敵をたたき落とした。

病気の手術のため山形市内の愛犬家のもとへ移されたとき、チンはすきをみて逃げ出した。そして山形、宮城、福島にまたがる山々を抜けて吉蔵のもとにもどってきた。

主人公のチンは山形県和田村（現・高畠町）のマタギの家で飼われていた犬をモデルにしている。生後五カ月で山に入り、マタギ犬として育てられ、主人とともに九年間で熊を四十六頭も仕とめた。そののち里に下って二年後に死んだ。

死に方もまた物語にあるとおり。ある朝、姿を消していた。皆でさがしたところ、工場の裏手の小高くなった繁みの中へ頭を突っ込み、「伏せ」の姿勢で死んでいた。見つけたとき吉蔵が呟いた。

「熊サかかるときの前みたいだや」

作者はことをさら書いていないが、チンは精神的にも道徳的にも、人間よりも高次の世界に生きている。どのような状況でも耐え抜く忍耐力、いかに強力な相手でも果敢に闘い、自分の苦痛はものともしない。つねに誇り高く生きて、下心ありげな愛情は石のように黙殺する。

そのような高貴な生きものが、世の流行や商売ずくで滅ぼされていく。滅ぼす側に身をおくものが深い畏敬と愛情をこめて、滅ぼされる者への挽歌を書いた。

『山の人生』

柳田國男 編　郷土研究社　一九二六年

柳田國男の初期の仕事では『遠野物語』が有名で、『山の人生』はうしろに隠れている。しかし柳田民俗学を考えるとき、こちらのほうが重要なのではあるまいか。

「山に埋もれたる人生ある事」

一から三〇までに割りふって、聞き書きや古書、伝承のつたえるところを語っていく。サンカ、山姥、天狗、山鬼。名はさまざまだが、山を住まいとして里の暮らしにかかわらない。まるきりべつの秩序のもとに生きてきた。ひとことにいうと「山人《やまひと》」。若いころの柳田國男が強く惹かれた対象である。『遠野物語』自体が山里を舞台としていて、背後の奥深い山の神秘がつねに濃い影を投げかけていた。

「人にはなおこれという理由がなくてふらふらと山に入って行く癖のようなものがあっ

た。少なくとも今日の学問と推理だけでは説明することのできぬ人間の消滅……」

三の章でこの「小さな書物で説いてみたいと思う」ことを、ごく大まかに要約している。それだけではわからないが、柳田國男にはあるはっきりした目論見があった。山姥や天狗などの山人こそ日本列島の先住民の末裔なのではあるまいか。それが近代化の流れのなかでまさに滅びようとする。「山の人生」をたどることによって、歴史の闇に埋もれている先人たちに行きつくのではなかろうか。

「ふらふらと山に入って行く」のは、遠い先祖たちの呼び声を聞いたからかもしれない。山へ入ったきりもどらない人、「神隠し」といって里から急に姿を消し、奇妙な山暮らしを見つけられた人、山に走りこんだという里の女の伝えばなし。一八の章には、こんな見出しがつけられている。「学問はいまだこの不思議を解釈し得ざる事」。

『山の人生』は大正十四年（一九二五）に『アサヒグラフ』に連載され、翌十五年、大幅に加筆されて本になった。それ以前から柳田國男はサンカや天狗などをはじめとして、山中の民や里的共同体の外側にあって旅まわりをする宗教者や芸能者に関心を注いできた。『山の人生』の終章は「これは日本文化史の未解決の問題なる事」とあり、さらに本にするにあたっては大正六年（一九一七）の日本歴史地理学会でした講演「山人考」を巻末につけた。

「山人すなわち日本の先住民は、もはや絶滅したという通説には、私もたいていは同意してもよいと思っておりますが――」

しかし、絶滅に導いた「道筋」にわたっては通説に従わない。柳田國男によると「旧状保持者」、つまりしだいに退化しても今なお山中を漂泊しつつある者たちが、少なくともある時代までは必ずいた。ずいぶん数多く伝えられている。

あらためて「山の人生」をたどるうちに、柳田國男は山人＝先住民説の限界を感じとったらしいのだ。後半にいくほど里人をめぐってのことが多くなる。里人のなかに刻印された山人の姿であって、関心はあきらかに山から里へとうつっていく。

その十年ちかく前の講演のころは意気高く仮説に向かって疾走していた。そのせいか講演のしめくくりに、自分には「若干の荒い山人の血が混じっている」などと述べている。最後に壇上で見得を切ったぐあいで、こころなしかほほえましい。

『強力伝』

新田次郎　朋文堂　一九五五年

山岳小説で知られる新田次郎（一九一二―一九八〇）には、もう一つの顔があった。藤原寛人《ひろと》といって無線電信講習所卒の測候技師である。中央気象台に入り、六年間富士山測候所に勤務。戦争中は満州国中央気象台に転じ、帰国して気象庁に復帰、計三十四年間をリチギに勤めた。

その間、妻の藤原ていの書いた引き揚げのときの記録『流れる星は生きている』に刺激されて小説を思い立ったという。富士山頂で気象観測に従事していたとき、土地の強《ごう》力《りき》に印象深い人物がいた。がっちりした体格、肩が張って、眼が澄んでいる。黒光りするほど日焼けした顔で、足が大きい。

「履いている下駄から足が半分ほどもはみ出していた」

昭和十六年（一九四一）、新聞社企画のプロジェクトが世間をにぎわした。五十貫もある石を二つ白馬山頂《しろうま》に運び上げて風景指示盤をつくる。地元の信州を探しても、背負い上げる者がいない。やがて富士山きっての名強力が名のりをあげた。

小説では「小宮」となっているが、実在の人であって小見山正といった。御殿場の強力たちのなかでも抜群の力持ちで、「コミさん」の愛称で親しまれていた。

プロジェクトが発表された昭和十六年は太平洋戦争の始まった年である。「撃ちてしやまん」「そうだその意気」といった言葉が流行語になった。時代の空気に迎合して、新聞社が、バカげたイベントを打ち上げた。五十貫もの巨石を背負って三〇〇〇メートルの山に登る。これぞ大日本男児ナリ――。

「なコミさん、やめて帰れ。名声と生命の取りかえっこはやめた方がいい」

単純な名誉心には、いさめの声がとどかない。二股から白馬山頂まで当時の案内記はしるしている。二股＝猿倉間2時間、猿倉＝白馬尻間1時間、白馬尻＝雪渓＝葱平《ねぶかっぴら》間3時間、葱平＝信越国境線間1時間、国境線＝山頂間30分。

二つの巨石を交互に休憩地点まで運び上げる方法でじりじりと登っていく。強力自身は本能で判断したところを、観測技師が科学的分析をそえていった。

「締めつけられる肩の感覚はしばらく気を遠くしたが、少しでも立ち止って重さが膝に固定されると膝関節が折れそうになるので、彼は重量の負担を運動の荷重に転化した」

両足の真下に重心を落としている間は安定しているが、急な下りになると「背中の重量の分力は腰から大腿骨の延長方向に延び、一つの分力は足下に残る」。

大雪渓を突っきるさなかに岩崩れに遭遇したとき、小宮は雪渓のただ中で一歩も動かなかった。巨石を背負ったまま、みずからも石に化した。そして最大の危険をやりすごした。本能が科学を凌駕したともいえるが、石になった男の運命は、終わりちかくに簡潔に示してある。

山頂に最後の石を運び上げ、待ちかまえた関係者が口々に讃辞を投げかけるなか、小宮は「絶望の表情」で目を閉じていた。つぎによろよろと岩壁の出ばなへ出て「血のように赤い小水」をした。

作中の風景指示盤は白馬山頂に今もある。新田次郎はあえて書かなかったが、主人公はこの「壮挙」の二年後に世を去った。

『富士山』

草野心平　昭森社　一九四三年

草野心平（一九〇三―一九八八）は蛙の詩で知られている。両棲類のあの愛嬌者は、この詩人とともに文学の世界へ入ってきた。とりわけ有名なのは、早稲田「鶴巻町を歩いていたとき、ふと私のなかではじまった蛙の会話を書きとった」という一篇。「さむいね。／ああさむいね。／虫がないてるね。／ああ虫がないてるね。」そんなはじまりをもつ「秋の夜の会話」。

貧乏と放浪のなかで草野心平は、当時まったく無名だった宮澤賢治を世に出すために奮闘した。三十二歳のとき詩誌「歴程」を創刊、多くの才能を送り出した。

その詩人に富士山をめぐる連作がある。『富士山』と題した詩集を二冊出した。最初は昭和十八年（一九四三）、二度目は昭和四十一年（一九六六）。おどろくべきイキの長さからも、蛙とならんで富士の山が彼の終生のテーマだったことがみてとれる。

劫初《ごうしょ》からの。
何憶のひるや黒い夜。
大きな時間のガランドウに重たく坐る大肉体。
（「作品第参」）

最初の『富士山』には「日本の未来におくる」と添え書きがされている。刊行年からもわかるが、おりしも「大東亜戦争」とよばれた戦争が泥沼状態に陥っていた。草野心平は早くに中国で学び、大陸には多くの友人や学友がいた。そこが軍国ニッポンによって蹂躙されている。

嘗《かつ》てむかしは富士山が。
火の山として日本の四季に睨座《げいざ》していた。
そして実にそのとおりにいつまた内部のどろどろが天に沖《ちゅう》するかわからない。
（「作品第弐拾弐」）

富士山をうたっているが、現実の山ではないだろう。蛙と同じように「私のなか」の心象であって、全身で重たくになうような意味を託されている。「四季に睨座」したお山が、いまや「夢みることない鬱鬱」や「軽躁卑屈頽廃」や「飢餓と無頼」など、「ありとあらゆるごったまんじ」を呑みこんで、内部のどろどろとともに爆裂する――。

いや、そうはならない。

幻想は消え。
午前三時のくらやみの床で私は。
しからばおまえはなんなんだと。
ひとりさむざむ眼をひらきました。
眼をつぶる。

怒りと締念がまじり合った第一の『富士山』に対して、第二の富士は多彩に変貌する。青銅の富士、赤富士、マグノリア富士、夜明けの富士、「国立町富士見通り」の真正面に「まっぱだか」でそびえ立つ富士。

マッス。
とてつもないヴォリュウム。

富士。

（「雲雀と富士」）

読んで楽しいのは圧倒的にあとのほうだが、しかし、冬のさなかに凛としてそびえる山を目にしたときなど、劫初のゴツゴツとした山肌のような最初の富士が、幻のように浮かんでくる。

「秋山記行」

鈴木牧之　東洋文庫『秋山記行・夜職草』に所収　平凡社　一九七一年

越後から信州にまたがる秋山郷《あきやまごう》は、ながらく秘境とよばれていた。年の半分ちかくは雪に埋もれて陸の孤島になった。バス道が通じてからも、しばらくは途中の小赤沢どまりで、最奥の切明温泉までは山道をテクテクと歩いた。

『北越雪譜』で知られる鈴木牧之《ぼくし》が文政十一年（一八二八）、秋山郷を訪ねている。越後塩沢の人で、縮《ちぢみ》問屋の主人だった。

「世挙《あげ》て、信越の境秋山をさして平家の落人と唱来たれど……」

「雪譜」にみるとおり好奇心旺盛で、考証したり、観察して記録するのが大好きな人である。秋山郷＝平家の落人《おちゅうど》説を疑っていて、自分の目で検証したかったらしい。里びととつき合いのある商人を道案内にたのんで六泊七日の旅をした。

自分で克明な絵地図をつくっているが、秋山郷は中津川の両岸に小さな村が点在していた。往きは東岸、帰りは西岸をめぐっていく。頃は秋半ばで、山里は冬支度のまっ最中。男たちは山仕事に出払っていて、どこでも女、子供、年寄りばかり。

「又問ふ。秋山中に夜具はないげな、漸々《ようよう》村寄《より》に一ッかニッ切《きり》と聞《きく》。此義はいかゞ……」

しきりにたずね、聞きとったのを丹念に書きとめた。おかげで百八十年前の山深い里の生活様式が、衣・食・住に及んでくわしくわかる。スケッチまでついていて、またとない日本人の暮らしの資料がのこされた。

「……往昔より家に秘蔵せし黒駒太子の掛物ありとなん」

たしかに「黒駒太子の御影」というのが伝わっていた。雪に閉ざされる冬期は死者が出ても僧をよぶことができない。そのときは黒駒太子の掛物を「死人の上へ三遍廻す」と引導を渡したことになって葬ることができる。古来そのようにして死者の儀礼をはたしてきた。

鈴木牧之はまた秋山郷のどんづまりの切明の湯小屋で、「秋田狩人」という一人から話を聞いている。秋になると故郷を出て、はるばるこの辺りまでやってくる。切明は野《の》反湖《ぞりこ》に発する魚野川と、志賀高原から出た雑魚川《ざこ》が合わさって中津川になる一点にあるが、秋田の猟師は雑魚川をさかのぼったところに笹小屋をかけてイワナをとり、それを尾根づたいに草津へ出て売りさばく。草津近辺は硫黄のせいで川魚がいない。さぞかしイワナはいい値がついただろう。

秋田猟師のいうには、ある夜明け、川原の砂地に「狼の数十通りし足跡」を見つけたという。

貴重な報告はいいのだが、この問屋の主人は質屋を兼ねていたせいか、値踏みするように人間をみるクセがある。その上、平家の落人説が気にくわなかったとみえて、何かにつけて里びとを貶《おとし》める。「両婦の鼻のいかにも低き」に題してなどと、村の女性と集落の名の「中の平」とひっかけ「ほゝ高く又其うへに鼻までも中のたひらの娵《よめ》にしうとめ」。さも得意げに歌を詠んだりする。

突然の来訪にもかかわらず、行く先で親切にもてなされた。「爰元《ここもと》にも茶代の替《かわ》りに、短尺数葉書遣《かきつかわ》して」……「何遍となく頼《たのむ》に寄って、其句を読聞かせ、比處を立出《いず》るに……」。自作をケチな返礼にして、尊大に立ち去るところが鼻もちならない。

『猪・鹿・狸』

早川孝太郎　郷土研究社　一九二六年

民俗学の早川孝太郎（一八八九―一九五六）は若いころ絵の勉強していた。黒田清輝らの白馬会の研究所に通ってデッサンを学んだ。

二十代半ばに「郷土研究」を知って投稿したのが柳田國男に認められ、画家志望から民俗学に移った。郷里奥三河に伝わる春の祭りを丹念に探索した『花祭』二巻が代表作。農事、農政に関する貴重な記録も残している。

若いころの画家修業が大いに役立った。よく見る目をやしなったたし、即座にスケッチができる。早川孝太郎の民俗採集には無数のスケッチがついていて、言葉だけでは伝えにくいものが絵解きされている。期せずしてそれが大切な採録集をつくっていった。

「はや三、四年前にもなるかと思うが、狩りの話が聴きたくて、以前狩人だった男を尋ねて行ったことがある」

『猪・鹿・狸』が出たのは大正十五年（一九二六）だから、その数年前にあたる。東三河を縦貫する豊川の上流部は山が深い。自分の故里《ふるさと》に近いこともあって、事情をよく知っていたのだろう。横山村という山あいの寒村に狩猟の習俗が伝わっている。

「今年七七だと言うたが、十数年前四十幾年の狩人生活をふっつりと断って、ただの農夫に還って老先を田地の改良などやっていたのである」

この「けもの風土記」をまとめたのは三十代のときだが、画ペンと合わせペンの力を十分に修得していたことが見てとれる。ほんの、二、三行で、語り手の経歴、現況から人となりまでも、あざやかにとりまとめている。つぎの一行が印象的だ。

「実は狩りほど面白い仕事はなかったと言う」

耕作などとても辛抱ができないそうだ。もとの農夫にもどり土地の改良などしていても、おりにつけ狩人の血がたぎる——。

タイトルにあるとおり、猪と鹿、そして狸が語られている。山里にとって猪がいかに凶悪な無法者であるか。収穫のころにやってきて、いっさい合財をさらっていく。知恵くらべをしてもかなわないので、「山住《やまずみ》さん」といって猪除けのお守りを畔《あぜ》に立てる。スケッチがついており、オオカミ（山犬）が牙をむいたお札《ふだ》である。「お札をさした矢串」

も絵になっていて、使い方がよくわかる。

しかし、『猪・鹿・狸』がいまなお抜群におもしろいのは、けものたちのあいだから、そっとある人間類型が顔をだすからだ。

「山で狩りなどしていたものの中には、平地の人々が想像も及ばぬような、不思議な官能や経験をもった人物があった」

きっと猪を鼻で嗅ぎ出す。どんな山でも、こともなげに跋渉《ばっしょう》する。「心持ち上半身を前屈みにした中腰の構え」、頭を前にして小股で薮のしげみもくぐり抜ける。

ひそかな山びとのタイプである。地道な農事にもどっても、おりにつけ血がさわぐ。けものと、追跡と、闘争に惹かれていく。そんな人と動物とが共存していた世界。たぶん、どうにも絵にならないからだろう。その人たちだけはスケッチにしていない。

『蒙古高原横断記』

東亜考古学会蒙古調査班　朝日新聞社　一九三七年

中学生になると社会科の副教材に「世界地図帳」がついている。教科書は授業のときしか開かないが、「地図帳」は休み時間にもながめていた。ページをくった頻度でいうと、この副教材こそ一番の愛読書だったというものだ。

そこには「渤海湾」といった謎のような地名があった。国境にそびえるのが天山山脈《テンシャン》。かなたに広大なゴビ砂漠がひろがっている——。

人類学者の江上波夫（一九〇六—二〇〇二）は少年のころ、見渡すかぎりの大草原を夢見ていたのではあるまいか。昭和五年（一九三〇）、北京留学生になるやいなや、三度にわたって内モンゴルを旅行した。三度目は十二月のことで、寒風吹きすさぶ雪原にテントを張り、厳寒のなかをラクダに乗って砂漠を渉《わた》った。

帰国後、東亜考古学会にはかって調査団を結成。団員は四名で、いずれも当時、二十代半ばの学生だった。これにカメラマンが一人加わる。

昭和六年（一九三一）六月、北京に集合。学会理事長がわざわざ「極めて僅少な費用を以て」と述べていることからして、学会派遣は名ばかりだったと思われる。代わりにひそかな援助者がいた。それは『蒙古高原横断記』の巻頭にしるされた感謝の言葉からもわかる。関東軍の松井源之助大佐、白崎嘉明大尉、さらに参謀本部や満州鉄道などがあげてある。

「六月二八日　出発の日である。午前四時　馬車到着の騒音で一同目覚めた」

二頭引きの荷馬車が主な乗り物だった。「単なる遊歴のように偽装」してシリン・ゴルの草原を横断する。内モンゴルの東半分を踏査して行程約一一五〇キロ。人みな眠りこけている早朝に張家口の町を出た。

四人のメンバーは人類学、考古学、地質学、言語学と、それぞれ専門がちがっており、調査に際しては別々に行動する。アル・チャガン・ノールの砂漠で江上波夫は無数の石器と出くわした。石皿や土器が砂丘にちらばっている。夢中で採集してリュックサックを一杯にした。当然のことながらやたらに重い。酷暑と空腹と砂丘の照り返しに目をくらませながら、もろい砂の上をヨロヨロと歩いていった。

「ふと脳裡に浮んだのは、映画『モロッコ』の一場面だった」

アメリカ・パラマウント製作、熱砂の町モロッコを舞台にしたラブ・ロマンスで、ゲイリー・クーパーとマレーネ・ディートリッヒ主演。日本ではまさに昭和六年に封切られた。蒙古の砂漠でハリウッド映画を思い出すところが、いかにも若さというものだ。『蒙古高原横断記』は学術報告とはべつに、一般向きに旅行記のスタイルでつづられたもので、「東亜考古学会蒙古調査班著」となっているが、各章の執筆分担の氏名からも、若き日の江上波夫の手によったことがわかるのだ。学生たちがやってのけた夢の大冒険の記録である。

八月二十七日、全行程を踏破して目的地の通遼着。一時消息を絶っていたため、満鉄には一行が逮捕、銃殺されたといったデマが流れていた。四人が北京にもどった翌日、満州事変勃発の号外が街に舞った。

『川釣り』

井伏鱒二　岩波新書　一九五二年

作家井伏鱒二（一八九八―一九九三）の本名は満寿二である。ペンネームには、めでたい漢字をわざわざ同音の魚名にした。デビュー作「山椒魚」はよく知られているし、さき立って短篇「鯉」を書いている。若いころから、いたって魚好きだったことがみてとれる。

三十代半ばで釣りを始めた。渓流釣りが好きだった。五十すぎて初めて釣りの本を出した。

「私は釣りが好きだが釣りの技術に拙劣である」

たしかに釣り自慢めいたことは、まるきり出てこない。ヘマをしたケースならいくらもある。谷川でハヤを釣っていて岩から滑り落ち、濡れネズミになった。釣糸が枝にかかったのではずそうとしてすっころび、膝頭を丸石に打ちつけた。おかげでのちのちまでも膝骨の痛みに悩まされる。

「私の髪はこのごろ白毛《しらが》が増え、顱頂部《ろちょうぶ》がすこし薄くなっているが、後頭部は毛が濃い上にばりばりするほど硬いのである」

近所の魚屋の主人の鑑定によると、後頭部の白毛はテグス四毛半の太さ、額の上の白毛は三毛のテグスと見分けがつかない。

そんな白毛頭をしていたばかりに、テグスを忘れてきた若い衆二人に力ずくで白毛を引き抜かれるハメになった――。

井伏鱒二が好んで出かけたのは富士川、伊豆の河津川、相模川、下部《しもべ》川の支流の雨《あめ》河内《ごうち》川、また戦時中に疎開していた甲州と広島の川である。釣ったのは主としてアユ、ヤマメ、ハヤ、イワナ。『川釣り』に語られているのは、ほぼそれぐらいのこと。

だがこれは釣りをめぐって書かれた本のなかで、とびきり優れたものの一つだろう。世の釣り天狗とはおよそ反対に、自分に対しては巧みな戯画化をほどこす一方で、魚とともに生きてきた名人たちのことはきちんと書きとめている。佐藤垢石《こうせき》、福田蘭童《らんどう》、「カワセミのおじさん」、「ヤマメ床」のおやじ、十和田の金作老人……。その口からもれる言業、ちょっとした仕ぐさや動きを通して、魚とのかかわり、釣るということの技術の深さがつたわってくる。

ハヤ釣りの一つだが、釣竿のかわりに大きな玄翁《げんのう》を持って川に下り、ハヤが身をひそめている岩を満身の力をこめて玄翁でたたく。カーンという音がして、きなくさいにおいがする。とたんにハヤがバネ仕掛けのようにとび出してきて、水中で「きょとん」としている。

「そこを私は落着きはらって網ですくいとる」

誰に伝授されたものか、魚の生理にピッタリに寄りそった技法ではあるまいか。

初版は昭和二十七年（一九五二）の刊行であって、時代相がよく出ている。川が土木工事の舞台になる前であって、カワツグミやカワセミ、ゴイサギが健在だった。毒流しをする者もいた。川によっては淵や瀬ごとに「何某の家の漁区」ときまっていた。山の鉱泉宿では男女がこともなく混浴している。

「……魚影がかすめる寸前に私は空合せする。しかし、釣れている。ぐいぐいと手応えがある」

貧しげな身なりの愛すべき人々が、はやる心をおさえながらじっと川面を見つめている。そのころわが国の山河は、まだやさしく、ゆたかな自然の生彩をおびていた。

『山びこ学校』

無着成恭 編　青銅社　一九五一年

町村合併で地図から消えてしまったが、山形県南村山郡山元村といった。現在の上山市の西部にあたる。のべつ「山」の字がつくように、山深いところである。『山びこ学校』はまさにその中から生まれた。

山元村の山元中学に無着成恭《むちゃくせいきょう》が赴任してきたのは昭和二十三年（一九四八）のこと。そのとき二十一歳。持ち上がり四十三名のクラスを三年間担当した。卒業式に卒業生代表が「答辞」で述べた。

「私たちは、はっきりいいます。私たちは、この三年間、ほんものの勉強をさせてもらったのです」

『山びこ学校』は戦後の生活綴方《つづりかた》運動のキッカケになったものだ。中学二年のとき、無

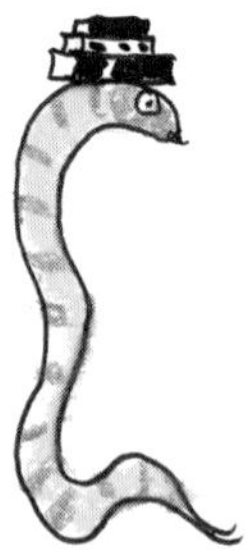

着先生はクラスの生徒たちに、自分たちの暮らし、身のまわりのことを書くという課題を出した。それまでに生徒たちは十分、「ほんものの勉強」をしていたのだろう。これまでの学校教育のなかで、およそなかった作文集ができた。ある男の子は冬の雪深い生活を、三行の詩のかたちでまとめた。

雪がコンコン降る。
人間は
その下で暮しているのです。

「母の死とその後」を書いた少年は、先に父を失っていた。貧しさのなかで懸命に働いていた母親を述べている。

「今考えてみると、お母さんは心の底から笑ったときというのは一回もなかったのでないかと思います」

厳しい山里で子供は大切な働き手だった。炭焼き、縄ない、葉煙草の世話、雪囲い、屋根ふき……。学校に通うことよりも手伝いが優先される。親たちを見ていてわかることだが、どんなに働いても貧しさから脱せられない。たとえば炭をヤミで売らず公定で供出すると、手間賃すら出ないのだ。

「なぜこういうふうに炭のねだんは原価をわり、また一方では炭が不足しているのだろう」

働けば働くほど、利益は生産者以外のところで吸い上げられる。「ぼくはこう考える」と書いた少年は、「労働のしくみ」が変わらないかぎり暮らしがよくなることは決してないことに気づいてくる。その少年を「作者紹介」に無着先生が書いている。「ひたいにしわをよせてじりじりと相手を説き伏せねば止まない眼は、しっかり見開いている」

「作者紹介」から、もう一つ、七人兄弟の末子に生まれた女生徒のこと。

「上の二人が亡くなっている。よく笑うが、かなしさを知っている」

現実をよく見ること。そこからよく考え、自分の感じ方、考え方を学びとる。そんな若い生命の芽ばえを、じっと凝視している教師がいた。

半世紀ちかくたって文庫に入れるにあたり、無着成恭は『山びこ学校』が軍国ニッポンから民主国家への転換期、旧体制が崩れた「一瞬のすき」にできたと述べている。正確な診断だろう。その後、所得倍増をきっかけに経済至上国ニッポンが到来して、山も山里も捨てられた。山びこはもはや返ってこない。

『星三百六十五夜』

野尻抱影　中央公論社　一九五五年

一日一話式の本がある。一月一日に始まり十二月三十一日まで、一日ごとに一文がついている。何から生まれたのか知らないが、カレンダーについている教訓がヒントになったのかもしれない。そういえば名言集などによく使われる。

毎日一つ名言に接していると人格が向上するのだろうか。朝は名言をかみしめていても、夜にはクドクドと小言をいったりしていないだろうか。人間は反省をする生き物だが、反省をすぐさま忘れる生き物でもあるからだ。

その点、同じ一日一話でも、星の話はいいものだ。夜の空にあらわれて、朝には消える星の生理にもピッタリ合っている。

当今の都会では、夜の星など望むべくもないからなおさらだ。オリオン、さそり座、源五郎星、獅子座、白羊宮《はくようきゅう》、ハレー彗星……。一年三百六十五日、毎日きっと星に出会える。星とともに眠りにつける。ミシュランのホテル・ガイドは超高級ホテルを五つ星で示しているが、たかだか五つであって、こちらは六つ星でも七つ星でも自由自在だ。

ある世代以上の人は野尻抱影《のじりほうえい》の名をよく知っている。「星の先生」として親しんだ。新星の発見にやっきになったり、やたらに高度な宇宙論をひけらかすのではなく、ながらく日本人が生活の中で大切にしてきた星のことを、噛んで含めるように話してくれた。もともとは英文学者なのでヨーロッパのことにもくわしい。古典や仏典の知識がたっぷりある。文人かたぎの抱影先生から教えられた星たちが、いまも記憶にくっきりと刻まれている。山小屋で眠れないとき、そっと外に忍び出て、ピンポン玉のように大きな星たちを見上げていると、記憶がつぎつぎと蘇ってくる。

抱影先生の友人が千葉の三里塚に住んでいた。ある日の夕方、村の子供が駆けこんできた。「お月さまが二つ出た」というのだ。いっしょに野原に出てみると、東の空に満月が出ている。西の空にも大きな月があって、夕もやの中に沈みかけている。

そのころ三里塚にはキツネやタヌキがどっさりいて、キツネに化かされた話がいろいろと伝わっていた。しかし、二つの月は狐狸妖怪のせいではない。夕空のフシギな現象が「化けた月」として紹介されている。巨大なジャンボ機が発着する三里塚に、ほんの数十年ほど前まではお月さまがたのしいいたずらをしていたなどと、はたして信じられるだろうか。

ヨーロッパには「人がひとり寝ると、空に一つ星がふえる」という言い廻しがある。いつまでも眠らない子供に、そんなふうに教えて眠らせたのだろう。とすると大都市の夜空に星が少ないのは、夜ふかし人間がたむろしているせいである。そして山の夜空が満天の星に飾られているのは、山の住人たちが日暮れとともに、さっさと眠りにつくからだ。

『太古の呼び声』

ジャック・ロンドン　辻井栄滋訳

平凡社　一九九四年

市の広報スピーカーからチャイムが流れると、近所の犬がいっせいに声を上げる。「遠吠え」だろう。ウオウォーンと尾を引いて、遠くのどこかに呼びかけるような独特の鳴き方である。

とたんに『荒野の呼び声』を思い出す。よくしつけられた犬バックが荒涼とした土地につれていかれ、しだいに野性にめざめていく物語だ。アメリカの作家ジャック・ロンドン（一八七六―一九一六）は若いころ、職を転々としながらアメリカ大陸やカナダを放浪した。ゴールドラッシュに一枚加わって金鉱探しをしたこともある。

そんな冒険時代に、さまざまな見聞をしたのだろう。野性にめざめる犬のことなども、見聞の一つだったのではなかろうか。

これに対して『太古の呼び声』は、みずからの体験がもとになっているような気がする。放浪中は往きくれ、しばしば野宿をするハメになった。そんなとき風変わりな夢を見た。

「私はひじょうに小さく、小枝や大枝でできた巣のようなものの中に縮こまって寝ていたようだ」

葉の繁みのあいだから陽光がちらついている。強い風がくるとグラリと揺れる。実体験としては一度もないのに、夢の中では樹の上にいる。足下に広大な野がひろがり、それが自分を脅かす。

犬にあることが人間にあっても不思議はないだろう。遠い記憶、「太古の呼び声」に誘われる。はるかな祖先にさかのぼって脳細胞に伝えられてきたもの。学問的には「種の記憶」というらしいが、それがおりおり夢としてあらわれる。

人類は海にはじまり、やがて陸地に上がってきた。安全に夜を過ごすには樹上がいい。大枝や小枝でできた巣にいる夢は、太古の昔、人間が樹上生活をしていたときの記憶ではあるまいか。

そういえば幼いころ木のぼりをしたとき、奇妙な感覚をおぼえた。全身をつき上げるようなよろこびと不安があった。目の下の地面が、まるで見知らぬ土地のように見える。

遊具の棒にのぼっても決しておぼえない全身の感覚だった。

山でテントを張ってたき火をするときと同様だ。チロチロ燃える赤い炎が遠い何かを誘いかけてくる。もしかするとそれは、人類がほら穴にいたころ、火を使いはじめたときの思いを伝えているのかもしれない。

「ほら穴の前はあき地で、川のほうへゆるやかな傾斜をなしており、あき地には小さな火がいくつも燃えている」

語られている夢の一つだが、実際に体験したわけではないのに、どこまでもありありと具体的で、まさに点々とちらばった小さな火に立ち会っているかのようだ。親から子に受け継がれるものは性格・容貌にかぎらない。夢に出てきたものすべてが、やはりひとしく受け継がれる。眠りの中でそれと知らず「太古の呼び声」を聞いている。

『愛酒楽酔』

坂口謹一郎　ＴＢＳブリタニカ　一九八六年

山で飲む酒は、めっぽううまい。気圧とか空気とか疲労とかのせいだろう。それはそれとして、山小屋で酒くさい息と出くわすとゾッとする。ロレツのまわらない人がわきにくると、さっさと外に逃げ出したくなる。

「私はむしろ酔いを憎む」

通称が「酒博士」。お酒の先生として知られた人の言葉である。

「私は酒に酔うことがいやだから、酔わないことにしている。しかし友と酔心をともにするほど、人間にとって楽しい境界はない」

そのあたりの微妙な「差」は言わく言い難いというのだが、酔心の深みをきわめた人ならではのこと。

醗酵学が専門で、微生物の研究で文化勲章をもらった大学者だが、かたわら歌人であり、また酒をめぐる極上のエッセイをのこした。『愛酒楽酔』は各章にまず「歌話」と題したエッセイがきて、おしりに歌がつく。お銚子一本に小皿のおサカナつきといったぐあいだ。全七章だから〆《しめ》て七本。一晩で欲ばったりしてはいけない。

「まことに人間にとって酒は不思議な『たべもの』である。迷えと知って神が与えたものであろうか。それとも、時には狂えとさえ命じるのであろうか」

呟きに似た言い方からも「名酒謹一郎」のコクのよさがわかるだろう。

いい酒を称して「水の如く」などというが、この酒博士に由来する。学問に裏打ちされていて、なおのこと説得力がある。酒の性格をわかりやすく述べたまでで、「うちに千万無量の複雑性を蔵しながら、さりげない姿こそ酒の無上の美徳」なのだ。そのような酒として、もっとも早いころに「越乃寒梅」の名をあげていた。

専門の研究が大好きな「たべもの」と一致するという幸せな人だった。大学を定年退官したとき、先生はつらつら考えた。ながらく買いだめてきて置き場に困っている本でもって、元勤務先の近くに古本屋を開くのはどうか。商売ではあれ、恩給もあることだし餓死する恐れがないから、とりたててもうけることはない。

学生や元の同僚が立ち寄ってくれる。後輩の勉学の一端にもなるだろう。ときには昔なつかしい連中が顔を出して、そうなると酒がなくてはつまらない――。

ここでちょっと思考が停止するのは、酔っぱらいの姿が頭をかすめたせいかもしれない。酔ってクダを巻くなど、もってのほか。

先生は名案を思いついた。「酒を飲んで放歌高談して他人に迷惑をかけることはいっさいいたしませぬ」という誓約書を印刷しておいて、これに署名した者にのみ酒を出すのはどうだろう？　つづく一行が、ことのほかうれしい。約束を守ってくれさえすれば、「何時までねばって飲んでいてもいっこうにかまわぬ」。

「戦場の博物誌」

開高健　新潮社『歩く影たち』に所収　一九七九年

「博物誌」とあるとおり、世の生物が語られる。ハゲワシ、カモシカ、ラクダ、イナゴ、ヤモリ、ライギョ、コオロギ、ヒキガエル……。

日本人はよく強欲をいうのに「ハゲタカのように」などというが、これはまちがい。正しくはハゲワシ。死肉や残飯をあさって生きている。この点は世評どおりだが、観察していると、「意外に慎重であり、用心深く、また忍耐強い」。

ただし、それは人間が近くにいる場合のこと。原野や牧場で弱っている牛を見つけると、すぐさま襲いかかり、傷口をくちばしで掘りまくる。肛門から腸を引きずり出す。寄ってたかって皮を剝ぎ、肋骨の中に出入りして、一片のこらず肉をむしり取ってしまうものだ——。

いかにも博物誌的記述だが、その前にはさまれている一行がまるでちがうだろう。飢えに迫られると、この鳥は「ハイエナやライオンやヒトとまったく同じ行動に出る」。通常の博物誌ではこんなとき、「ハイエナやライオンとまったく同じ」とは述べても、けっしてヒトを同類には入れないはずだ。

開高健（一九三〇―一九八九）は行動する作家として知られていた。新聞社の臨時特派員を買って出て、泥沼のような戦争のつづいていたヴェトナムに入り、『ヴェトナム戦記』を著した。アフリカ西悔岸に赴き、ナイジェリアとビアフラのいつ終わるともしれぬ戦争に立ち会った。動乱のスエズにも、パレスチナにも出かけて行った。

「そこに一本の木があって、一頭のカモシカが、とぼしい草を食べていた」

眼をうるませ、端然とたたずんでいる。人が近づくと、ゆっくりとした足どりで寄っていき、長い首をすりつけてくる。

これはガザの難民収容所で出くわしたカモシカである。収容所の子供たちをよろこばせようと、「一頭きりの動物園」のつもりで所員たちが動物商から買い入れた。だが、骨と皮に痩せた子供たちが、まっ先に死んでいく。

その生年からして開高健は戦中の飢えのなかで育った。十代はじめに父を失い、母と二人で生きのびるためにイナゴを食べ、ライギョを釣って食料にした。のちに行動へとかり立てた衝動の原点にちがいない。飢えに迫られると人間もまたハゲワシになるということ。

戦場を廻りながら、注意深くヒトとイキモノたちのかかわりを観察していた。メコン川の海岸は干満の差がはげしい。干潟になるとトビハゼがぴょんぴょん跳ねながらやってくる。泥まみれのマングローブの根に這いあがり、頬をふくらませる。

「とびだした二つの目玉であたりを眺め、さんざん苦労して這いあがった根からふいにぴょんと跳ね、水たまりに消える」

戦場を見てまわる記者たちは、情報官のジープで案内され、いざとなればヘリコプターを呼んで、サイゴンへも、東京へも立ちもどることができる。そんな自分をトビハゼにたとえたぐあいだ。開高健はついぞイデオロギーなどにくらまされず、徹底して冷めていた。そこからおよそ類のない博物誌が誕生した。

『魚の四季』

末広恭雄　朝日新聞社　一九五一年

季節の変化をいうとき、たいていの人は花を借りる。春の桜、秋の彼岸花といったぐあいだ。小鳥でいう人もいるだろう。しかし、魚をあてる人はめったにいない。ところが末広恭雄（一九〇四―一九八八）のような魚博士ともなると、水中の生き物たちがきちんと四季のうつろいを伝えてくる。水ぬるむ小川のフナ、初夏のカツオ、秋のハゼ、吹雪のさなかに川をのぼっていくサケ。いずれも季節のメッセンジャーというものだ。

人間と同じように魚たちも思春期に入ると、からだにいろんな性的変化が起きるらしい。ヒメマスが生殖時期を迎えると、雄のからだ全体が美しい虹色に変わるのは知られているが、アユやオイカワなどの雄は、肩の部が黒く腹部が美しい赤色」を呈してくる。

人間だと乳房のふくらみ、肩や腰の肉づきなど、女性の変化が大きいが、魚では雄がせっせとおめかしをする。

成熟したサケの雄は上下の顎がカギのように折れまがって、いかつい顔つきになる。「サケの鼻曲り」といわれるものだが、サケの世界では、きっとこの手の顔がハンサムにちがいない。

コイやフナ、アユ、タナゴなどの淡水魚は成熟すると、全身に白い点々ができる。実は斑点ではなく表皮細胞が角質化してできた白い小さな突起であって、これができるころともなると、雄が雌を追いまわす。「人間でいえば、ニキビづらの青年が女の尻を追いまわすようなもの」だという。

ただし、もっと上質であって、人間のニキビはきたならしいだけだが、魚の突起は、これをすりつけられると雌はたまらない快感を覚え、すぐさま雄魚になびいていく。

末広恭雄は東大の教授になる前は、水産講習所などの現場で魚たちとじかにつき合っていた。研究が、この上なくたのしい発見につながっていく。水中の生き物たちが、しばしば人間にまさる英知と愛情を見せつける。それをたのしく紹介した。

深海に棲むチョウチンアンコウの一種にセラチウスという魚がいる。雌が体長一メートルほどもあるのに対して雄はわずか十センチばかり。

このちっぽけな雄魚は、これぞと思う雌魚を見つけると、突貫小僧のように突進して、その雌魚のからだにダニのようにくいついてしまう。

「これで縁組は完成。一夫一婦を厳守する彼と彼女の夫婦生活がここに始まる……」

しかも時がたつにつれて、この夫婦のあいだでは皮膚も共有され、血管さえも一つになるというのだ。まさに夫婦の鑑というものではなかろうか。

学問が細分化して、もはやこのように生き物たちを語れる人もいなくなった。

#『犬と狼』

平岩米吉　日新書院　一九四二年

動物文学者。平岩米吉（一八九八—一九八六）は若い頃画家志望だった。川端玉章《ぎょくしょう》について日本画を学んだ。その後、文学に転じた。昭和初期であって、まだまったくの田園地帯だった自由が丘に飼育場をひらき、犬、猫をはじめとして狼、ジャッカル、狐、狸、ハイエナ、熊などと生活をともにした。生態をくわしく観察し、そこから誰にも書くことのできない動物文学を生み出した。

「私が狼を飼ったのは昭和五年の秋からであるが、当時はしばしば猟奇的の悪趣味と誤解され、後には狼の研究家というような異名まで頂戴することになった」

大好きな犬への関心が犬科の動物にひろがったまでというのだが、とともに、恐れられ、憎まれ、そして絶滅させられた狼に対して、人一倍の思いがあったからにちがいない。「狼を飼う」「狼と食物」「狼の眼」「馴れた狼の話」「狼と山犬の弁」「犬狼雑記」「狼の跳躍」……。深い関心でもってつづっていった。

飼育したのは唯一朝鮮に生存していた狼で、『犬と狼』に精悍《せいかん》な姿の写真がついている。「狼を敵とする思想──われわれはそれをわれわれの祖先から伝承したのだ──には少なくとも、一つの重大な誤謬《ごびゅう》のあることを見逃してはならぬ」

人間を襲うとされてきたが、おおかたの場合は牧畜であって、家畜の敵であっても人間の敵ではない。恐怖が凶悪な獣をこしらえてしまったが、狼と「友情の関係」をつくるのはさほど難しいことではなく、ひとたび関係ができれば、これほど信頼できる友人はいないという。

古今東西の文献をあげて、人と狼のかかわりをたどっていった。そこに述べられている狼の生態を、日々つき合っている狼の行動や習性から確認していく。

狼は犬のようにまっすぐには歩かない。一つは人間に対する不安からだが、いま一つには、異物に対する「烈しい嗅覚の衝動」が働いている。それが文献に語られている狼の行動パターンとかさなってくる。

ふつう狼は人間を恐れて近づかないものだが、ひとたび食物にありつくと、どんな温順な狼でも、にわかに猛り立つのはどうしてか？

奇妙でも何でもない。肉食獣の生活はつねに争闘の結果であって、敵を倒してはじめて食物を獲得する。争闘と食物は「同一物の両面」にすぎず、食物を見ると狼が争闘性をあらわすのは当然のこと。

狼の鼻がいかに精巧なものか。親愛の情にかぎらず、喜びや悲しみ、驚き、警戒、不安、苦痛、怒り、さらに誇りや恥じらい。狼がいかにゆたかな表情をそなえているか。さらに狼がグループをつくり、整然として「自治的生活」を営む特性、夫婦愛のこまやかさ。いっぽう、きちんと友愛関係を築こうとせず、ひたすら仇敵視して、この高貴な生き物を根だやしにしてしまった人間の傲慢さ。

観察の的確さは、日本画に学んだ目の習練があずかっているのだろう。その上で科学的な描写と文学性をあざやかに結びつけた。六十年以上も前の本なのに、少しも古びていないのである。

『手仕事の日本』

柳 宗悦　靖文社　一九四八年

山の行き帰りに郷土資料館とか歴史民俗館とかを見かけると寄ってみる。美術品ではなく生活具が主流であって、その土地、その地方のかつての暮らしがよくわかる。

同じような山里、あるいは山の町であっても、道具や生活具に少しずつちがいがある。蓑《みの》や藁沓《わらぐつ》にしても、素材、編み方、大きさ、飾り、それぞれどこかちがっている。気候風土に応じて生まれ、実際に使うなかで、さまざまな工夫がされてきたからだ。そして山一つ、川一筋で自然は微妙にちがうものだ。

「私はこれから日本国中を旅行致そうとするのであります」

柳宗悦《やなぎむねよし》（一八八九—一九六一）は『手仕事の日本』を旅してまわって、貴重な記録を残した。名所巡りでも寺社詣でもない。「その土地で生まれた郷土の品物」をたずね歩く。

富本憲吉や河井寛次郎らと民芸運動を始めたのが大正末年のこと。焼物、染物、織物、金物、塗物……。人々の暮らしを支えた力強い友であり、無名の工人たちが知恵をしぼって改良をかさねてきた。それが美しくないはずがない。「民衆の芸術」として、どうして美の対象にしてはいけない？

「特にここで出来る蓑は大変特色があって、背を総々《ふさふさ》とした葡萄皮で作り腰を山芝で編みます。裏側が美しい網になっていて見事な手仕事であります」

奥会津・檜枝岐《ひのえまた》の生括具を述べたくだり。この蓑をまとった人をうしろからながめると、「活きた態」が動いているように見えるという。風土にぴったりよりそって生まれた品物であるからだろう。

羽前庄内の雪帽子、竹で編んだ亀子笊《かめのこざる》、羽後酒田の浜弁当、長い柄のついた柄杓《ひしゃく》、陸中盛岡の菓子櫃《かしびつ》、長火鉢、尾張瀬戸の片口、飛驒白川の山仕事用の鉈鞘《なたさや》、越中富山の薬売りが背中にしょって全国を廻った薬売行李《こうり》……。芹沢銈介《せりざわけいすけ》の手によるみごとな小間絵がついていて、一つ一つ目でたのしめる。

柳宗悦が民芸にめざめたのは、若いころ朝鮮の白磁に出会ったのがきっかけだった。朝鮮を蔑む風潮のなかで、その地の美術工芸を研究し、朝鮮民族美術館設立までの実践をした。それが日本の民衆芸術へとひろがった。つねに社会とのかかわりを考えて、情緒的な美意識とはへだたりをとっていた。『手仕事の日本』が出たのは昭和十八年（一九四三）である。軍国主義のただ中で、自分の本が日本礼賛のタネにされるのを恐れたのだろう。これが昭和十五年（一九四〇）ごろの記録だと、はっきり断っている。

「時代はますます機械の発達を促すでありましょう」

手仕事を蔑んで、いずれ機械生産万能になる。伝統的な生活具ですら「営利の目的」が強くなって、だんだん「物が粗末」になっていく――。お土産屋で売られている民芸品にてらして、まさしく予言どおりになった。

『柳宗民の雑草ノオト』

柳 宗民　毎日新聞社　二〇〇二年

柳宗民《やなぎむねたみ》（一九二七―二〇〇六）は、前項でとりあげた『手仕事の日本』の著者柳宗悦の四男である。幼いころから植物が大好きで、旧制中学を出たあと農業試験所や大学の育種学研究所で働き、そののち育種花園を始めた。「種の起源」にさかのぼって異種をかけ合わせ、新種をつくる。より美しい花、より強い改良種を園芸家たちに送りつづけた。

温室が仕事場だったわけだが、その一方で野の花をこよなく愛した。ナズナ、ホウコグサ、ハコベ、ホトケノザ、ヨモギ……。『雑草ノオト』が春から夏、さらに秋へと巡っていく。アワコガネギク、オミナエシ、ワレモコウ、センニンソウ。

「私も、戦中から戦後へかけての食糧難時代に、ナズナを採ってきては、ひたし物として食べた想い出がある」

野性に特有の香りと歯触りが、栽培物にはない味わいをもっていた。

「昔、ハコベの葉を乾かし、粉にしたものに塩を混ぜ、歯磨きに用いたと云い……」

「草餅のほか天ぷらや佃煮、あるいは新葉を炊き込んだよもぎ飯など、食用として昔から利用されてきたが、薬草として広く利用されてきた植物でもある」

お灸のモグサの原料がヨモギであることは人のよく知るところ。血液を浄化したり、止血、痛み止めなどの薬効がある。

野草の生態、気候風土に応じた形や特性を語るとき、つねにそれが、かつては大切な暮らしの友であったことを言い添えた。ニガみやカラみを生かして食膳にのせる。クスリとして干したり、粉にしたり、固めたりして用いてきた。

花に共通した特徴があって、ごく小さい花だったり、極小のかたまりだったり。色も白か、淡い黄か、うすい褐色。だからめだたず、見すごされがちだが、よく見ると優しくて愛らしい。そして季節の訪れの使者のように、その時どきに必ず地表にあらわれる。

農学的には「植えられた植物の栽培に支障を来す植物」を雑草というらしいが、たいていは「ヒェー、雑草が生えたなァ」などと言って、根っこごと引っこ抜き、鎌でいっきに刈り取ったりする。まさしく「雑草扱い」する一方で、日本人は昔から「春の七草」

「秋の七草」などとグループにして愛《め》でてきた。独特の親近感で使われてきた言葉なので、あえてタイトルにも雑草をあてたという。

民芸運動のリーダーだった父親宗悦より、「民」の一字をあてて命名された息子だが、まるきりちがう分野で生きた。しかし雑草は植物界の「民衆の芸術」にちがいない。自然という「無名の工人」が知恵をしぼって改良をかさね、人間の暮らしを助けてきた。その点でいうとこの四男は、もっとも忠実に父親の意思を受け継いだといえるのだ。

#『民俗のふるさと』

宮本常一　河出書房新社　一九六四年

民俗学の宮本常一《つねいち》（一九〇七―一九八一）は「くろんぼ先生」のあだ名があった。もともと色が黒かったようだが、とにかくよく旅をして日焼けをしたせいである。晩年に若い人たちと旅文化の研究所を始めたとき、その機関誌を「あるくみるきく」と名づけたが、よく歩き、しっかり見て、根気よく聞きとることを自分の学問の根本にした。

「私は一つの島に一家族だけ住んでいるという島を今までに三つほど訪れたことがある」日本の隅々までも歩いた人だから、めったにない体験をしている。『民俗のふるさと』のうちの「村の生活」の章を、一家族だけの島から始めた。

一つは広島湾の小島で、戦後外地から引きあげてきて行きどころがなく、無人島へおちついたという家族。二つ目は長崎、五島列島の大島の属島宇々島でのこと。親島で生活に困って借金ができた人を、クジびきでこの島へ送った。三つ目は壱岐島の南岸にある妻ヶ島。この島にはたった一軒だけの家が十二代住んできた。はじめは藩の命令で見張り役として島にきたという。

一の無人島は、もともとかなり畑がひらけていた。昼間は近くの島々から人が耕作にきて、日が暮れると帰っていく。二の属島にはかなり広い畑があり、海藻を自由にとっていい。公役に出る必要もなく、島に五年もいれば借金を払ってしまえる。三の島には、畑、松林、漁場がそなわっていて、住みつけば悪いところではない。ただ二家族となるとムリなので、分家は島を出ていった。

それなりに安住の場を見つけ、これからも一島一家族がつづいていくのだろうか？　そうはなるまいと宮本常一は述べている。病気の心配、子供の教育、獣による作物荒し。そういったことを克服しても、切りはなされた世界に一家族が生きていくのは、とても難しい。夜は一家族でも昼間は同じ耕作者がいたり、借金返済や見張りの役目といった社会的目的があって辛うじて継続されていく。

「ムラというのは人が一つところにあつまって住むというだけでなく、そのはじめはおなじような仕事をしている者が一つところに住んだのである」

四国の山中のように、わりと家がばらばらに散っていても、同じ山仕事がつながりをつくって共同体を形成してきた。山裾の谷口に五戸、十戸とかたまっているのは、ムラのはじまりの形をよくとどめていて、そこには地縁的な結合がつよく見られる。『民俗のふるさと』には、足でたしかめた村や町のおこりや仕組みが、多くの実例とともに語ってある。初版は昭和三十九年（一九六四）刊。わが国経済の高度成長が始まって、職業が急速に多様化し、「おなじような仕事をしている者」の共同体制が少しずつ崩れだしたころである。その寸前の町や村を、くろんぼ先生が一つ一つ、大きな変化の予測をまじえながら訪ねていった。

『花の知恵』

モーリス・メーテルリンク　高尾 歩 訳　工作舎　一九九二年

日本人は花好きの国民と、そんなふうに言われている。どんなに小さな庭にも花があるし、玄関先に鉢植えを積み上げた家もある。

昔は「花合わせ」といった優雅な遊びがあった。詩歌はくり返し花をうたってきた。「春の花見」が国民行事になるような国は、地球上でも稀なケースにちがいない。

しかし、どちらかというと審美的に傾きすぎる。「おー、キレイだ」「カッワイー」これでおしまい。草花にも人間に劣らぬ―ときに人間の数倍の―知性と思考力がそなわっていることを考えようともしない。よく知らなくては本当の愛情は生まれてこないだろう。カッワイー一点ばりは、単に花を消費しているだけかもしれないのだ。

メーテルリンクは『青い鳥』で有名な劇作家だが、『蜜蜂の生活』『蟻の生活』といった著書からもわかるように、庭にしゃがみこんで小さな生き物を観察する思索家だった。蜜蜂の生態を追っていくうちに、その虫を招き寄せ、花粉を運ばせ、自分たちの下僕のように使っている花の知恵に気がついた。

たとえばウマゴヤシのこと。散歩の途中に見かけた何げない草花が、「シラクサの高名な幾何学者アルキメデスにはるか先立って、アルキメデス螺旋の驚くべき特性」をしっかりと身につけている。それを用いて種子を遠くへ飛ばす。まわりに密生すると、とも倒れを起こすからだ。

パラシュートや落下傘が登場したのは、第一次世界大戦のさなかであって、やっと二十世紀になってからだが、タンポポはとっくの昔にパラシュートの飛行装置を実現していた。白い綿毛を円錐状にひろげ、野や丘を群がって飛んでいく。しかも人間の発明品は、敵地に舞い降りたり住人を殺すために考案されたのに対し、タンポポは可愛い仲間をふやすためにしか使わない。

メーテルリンクはタンポポの群生のなかに、やや毛色のちがうのを見つけて考えた。人間はパラシュートや落下傘にいきつくまでに何度も失敗して改良を加えていったはずだが、タンポポも始めから白い綿毛の完成品を備えていたのではないだろう。とすると毛色の変わったのは、地形や風のぐあいで「改善」が必要になって、そっと新型を試しているのかもしれない。

「人間がまだ棍棒や引き網にたよっていたころ、植物はすでに紡ぎ車や滑車や巻き上げ装置を発明していた」

しかもあざやかに使いこなして地上を美しくいろどってきた。どんなに手をつくしても、人工のものは自然界にみるようなしなやかさと強さをもち合わせていないものだ。スペインエニシダの花弁ときたら、絹の光沢とやわらかさをもちながら、とびきり強力なバネとなって黄金の花粉を高々と空中にはね上げる。

野の花、山の花を見るとき、そこにたしかに自立した「ひたむきな知性」が働いているのを思い出すのはたのしいことだ。人間は自分たちを特別な存在のように考えているかもしれないが、要するにこの地上に最後にやってきて、もっぱら地球を荒廃させる野蛮の民かもしれないのだ。

『吉野の民俗誌』

林 宏　文化出版局　一九八〇年

紀和山地の奥深いところ。熊野川、北山川、吉野川の本・支流が激しく蛇行して、わずかにひらけた谷あいに無数の集落が点在している。北の五條市からも南の新宮市からもバスを二時間あまりも乗りつづけないと行きつけない。その交通の不便さから、奥吉野はしばしば「秘境」とか「僻地」とよばれてきた。

「私がこの十津川郷に本格的に入りはじめてから、早くも三十余年になる」

『吉野の民俗誌』は奥吉野の十津川村を中心として、隣りあった下北山村、川上村にねばり強く探訪をつづけ、かつてあった山の暮らしを、これ以上ないほどくわしく書きとめた記録である。

秘境や僻地のイメージから地理的にも社会的にも隔絶された世界と思いがちだが、「山の訪問者・奥吉野の場合」が、まるきりべつの山里をのぞかせてくれる。執拗に蛇行する川沿いの道をたどり、あるいは網の目のようにひろがる生活道としての尾根筋を通って、さまざまな外来者たちがやってきた。木地師《きじし》、杓子屋、樽丸師、マゲモノ師、松煙《しょうえん》屋《や》、炭焼き、木挽き、鍛冶屋、トギ屋、イカケ屋、ブリキ屋、鋸の目立て屋……。「松煙屋」とは聞きなれないが、奈良名物の墨の原料である煤《すす》をつくる職人。山中に小屋を建ててコエ松を焚き、その煙を特殊な障子に通して煤をため、俵や袋詰めにして出荷した。樽丸師の手による吉野杉でつくられた酒樽が、灘、伏見の酒の大生産地を生み出したことはよく知られている。奥吉野は上方文化に欠かせない技術者たちの故里だった。

特殊な手ワザを持つ者のほかにも、いささかの日用物資を携えた行商人、山伏や六部などの宗教家、デコマワシ、猿回し、マンザイ、祭文語り、浪花節などの遊芸人。村人の心細い懐を狙ってやってくる博奕打《ばくち》ちもいた。ここは決して隔絶された土地ではなく、驚くほど早く、また正確に情報が伝えられていた。「十津川郷士」とよばれた人々の政治志向は、周辺よりきちんと中央を見据えた上での運動だった。

本になったのが一九八〇年。そこから「三十余年」の引き算をすると、丹念な吉野探訪の意味深さが見えてくるのではあるまいか。戦後しばらくは旧来の山の暮らしがあった。そのあとの経済復興、エネルギー革命、高度成長のなかで、急速に山の仕事が失われていく。暮らしが変わり、過疎がすすみ、習俗がすたれ、老人が取り残されていった。「書かれざる庶民の歴史について二つとない貴重な思い出を語って下さった翁媼で二度とお目にかかれなくなった方も数多い」

いまこのときに聞き取っておかなくてはという強い思いがあったのだろう。とともに少年のころ吉川英治の少年小説『神州天馬侠』で知った「果無山《はてなし》」が、大和と紀州の境に屏風のようにつらなる果無山脈のかなたへと導いた。学者の使命感と少年の夢とが結びついた珍しい民俗誌である。手描きの絵がどっさりついていて、まざまざと失われた世界を甦らせてくれるのだ。

「山男について ほか」

南方熊楠

河出文庫　中沢新一編『南方熊楠コレクションⅡ南方民俗学』に所収　一九九一年

手紙のかたちになっていて、最初の日付は明治四十四（一九一一）年三月二十一日。

「拝呈、十九日付芳翰、正に今朝拝受」

これが書き出し。直ちに返信を送ったことがわかる。文庫判で三頁と、ごく短い。以後、ドッとあふれ出た。いかにそれがふつう「手紙」といわれるものとは異質であるか、たとえば初めのところに「山男のこと」と断った一通が、同じ文庫判で二十五頁を占めていることからもあきらかだろう。出したのは南方熊楠。送り先は「柳田國男様　御待史」。

このとき熊楠、四十四歳。受け手は三十六歳。柳田國男は当時、農商務省農務局より法政局参事官に任じられ、内閣書記官室記録課長兼任。ばりばりの官僚の中枢の一人だった。

南方熊楠が十数年に及ぶアメリカ・ヨーロッパ遍歴から帰ってきたのは明治三十三年（一九〇〇）である。紀伊・田辺に住み、植物調査のかたわら少しずつ執筆を始めた。その一篇「山神オコゼ魚を好むということ」を読んだ柳田國男が感動して、「突然ながら一書拝呈仕り候」と書き送ったのが、そもそもの始まり。つづいて東京と和歌山を、およそ風変わりな書き物が往き来した。残されているかぎりで、南方六十一通、柳田七十四通。

文通が始まってすぐの「明治四十四年五月二十五日夜九時過」と末尾にある一つが、とりわけ興味深い。柳田國男が『遠野物語』を刊行したのはこの前年であって、山の暮らし、山男伝説に深い関心があった。熊楠は問いに応じ、知るかぎりのことを書いていった。

「拙書の話に、山男は身体に苔はえてあり。山小屋に来たり気味悪きものなり」山爺《やまおじ》のこと、狒々《ひひ》、猴《さる》、「唇熊と申す獣」、一本ダタラ、見聞したこと、古書に見る山男たち……。和漢洋に及んでとんでもない博覧強記の人であって、「書き終わり次第投函いたすべきつもりなり」で書いていけば、途方もなく長くなって当然のこと。

なかでもこの一通がとくに興味深いのは、終わりちかくで「小生は至つて節倹なる家

に生まれ候」と筆を転じ、自分の生い立ちを語っているからだ。東京の官僚学者には、これだけの逸材がどうして突如、紀伊の辺境に現れたのか不思議でならず、それが文意にみえたので熊楠が答えたわけだ。合わせて目下、自分がかかわっている神社合祀《ごうし》反対運動に触れた。「まことにむつかしき立場に小生はあるなり」。多少とも中央役人に期待するところがあったのかもしれない。貴下に「御名案も無之《これなき》や」と問いかけている。

柳田國男の『山島民譚集』の出るのが三年後の大正三年（一九一四）である。熊楠から伝えられた多くが「民譚」のなかに取りこまれた。紀伊発信の手紙を読みすすめるとわかるが、天下の自然人熊楠には、柳田流文学化が不満だった。「こんなものを山男と悦ぶは山地に往復したことなき人のことで……」ズケズケと書き送った。しかし文通には少しも影響しなかった。ともに人間的スケールが並外れていたせいだろう。

『金谷上人行状記　ある奇僧の半生』

横井金谷　（藤森成吉による現代語訳。東洋文庫　平凡社　一九六五年）

原文は「金谷《きんこく》道人御一代記」という。ふつう一代記は個人の生涯の事跡を他人が書きとめたのが大半だが、これは当人が書いた。わざわざ「御一代記」となっていてシャレっけ、あるいはアイロニーが見てとれる。

「そもそも金谷上人と申すは、近江の国栗太郡《くりたごおり》下笠の生まれ」

現在の滋賀県草津市下笠である。宝暦十一年（一七六一）のこと。月足らずで生まれたので早松と命名。二つのとき乳母が雪隠《せっちん》に落っことして「クソ松」などとよばれた。九歳で大坂・天満の宗金寺へ小僧に出された。迎えの僧と馬で行く途中に落馬。

「……生涯いろいろの御難をなめられる上人にとって、これが最初の、いや、糞壺の御難を第一番とすれば、第二番御落馬の御難、これである」

悪さをする。修行をうっちゃらかして帰ってこない。十代半ばで寺を追放され、放浪が始まる。上総《かずさ》の寺に身を寄せていたとき、村娘のもとへ夜這いに出かけ、村の衆に袋叩きにあうところをカキの木にのぼってやりすごした。

「後世これを金谷上人カキの樹の御難と申しあげる」

自称「金谷道人」は近世日本にあって、もっとも自由に生きた人物ではなかろうか。その足跡は関東から東海、中国、四国、九州、天草まで及ぶ。往きくれると寺にとびこんだ。生まれつき弁舌さわやかで、説法もできる。絵が描け、歌もうまいし、尺八もふける。天真爛漫で、とりわけ子供や若い娘に愛された。

全七巻の自伝のうち、巻五からあとのおおかたが熊野・大峯山登山にあてられている。何ごとにも好奇心旺盛な金谷は、文化六年（一八〇九）、京の三宝院門主大峯入りを聞きつけ、山伏になりすまして二カ月に及ぶ熊野修験のお伴をした。正式の大峯入りのありさまを、これほどくわしく、生きいきと書きとめた記録は二つとないだろう。

古来、修験道には本山派（天台系）と当山派（真言系）の二派があって、本山派は京都の聖護院が、当山派は醍醐の三宝院が支配していた。峯入りもちがっていて、本山派は熊野から北上して大峯、金峯に出る。当山派は吉野から入って金峯、大峯を経て熊野に出る。前者を順峯《じゅんぶ》、後者を逆峯《ぎゃくぶ》といった。金谷がたどったのは逆峯コースである。

もぐりの山伏だから、人のいやがる役を買って出た。重さ五貫もある斧をかついで先導する。京・三条の御装束師の店へ行けば、萌黄の鈴懸、摺《すり》の袴、脚絆《きゃはん》にいたるまで、その場で山伏に早変わりすることができた。

峯入りに先立ち、京の町を練り歩く。将軍の上洛とならび両御門主の御入峯は都の壮観といわれたそうで、晴れ装束数千の山伏たちが、きらびやかな御道具をもって巡行する。

二週間ちかくかかって、ようやく吉野に入り、順にお伴がへらされていった。

「きょうからは山上御駆入《かけい》り、奥通り難行の最初だからと、人物も詳しく御吟味なされ……」

金谷は無事、最後まで難行をやり通して法印大先達の称号をうけ紫衣を賜わったが、さてもどるとなると一銭の路用もない。旅なじみの寺で金子《きんす》を借りて、やっと帰国の途についた。

『私の古生物誌　未知の世界』

吉田健一　図書出版社　一九七五年

毎年どこかで恐龍展が開かれている。夏休み中は毎度のことで、それだけ子供たちに人気が高いからだろう。

「恐」龍というとおり、やたらに首が長かったり、背にトゲトゲを背負っていたり、いかにも恐ろしげな姿をしている。遠い遠い大昔の古生物であり、とっくに死滅して、わずかに化石でつたわるだけ——いや、はたしてそうか。

吉田健一の『私の古生物誌　未知の世界』につぎのようなエピソードが紹介されている。十六世紀の中ごろ、ジャワからトカゲの標本がパリに届けられた。体の両脇にうすい膜がついていて、それをひろげて木から木へ飛ぶという。そんなことから龍の子供ということになって、のちに分類学者のリンネが「ドラコ・ヴォランス（飛び龍）」と名づけた。そんな命名からもわかるとおり、龍のイメージがすでにそのころの人にもあったわけだ。

現代に生きている動物のなかで、もっとも龍に近いのは、ワニ以外では、コモド島の大トカゲだといわれている。俗に「コモド島の龍（コモド・ドラゴン）」とよばれ、一九一二年、ちょっとした偶然から発見された。

ある飛行家がセレベス島の近くの島に不時着して、そのとき龍を見かけたという。その後、実物が生けどりにされて、見まちがいでないことが証明された。かつてはアジア大陸全体に棲息していたと思われ、これがどうやら中国の龍の原型らしいのだ。

恐龍はいまも地上のどこかにいるのかもしれない。「太古の呼び声」は実在するものの声であって、だからこそ「恐」の字をあてたくなるようなおどろおどろしい姿をしている。まるきり未知の生き物なのに、何かある懐かしさを覚え、フシギな愛着をさそわれるのではあるまいか。

大人は一笑に付すかもしれないが、世間知と称する浮き世の知識を身につけたばかりに、本能の命じるところの声が聞こえなくなっただけであって、いまだそんな浅知恵に汚されていない幼い者たちが、全身で恐龍の実在を受けとめているのかもしれない。

コモド島の龍にしても、ようやく今世紀になって見つけられたのだし、アフリカ中部やアマゾンの奥地には、えたいの知れぬ巨大な生き物の出現が、たびたび報告されているではないか。山を歩いていて、異様な足跡に出くわしたときなど、体のどこか深いところがヒヤリとした感覚で反応するが、眠っていた本能がふと目覚めた一瞬ではなかろうか。

これを書いたのはいかなる恐龍マニアでもなく、正統派の評論家、小説家吉田健一である。その人が恐龍ブックを開いている少年のように、あふれるような好奇心でもって地上のどこかにひそんでいる恐龍を思いながら書いていった。数あるこの人の著書のなかでも、とりわけたのしい本になったのは、少年のころの夢を追っかけているからだろう。夢みたものと博識とが、これ以上ないほどみごとにとけ合っている。

大人になっても恐龍ブックが離せない人は幸せ者だ。天井のヤモリを見ても心がさわぎ、気がつくと意識の底に首の長い愛嬌者がノッシノッシと歩いている。

『ムササビ　その生態を追う』

菅原光二　共立出版　一九八一年

いま、ある世代以上の人には、幼いころの記憶にあるのではなかろうか。神社の森にムササビが巣をつくっている。夜に仲間と、こわごわムササビを探しにいった。少年のころの「大冒険」の一つである。

鳥でもないのに空を飛ぶ。逃げ遅れると、背中にとびついてきて、鋭い爪でかきむしる。そんなことを暗い中で、ムササビが巣をつくっているという大杉を見上げながらささやき合った。そのうち誰かが「ワッ」と声を上げたのに肝をつぶして、いっせいに逃げ帰った。ムササビは見つけられなかったが、まっ暗な夜の森でも、目が慣れると、けっこうよく見えることを学習した。

ムササビは夜行性の動物であって、しかもおおかた木の上にいる。そのため観察が難しく、生態がよくわかっていなかった。忍者のように空を飛ぶのはたしかだが、脚についている皮膜を広げて気流に乗るわけで、高いところから低いところへゆっくりと落ちていくかたちになる。それでも気流のぐあいで、二、三百メートルの谷を、ひとっ飛びでこえたりする。

ある夜、まっ暗闇の空をかすめて飛んだものがある。その出会いの一瞬が、森の忍者にのめりこむ始まりだったそうだ。

「丸いダンゴッ鼻の彼らにひと目で惚れた」

菅原光二の『ムササビ　その生態を追う』は、数ある動物観察の記録のなかで、とりわけ貴重な一つだろう。動物学者でもなく、研究のためでもなく、一介の写真家が、ふと出くわした生きものへの愛情から七年間、夜の森に通いつめ、その生態を克明にカメラに収めた。

くわしい「撮影日記」がついていて経過がわかるのだが、はじめは失敗づくめだった。三年目をすぎたころから、ようやく行動の先が読めるようになり、カメラでとらえられるまでになった。

木の上の住人を追うわけだから、いつも見上げている姿勢になる。真上のときは顔が仰向きになって、おのずと口が開くものだ。そんなときに木の上の住人が生理をもよおすと、どうなるか？　パラパラと降ってきたのが口の中にとびこんでくる。写真家菅原光二はそれをさしあたり、ドングリの落下とみなしていた。口にとびこんだのを、いや応なく味わうはめになり、「喰えぬ代物」であることを了解した。

生態のうちでも求愛と愛の成就のくだりが、もっとも印象深い。一匹のメスをめぐり、オス同士が激しい闘争をする。勝ち上がったオスと、だんご鼻のマドンナとのたのしい追っかけっこ。お月さまと、そして一人の写真家だけが見ていた愛のシーン。

行動を読みとって、一つの事実がわかると、つづいてまた疑問がふくらんでいく。生態はつづったが、断定は避け、解決のつかぬところは「気になる行動」として記すだけにとどめた。観察記録にあって、めったに守られない原則である。

愛が成就すると、そのあとメスはもはやオスに目もくれない。寄ってこられると、うるさげに追い返す。

「冬枯れの林の中を、ムササビが駆けていく。オスはいつも一人ぼっち」

記録者の人となりを告げるユーモアとつつましさ。それが記録の真実を保証している。

『［図解］焚火料理大全』

本山賢司　東京書籍　一九九八年

用意する材料の絵がついている。料理の手順、大切なポイントも図解してある。焚火の熾《おこ》し方、道具類、調味料にはじまって、焚火で料理するレシピが八十種あまり。加えて「火を使わない酒の肴」が二十五種。

アウトドアの本はごまんとあるが、これほど個性的で愉しく、そしてとても大切なことが語られていることはめったにない。

「通常、焚火料理をしたあとは、その近くでテントを張らずに野宿する」

ユニークな本の生まれた太い根っこであって、寝袋にもぐりこみ、地べたで眠る。その面で「達人」といわれるのは、ながらく自分の流儀で実践してきて、そこからさまざまなことを学びとった。ふつう野営や野宿は夏のあいだとされるが、「僕の野遊びは、夏はシーズンオフだ」。なぜか？　この季節は夜でも暑く、それに虫たちの最盛期であって、対策に精力の大半をそそぐはめになる。

どうしても出かけなくてはならなくなれば、標高一五〇〇メートル地帯を選ぶ。気温は百メートルごとに〇・七度低くなって涼しいし、虫がいない。

暑さ、涼しさといったこと以上に本山賢司に大切なのは、自然界の生きものたちの秩序とリズムを乱したくないということだ。この自然人は自分が世の生きものたちにとって、酔狂な異物であることをよく知っている。寝袋という「皮」一枚で野の住人たちと同じように野に寝ようとも、寝袋は文明の所産であり、どんなに自然に寄りそっても、人間は野の住人になれっこない。それをきちんとわきまえている。

「あれこれ調味料に凝るのも楽しいが、野外料理はシンプルなほうがベストだ」

初めに紹介されている調味料の容器が、それとなく示しているだろう。醤油はスコッチのスキットルの転用、酢は国産ウイスキーのポケットびんといったように、すべて用ずみが用いてある。料理の材料も同じであって、とことん素材を使いつくし、必要となれば転用する。

イワシ、キンメダイ、小アジ、マダコ、カブ、大根、昆布……。おいしく食べることは罪ではない。材料を生かさず、おいしく食べることを知らないのが罪なのだ。本山レ

シピは素材に対する深い敬意と礼節からつくられている。たいていの料理家が、なぜか忘れている一点である。

また本山コック長においては、焚火は単なるエネルギー源ではないだろう。人間が古代より受け継いできた火による生命の伝達、それがいまや消えかけている。レンジのスイッチをひねるだけ、チンするだけでできあがる料理。生命の元であるはずの火が、火災の元凶として忌避される異様さ。

だからこそ最後にそっと「後始末」が添えられた。焚火は燃えつくすと白い灰になる。近くに穴を掘って灰を埋め、「火を燃やす前と同じ状態」にもどしておく。火が消え、闇が去り、朝の風が通り過ぎていく。

『山の声』

辻まこと　東京新聞出版局　一九七一年

辻まことは多くの顔をもっていた。油彩、水彩とわず繊細な画風の画家であるとともに、辛辣な風刺画文集『虫類図譜』の作者だった。詩誌『歴程』同人のかたわら、イワナ釣りの名人で、狩りにかけても一家言があった。根っからのスキーヤーで、ギターが巧《たく》みで歌がうまかった。生涯、定職というものをもたず、自分では「現今まれなる居候族の生残り」と称していた。

『山の声』は画文でつづった山のエッセイ集だが、その中の「多摩川探検隊」が幼いころの冒険を語っている。

学校の教材でもらった地図を眺めながら少年は考えた。この多摩川の源は、どこで、どうなっているのだろう？　きっと谷間の一点に深い穴があいていて、そこからこんこんと水があふれているにちがいない。その源を探してみよう――。

ある夏の日、遊び仲間を誘って多摩川の土手を歩きだす。食料はアンパン二つと水筒。わずか数ページの小文だが、遠くへの憧れ、また旅というもののエッセンスが、もののみごとに書きとめてある。

囲炉裏について語ったくだり。炉をかこんで焔《ほのお》を見ていると、たとえ沈黙につつまれていても、ちっとも退屈ではないし気詰まりも感じない。お茶が出てきて、急に誰かがにぎやかにしゃべり出しても、とりたてて邪魔にならないし、相槌を打っても打たなくてもいい。口をつぐみ、うなずいているだけで十分に答えている。炉辺ではそういったことが、当然のことのように許されるのは、どうしてだろう?

「語り手は半ば焔を聴手として、人々は燃えうつり消える熱と光を濾《こ》してあるいは遠くあるいは近く、そこから生まれてくる話を聴くのだから」

味わい深い言葉が、さりげなく書きとめてある。『山からの絵本』『山で一泊』など、生前、辻まことが本にしたのは山の本ばかりだが、同じく山を語っても、辻まことは他のどの人とも違っていた。また単なる山の本では決してなかった。そこには鋭い思考と厳しい文明批評がひそんでいた。

つねづね人間は文化的動物のつもりでいるが、文明が強制する秩序におとなしく服従しているだけではないのか。ひとりで冬枯れの山道を歩いているときなど、文明から遠いところで、一匹の獣になったここちがする。

風、ちらつく雪、岩場、雲の移動……。あきらかに日常とは別の秩序と環境に適応しなくてはならない。そして無意識のうちに順応している自分を見つける。

原始的な反応かもしれないが、原始人ではない。日常とはまるきりちがう環境に適応するためには、自分の経験を推考する用意がなくてはならない。さもないと新しい行動を必要とするはずの条件を克服できない。山登りがそのための場でなくて、どうして愉しいことがあるだろう。

いつのころからか、この辻まことに親しんできた。ちかごろ山から遠ざかるにつれて山の本も開かなくなったが、辻まことは例外である。「遠くへのあこがれ」、どうやら私には辻まことがそれにあたるらしい。

『新編 百花譜百選』

木下杢太郎　前川誠郎 編

岩波文庫　二〇〇七年

詩人・劇作家木下杢《もく》太《た》郎《ろう》（一八八五—一九四五）は小説も書き、キリシタン史、美術論にも優れた著述をのこした。本名は太田正雄。東京帝大医学部卒の医学者として数々の業績をあげ、のちに東京帝大医学部教授をつとめた。はなやかな才能のわりに、いぶし銀のように地味な印象を与えるのは、スター的なポーズを好まなかったせいだろう。

それはペンネームにもあらわれている。農夫杢兵衛の息子杢太郎は、ミカンが黄金色の実をつけるのを見て、秘密を探ろうと木の下を掘ってみる愚かなやつ。そのバカ息子をペンネームにした。中学のとき絵と文学に惹かれ、雑誌に投稿するとき親に見つからないように使ったのが始まりだが、生涯それによったのは、たえず自分を批判的に見つめる資質のせいにちがいない。

その人が死の前の二年あまり、山野の草花を克明に描きとめた。昭和十八年（一九四三）三月、「まんさく」をとりあげたのが始まり。昭和二十年七月の「やまゆり」が最後の一つ。総計で八百七十二点に及ぶ。

おりしも戦争末期のこと。ごく粗末な洋罫紙を用いて、草花は枝葉を切り原寸大におさめるかたち。和名と学名、ときにはちょっとした注記。さらに日時と採集場所をそえた。あきらかに図鑑のスタイルである。

「かくれみ乃　Gilibertia trifid, Makino　昭和十八年五月廿七日　夜　清水橙、颯田琴二に伴して松平康昌候に驪《り》山《ざん》荘に招かる。庭に草樹多けれども常に見ざるものは纔《わず》かに此かくれみののみ」

太田正雄としての講義、研究、会議だけでなく、木下杢太郎という社会的名士として多忙の身であったが、たえず草花のことを考えていた。それは採集場所が大学への道すじ、構内、研究上で訪ねたところ、招かれた家の庭などと、さまざまにちらばっていることからも見てとれる。

どこであれ、ほぼひと目で識別した。植物園で珍しいのを折り取ろうとして係員にとっちめられた。天下の大先生が、いたずら中学生のようなことをしてまでも花を求めた。戦況はおしつまり、しばしば空襲警報が鳴りひびく。昭和二十年（一九四五）三月の東京大空襲では十二万人の死傷者が出た。そのさなかにも描きつづけた。三月廿五日付の初々しいサフランの花は根の玉とヒゲつき。

百譜を始めたころから杢太郎は胃の痛みに悩まされていた。医学博士は自己診断でメモのようにつけた。「些《いささ》かよろしからず」。七月の「やまゆり」では、抑制がしかねたのだろう。「胃腸の痙攣疼痛なほ去らず、家居臥療」。胃ガンが深く進行していた。十月十五日、死去。

図鑑のスタイルだが、べつに植物図鑑をつくるつもりはなかったと思われる。私的なメモがそえられていることからも、花譜自体が私的なたのしみにとどめられていたはずだ。

おおかたが切りとられても、いきいきと花をひらき、緑の葉をつけ、あるいはまっ赤な実をみのらせている。血のような朱に染まる紅葉。枯れてなおくっきりと形態をとどめた冬花。国の亡《ほろ》びと、刻々と細ってゆくわが身を前にして、生命のあかしを描きつづけた。世にある草花のかたちを一つ一つ紙にとどめた。それが何よりも自分のいのちのあかしであったからだ。

『夢の絵本　全世界子供大会への招待状』

茂田井武　架空社　一九九一年

茂田井武《もたいたけし》（一九〇八―一九五六）をごぞんじだろうか？　知る人は幸せ者、知らない人はお気の毒。画家であって挿絵を描いた。絵本もつくった。ファンタジーと郷愁をさそいかける画集もある。

生年と没年に目をとめてほしい。画家として立とうとしたとき、軍国主義がハバをきかせ始めていた。戦争がやっと終わって仕事が舞い込んできたが、それは「カストリ雑誌」とよばれた時代であって、劣悪な紙に、ひどいインクで印測されていた。世の中が落ち着いて、T. Motaiのサインのある詩情あふれた絵がアート紙にのりだした矢先に病に倒れた。

活躍したのは実質五年ばかり。その間におどろくほどの仕事をした。おおかたが肺結核と気管支喘息に苦しみながらだったが、少しも乱れがなく、おそろしく質が高いのだ。『夢の絵本』には「全世界子供大会への招待状」と添えられている。少年が好きな絵をかいて楽しく暮らしていたところ、親族会議がひらかれ、家宝のお皿を二枚なくしたかどでとっちめられて、探してこいといって追い出された。

リュックを背負って家を出た。可愛がっていた猫のジグマがお伴で、金黒羽白《きんくろはじろ》のアドバイスを受け、「どこか解らない国」の地図をひろげて飛び下りたところ、大きな帆船の甲板に立っていた。

右に文、左にやわらかいタッチの絵。それが百ページにわたってつづき、少年の旅が語られていく。蠟燭《ろうそく》山のそびえる湖畔でオニギリを食べ、町へ入り、いくつもの村を通り抜けた。ある町角では大きな水盤に小さな鹿が横たわっていて、目を閉じ、小さな口で呟いていた。

「イツカ　ドコカデ　ウツクシイ　モノガ　ウマレタ」

天幕《テント》で暮らしている少年のところでドーナッツの御馳走になった。出かけようとすると、ワッショ、ワッショと車を押してくる子供たちと出くわした。「全世界子供大会」の準備をしているという。

少年がプロペラの飛行機で首都をめざしたとき、操縦士が「茫々と蒼い山脈」を指さして、それが「世界で一番はじめに出来た山」だとおしえてくれた。遠い昔からじっと動かずにいる太古の山を、少年は家に帰ったら絵にかこうと思った。

めでたく二枚の皿を見つけ、全世界の子供の健康と幸せを祈って乾杯するまでの物語だが、夢のようなおはなしであるとともに、茂田井武が実際にみた夢の記述のようでもある。人の心の奥底に眠っている原初的な遠方への憧れを絵解きしたかのようなのだ。

いつの作なのか、最初どんなふうに出たのか、何も記されていないのでわからないが、五十年以上も前に出来たことはたしかである。それがちっとも古びていないしズレてもいない。つい今しがたみた夢のように、まざまざと目の前にある。あまりのフシギさに架空の本と思ったりすらするのである。

『チャペックの犬と猫のお話』

カレル・チャペック　石川達夫 訳

河出書房新社　一九九六年

犬と猫はもっとも人間に親しい動物である。ある人には家族の一員であり、べつの人にとっては生涯の伴侶にもひとしい。チェコの作家カレル・チャペック（一八九〇―一九三八）の場合はどうだったのか。

「生まれたときは、ただの白い豆粒みたいで、丸めた掌《てのひら》に入ってしまった」「ダーシェンカ」と名づけた。チェコの女性名ダシャに愛称をつけたわけで「ダーシャちゃん」といった意味。このフォックス・テリアの幼いころを語ったチャペックの『ダーシェンカあるいは子犬の生活』はよく知られている。だが彼はほかにも、いろいろたのしい犬と猫のお話を書いた。

犬に特有の忠実さを、卑しい奴隷根性のしるしを見る人に対して、チャペックは鋭く反論している。奴隷というのは、「規律をたたき込まれた、おとなしくて遠慮がちな存在」であるか、そうあるべきだろう。これに対して、主人を見たときの犬の喜びぶり一つからしても、これがかぎりなく奴隷存在からは遠いことはあきらかではあるまいか。噛みついたり、抱きついたり、飛び回ったり。奴隷は決してこのような「抑えきれない感激や熱狂的な喜び」を、ありのまま表現したりはしないものだ。

チャペックはまた「犬と猫」と題したエッセイで、両者の特性をあざやかに指摘している。

「犬は、ひとりでいるときは決して遊ばない」

何か眺めたり、もの思いにふけったり、眠ったり、ノミを捕ったり、手近な何かに噛んだりするが、遊びはしない。自分のしっぽを追っかけたり、ころがるボールをくわえてきたりするのは自分を見てくれる人がいての話。その人が見ることをやめた瞬間、とたんに犬は遊ぶのを中止する。

これに対して猫はひとりでいるときも遊べる。毛糸玉や、ゴムひもがあれば、それで十分。

「猫は死人の枕元でも遊ぶだろう」

たとえそれが、こよなく自分を可愛いがってくれた飼い主であれ、棺の覆いの飾りを前肢でチョイチョイとつついたりしているものだ。チャペックによると、猫は皮肉屋、犬はユーモリストの種族。

チャペックの生・没年が何かを告げていないだろうか。二十代のはじめペンの仕事を始めたころ、ヨーロッパ全土をキナ臭い煙が覆い、やがて全面戦争に突入した。チャペックは「ロボット」という言葉をつくり、人間にかわりメカニズムのロボットが支配する社会の到来を予告した。

新聞、雑誌に才筆を振ったころ、往来では毎日のようにデモがあり、コミュニストと右翼が衝突し血を流していた。隣国ドイツで、みるみるうちにナチズムが力をひろげ、小国チェコの存立すら危うくなった。そんなさなかにチャペックは「山椒魚戦争」の名のもとに、こっぴどくナチスを笑いのめし、いち早く全体国家の引き起こす大量殺人と侵略戦争をとりあげた。

たえず時代とつばぜり合いをするなかで書きつづけ、しかもつねにユーモアを忘れなかった。とするとその人にとって犬や猫が、どんな存在であったかわかるだろう。この世で唯一、心を許せる相手。背中に翼こそもたないにせよ、毛むくじゃらの天使だった。

「補陀落渡海記」

井上靖　新潮社『洪水』に所収　一九六二年

山に登ると海がよく見える。ときには足下にはじまり、目のとどくかぎり、ただ蒼い大海原。ひとしきり山のハナに腰を下ろしてながめていた。山好きの作家井上靖に「補《ふ》陀落《だらく》渡海記」を書かせたのは、そんな海の記憶があずかっていたかもしれない。

熊野の海辺に補陀落寺がある。その名のとおり補陀落信仰の根本道場として知られてきた。補陀落は海のかなたのユートピアであって、観音菩薩のいますところ。宿願の往生を求めて、補陀落の僧が生きたまま小舟で送り出された。信仰は説いていた。その者が息絶えると、小舟は川瀬にのった笹舟のように走り出し、南方はるか補陀落山に流れつく。死者はそこで甦り、永遠に観音さまにお仕えする。

補陀落寺の石に名前が刻まれている。熊野の浜から渡海した者たちであって、慶竜上人、祐真上人、高厳上人、盛祐上人……。八世紀の昔に始まり、一〇〇〇年にちかい期間に及んで計二十数人。死後は「上人」として崇敬された。

ズラリと並んだ上人にまじり、一人ちがったのがいる。

永禄八年十一月　金光坊《かんこうぼう》
レッキとした補陀落寺の住職であり、たしかに六十一歳のときに渡海した。にもかかわらず「金光坊」などというむくつけな俗名のままにとどまり、「お上人さま」とよばれずに終わったのはどうしてだろう?

「金光坊は永禄八年になって渡海騒ぎが始まるまで、渡海そのものに対して、そこに一抹の懸念もさし挟んだことがなかった」

船底に釘で打ちつけられた四角な箱に入り、何日間かの食糧と、わずかな燈油とともに海に浮かぶ。それはこの世の生命の終わりを意味しているが、とともに来世の生を約束される。そのはずである。

ところがいざわが身の現実となったとたん、いろいろ納得のいかないことが出てきた。そもそも補陀落寺の住職が必ず渡海をするわけではなく、古い記録にあるとおり、五十年、二百余年、三十三年と、時代によって間隔が大きくひらき、しかも多くはみずから名乗り出たよそ者だった。

ところが自分の三代前の住職が六十一歳の十一月に渡海して以来、そのつぎ、またそのつぎと三代つづいて六十一歳になると渡海した。そのためなんとなく当寺の住職のルールのように世間がきめつけただけなのだ。

「金光坊は、はっきり言って、依然として補陀落渡海する心用意が何もできていない自分を感じていた」

古い世の宗教儀式に対して、井上靖は近代的な解釈をほどこしている。これまで渡海した上人たちも、必ずしも帰依する者の澄んだ心で海上に乗り出したわけではないということ。そして金光坊が箱を破って板子につかまり島にもどったとき、人は再び小舟を仕立てて潮の中へと押し出した。「救けてくれ」という金光坊の声を何人かの僧は聞いたはずだが、それは「言葉として彼等の耳には届かなかった」。

寺の裏山に渡海者たちの墓がある。おおかたは名が刻まれていない粗末なものだ。金光坊にはもとより、墓は築かれなかったと思われる。

『動物園の麒麟』

ヨアヒム・リングルナッツ　板倉鞆音 編訳

国書刊行会　一九八八年

ドイツにヨアヒム・リングルナッツ（一八八三―一九三四）という詩人がいた。リングルナッツは「たつのおとしご」の意味で、ペンネーム。本名はハンス・ベティヒャーといって、ごく市民的な、銀行員などにも似合いの名前である。

幼いときは水夫になりたかった。十代半ばに家出をして港町ハンブルクへ行き、貨物船の乗組員になった。海軍の水兵をめざしたが弱視のためにハネられて、陸《おか》に上がり、店員見習い、タバコ屋、恋文の代筆業、古い城の案内人などをしていた。あるころからミュンヘンのキャバレーで、フインを飲みながらギターを奏《ひ》き、自作の詩を朗読するのが仕事になった。詩集『動物園の麒麟《キリン》』は、そんなふうにしてできた。

動物詩集はいくらもあるが、誰もリングルナッツのように、かげろうや真田虫をとりあげたりしなかっただろう。蝿や南京虫をうたったりしなかった。しかもこんなにシャレた、たのしい生きものとして話れなかった。
ある日、真田虫はお尻がかゆくてたまらない。シュミット博士に診察してもらったところ、「この虫には虫がわいており／その虫にもまた虫がわいている——」
蝿が南京虫のところにたのみにきた。
——血を一リットル貸してくれないか
俺は市長を刺したのだ
それからというもの、イヤなにおいが鼻についてたまらない。ついうっかり妻や子供に少し分けたものだから、みんな吹出物が出て斑点だらけになった。バカなことをしたもんだと南京虫はつぶやいた。それはまあ、自業自得。
そして馬車屋のシャツに這い込んだ
そこが目下彼の巣であった
略歴からもうかがえるように、リングルナッツは何をやっても「社会人」になりきれないタイプだった。とびきりやさしい心の持主だったからで、それもとうていこの世に合わないたぐいのやさしさだった。はたしてこれまで、かげろうの夫婦を話り手にして「全生涯」といった詩をつくれる人がいただろうか。

――覚えていらっしゃる?
夕方、かげろうの妻がたずねた。
階段の上で、あなたがチーズのかけらを失敬したこと。夫はちゃんと覚えていた。しかし、まあ、それは昔々のこと。妻が「六番目の膝した」に敗血症を患ったことも、蠅取紙で自殺しかけたことがあったのも、もう夢のようだが、よく覚えている。さらに最初の卵を産んだときのことも、それからミルクのなかへ落ちたことも。
かげろうの夫はもう何も答えなかった
疲れてひくく独りごちた
――遠いとおい昔のこと――遠い――
水辺などでモヤモヤと飛びまわり、産卵後に数時間で死んでしまうあの小さな昆虫が、まるで世にまたといない賢者のように思えてくる。

『チロル傳説集』

山上雷鳥　黒百合社　一九三二年

古書店の「とっておきコーナー」で見つけた。チロル地方の伝説や民話を集めた本のなかの草分け、かつはとびきりの一冊というものだ。「序」に原本にあたるものが示されていて、“WONDER TALES OF OLD TYROL”とあり、イギリスのチロル研究者の採話集を訳したことがわかる。しかし、書名には訳者ではなく著者とあって、みるからにペンネームくさい名前が掲げてある。たしかにふつう訳書にはありえないつくりであって、たとえば全四篇のうちの第三話「ビブルグ湖の異変」は、こんな書き出しになっている。

「『アルプスの停車場』と呼ばれる信濃大町の北方に、南北に連り、恰度後立《うしろ》山々脈の裾をかぎって、仁科三湖の名で知られている木崎、中綱、青木の姉妹湖があります」

山深いところの湖には、どことなく神秘的な雰囲気があり、そこにはきっと伝説や物語が伝わっているというのだが、イギリスのチロル研究者が東洋の島国の中央部にある、ものさびしい湖を知っていたはずがない。

「チロルのオイツァル谷を劃《かぎ》って恰度道の真中《まんなか》に閂《かんぬき》を横たえたという風に、嶮しい岩の絶壁が聳《そび》えています」

「著者」の前口上といったものがまずあって、それからやおら、絶壁に守られた幻の町に入っていく。その導入がなんともあざやかで、そのため不思議な伝説が奇妙なリアリティをおびてくる。遠いチロルの山上湖が、ひっそりと山影を映した仁科三湖と二重映しになって、まざまざと目に浮かんでくる。

「岩登りの道場として有名なドロミーテンに『薔薇の園《ローゼンガルデン》』と呼ぶ鋭い峰々の集まった岩場があります」

そこに夕陽が照りはえ、やにわに岩の頂きが薔薇《ばら》色の光の炎のように見えだすとき、山小屋の番人や、小さなホテルの前に集まったガイドたちは峰を指さして「ラウリン王の花園」という。それがどこにあるのか。ラウリン王がいかなる王さまで、どこに生まれ、どこに住んでいたのか誰も知らないのに、アルプスの峰々の一角に、誇り高い人々の住む王国があったことは、たえず語り伝えられてきた。

読んでいくとわかるのだが、「奇妙なリアリティ」は巧妙な導入とともに、「訳文」中にちりばめてある山や雲や風や太陽の描写のせいらしいのだ。暮れゆく夕空に炎のように燃え立つ峰々や、黄昏がおとずれ、紫がかった灰色の夕もやが谷を這っていくさまが、まるで目の前にあるかのように語られていて、古い伝えばなしを背後から陰影深くつつんでいく。この山上雷鳥が深い教養をもち、伝説の現場をよく知る人であることがわかるのだ。

知る人ぞ知る藤木九三《くぞう》のペンネームである。日本登山史のなかでロック・クライミング・クラブ（RCC）の創設者として知られ、名著『屋上登攀者』に語られているとおり、若いころひろくヨーロッパ滞在、ドロミテの岩場で修業した。

山の番人や村のホテルのガイドにまじり、夕陽が岩山にかかり、やおらピンクの岩の王冠があらわれるのを、したしく見上げていたのである。

『伊佐野農場図稿』

森 勝蔵 石川 健 校訂 石川明範、山縣睦子 解説

草思社 二〇〇〇年

那須連山に登った人は、きっと那須野が原を抜けていった。バスの窓からもすぐにわかる。火山脈のつくった砂礫《されき》層の広大な扇状地であって、土地はやせているし水に乏しいだろう。ながらく放置されていて、戦後にようやく開拓団が入ったのではあるまいか。

大ちがいである。明治初年、地元有志の手で共同出資による「那須開墾社」が設立され、明治十八年（一八八五）、那須疏水が開通した。念願の水を手に入れ、大がかりな開拓事業が始まった。

ここまでは全国によくあったケースだが、那須野が原の場合、一つの点できわだった特徴があった。開発の中心になったのは那須開墾社ではなく「華族農場」だった。大山巌、西郷従道、青木周蔵、松方正義……。明治の元勲といわれた人たちであり、いずれ

も華族に列せられていた。不況の影響で開拓への出資がままならないことを知り、農場経営にのり出した。官有地の払下げにあたり、特権的な地位が有利に働いたのだろうが、明治政府が理想としたプロシアの「ユンカー（地主貴族）」を手本にしたと思われる。

山縣有朋《やまがたありとも》による山縣農園は現・矢板市の北部にあたり、箒川をはさんで那須野が原に接するところにひらかれ、土地の名をとって「伊佐野農場」とよばれていた。広さ七三四町歩。有朋自身は東京にあって、地元の者が管理し、入植者は一定の期間、農場経営を手伝うと、土地が取得できるきまりになっていた。

『伊佐野農場図稿』は明治二十五年（一八九二）、事務職に任じられて東京から赴任した森勝蔵という人物による長大な画文による記録である。現在は絵巻風に表装されていて、ひろげると長さ八十メートルあまる。農場の地誌、農具、作業、経営上の諸問題その他、おどろくべき克明さで記しとめられている。森勝蔵が伊佐野にいたのは一年たらずのこと。並外れた情熱と観察、また使命感というほかない。

「ナラシ板　俗ニ押込棒ト云　又横棒トモ称スト　一尺六寸六分　柄長四尺七寸三分」

巧みなスケッチの各部首に寸法がついている。

「鋸　銘ニ云　中屋助左衛門作　（幅）四寸　（歯わたり）一尺五寸二分　（背）二尺壱寸（柄）五尺六寸余」

みそ作りでは、杵をもつ二人が臼に向かっている。実名入りの絵に添えて、「大豆三斗、大麦二斗、小麦壱斗、塩弐俵とす」。つき上げ、樽に入れて倉の「左りのすみ」に並べたこと。さらに本年より生産年の小札を張りつけることにした次第。

とびきり貴重な記録は七十年ちかく埋もれていた。山縣有朋にゆかりの女性が小学生だったとき、何の気なしに木箱をあけて底に見つけた。四十年後、その女性が画文を同時に活字で見られる工夫をこらして世に出した。本になる過程で、それまで謎の人だった森勝蔵のことが判明してくる。かつてたしかにあった、知恵あふれた日本人の暮らしと日常が、夢まぼろしのように甦ってくる。

『僕と歩こう　全国50遺跡 考古学の旅』

森 浩一　小学館　二〇〇二年

表紙には使い古しのハンチングに、袖の長い厚手のジャンパー、両手に軍手の男が石に腰を下ろしている。土木工事の現場監督みたいだが、さにあらず、高名な考古学者にして、この本の著者である。ただの飾りではなく、表紙自体が遺跡を見にいくときの心得を絵解きしている。帽子にジャンパーはいかにもというところだが、両手の軍手はどうしてか？　デコボコだらけの遺跡では、よろけて手をつき、蛇に咬まれることがある。遺跡にはよく蛇が棲みついているものだ。ウルシにかぶれることもある。

「夏でも軍手をはめて山道を歩くのはそのためである」

俗に仁徳陵とよばれてきた大山《だいせん》古墳にはじまって、高松塚古墳、酒巻古墳群、金沢市のチカモリ遺跡、大串貝塚、大渕《おおぶち》遺跡、手宮《てみや》洞窟の壁画……計五十の古墳巡り。すべての都道府県からきっと一つは取りあげてあって、丁寧な地図と案内つき。タイトルに「僕と歩こう」と添えてあるように、学識あふれる先生が案内役を買って出た。

旅案内であると同時に最新の研究成果がそそぎこまれている。土の中から掘り出された小片が合わさって遠い過去を告げるように、五十の小文が合わさって考古学がいかなる学問であるか、それがどのような考え方、見方につらぬかれた学問であるかを、くっきりと見せてくれる。

神奈川県厚木市の登山《どうやま》古墳から坊主頭の埴輪が出土した。両足の甲に五つの突起がある。わらじをはいた行脚僧《あんぎゃそう》とされていたが、両耳についている大きな耳飾りが腑に落ちない。それに腰に太い帯があるだけで着衣の表現がないのはどうしてだろう？

べつの古墳を調査した時、小さな破片がどっさり出てきた。数年がかりで接合したところ、フンドシ姿の力士像ができあがった。最後まで苦労したのはフンドシの部分で、これまで類例のない形をしていた。

「ある日、まさかと思いながらその破片を股間にあてがうと、魔術のようにぴたりと合った」

やがて行脚僧の埴輪にも、股間にフンドシの剝離した痕跡が見つかった。とすると坊主頭の男子は行脚僧ではなく力士と考えられないか。仏陀の出家までを語った文章をあ

らためて読み直すと、出家前には相撲が大切な修行だったことがわかる。お釈迦さんも若いころは相撲をとっていた――。
「僕なんか、新発見によって考え方を転換させる知的スリルが楽しくて、半世紀あまりも考古学をつづけている」
「まさか」と思いつつ手の破片を埴輪の股間にあてがったとき、そこにはあきらかに頭とはべつの知性がはたらいていた。遺跡にかかわる実践のなかで、手や指先や足が習得したもの。山好きなら即座に了解するだろう。山登りにあっては地図や情報以上に手や足が独自の知性をもち、的確な判断を下すものだ。
「僕」といっしょに歩いていると、古い時代が、古い生命のゆたかさが甦る。奥深くて広い世界がひらけてくる。手足の知性に支えられた学問の力にちがいない。

『登山サバイバル・ハンドブック』

栗栖 茜　海山社　二〇〇九年

縦12・5センチ、横10センチ、厚さ3ミリ。形態からいえばミニ・ハンドブックにあたる。ミニになる必然性があった。リュックのポケットに入れてもカサをとらない。すぐに取り出せて、必要な個所をひらける。また叙述にあたり、「いざというときに合理的に対処する方法をできるかぎり簡潔にわかりやすくまとめた」からだ。

著者栗栖茜《あかね》（一九四三―）は東京医科歯科大学を出て武蔵野赤十字病院勤務、外科部長をつとめた人。チボル・セケリ『アコンカグア山頂の嵐』の訳書があるが、エスペラントで書かれた山岳書の名著である。正確には栗栖継《けい》・栗栖茜訳。エスペランチストでチェコ文学者として知られた栗栖継の訳稿を引き継ぐかたちで息子が完成させた。自分でもチェコの作家カレル・チャペックを訳している。ただの外科医でなかったことがわ

かるだろう。

山好きの先生は山の事故を知るにつけ胸を痛めていた。中高年の登山ブームがいわれ、年々装備は改良され、はなやかになるのに、基本的な「サバイバルキット」が欠けている。またけが人や急病人が出たり、非常事態に陥ったときの「ファーストエイド（応急処置）」にあまりに無知というしかない。そのためのハンドブックはあるが、どれもくわしすぎて急場のときに役立たない。

血のようにまっ赤な表紙に白抜きで「ひどい出血」「背中のけが」「頭のけが」「骨折」「低体温症」……該当ページが同じく白抜き。片手に収まるミニ・ブックが、即座にとるべき処置をおしえてくれる。

けがをして出血がひどいときの緊急の対応は、まず血を止めること。むずかしいことではなく、タオル一枚で処置ができる。出血している部位にタオルをあて、しっかり手でおさえる。つぎに上にあげる。脚であればリュックを下敷きにすればいい。10分ぐらいして出血がコントロールできるようになれば、ガーゼをあてて包帯を巻く。ガーゼや包帯がなければ、タオルかハンカチでもいい。一度あてたものは取らないこと。

浮き石などで足首をひねって痛みが走ったとき、捻挫、じん帯破裂が頭をかすめるものだ。そのときはＲＩＣＥを思い出そう。

安静　Rest　歩くのを休む。
アイシング　Icing　水などで冷やす。
圧迫　Compression　テープなどの出番だ。
挙上　Elevation　脚を上げる。
痛みがやわらいで歩行可能になれば、下山を考える。
トムラウシの悲劇（編集部注：二〇〇九年に起きた遭難事故）で一躍注目をあびた低体温症は、初期症状が「あいまいなために見過ごされがち」に注意がよびかけてある。ついで危険サインが七項にわたって簡明に告げられ、応急の対応が六項目。その一つは「アルコールを飲ませてはならない」。逆を思いこんでいる人が少なくないのではあるまいか。
山用のつくりだが、胸痛、呼吸困難、脳梗塞、下痢……持病をもつ中高年は日常のバッグに忍ばせておくと、ポータブルの診察室というものだ。メスと同時にペンを自在に振るえるドクターからの気前のいい贈り物である。

『人生処方詩集』

エーリッヒ・ケストナー　小松太郎 訳

創元社　一九五二年

ドイツ語の原題は『ドクター・ケストナーの叙情的家庭薬局』。救急用の薬箱をもじっている。ドイツでは一家に一つ「ドクター・××の家庭薬局」というのがそなわっているものだ。頭痛のときはこの薬、神経痛のときはあの薬と指示してある。だからこの詩集にも、はじめに用法のページがあって、年齢が悲しくなったら、孤独に耐えられなくなったら、怠け癖がついたら、などと症状があげてあり、それぞれ服用のページが示してある。

つまり「役に立つ詩」であって、ちょうどケガをしたとき薬箱から絆創膏を取り出すように、応急の処置に使える詩集というわけだ。ひとりぼっちのアパート住まいがせつなくなったら、結婚が破綻したら、友人に背かれたら、知ったかぶりするやつがいたら、人生をながめたら……。
失恋したり、夜ねむれなかったり、自信をなくしたり、まわりの人間に腹が立ってたまらなかったり……。

作者エーリッヒ・ケストナーは『エミールと少年たち』や『ふたごのロッテ』など、少年少女向きの物語でおなじみだが、もともと詩人だった。一九三三年、ヒトラーが政権につき、ナチス・ドイツが誕生したとき、当局は「危険な作家」のリストを作製して執筆禁止を申し渡し、国内での出版を差しとめた。

直ちにケストナーは抵抗した。既刊の詩集から選び出して編集、スイスの書店から刊行。そうやって当局の定めた二つの禁令を巧みにかいくぐり、一家に一冊の本を作った。気の好いおはなしおじさんなどではなく、いかに彼が強靱で、したたかな人物だったかが見てとれる。

ときに　たまらなく寂しくなることがある！
そんなとき襟をかき立て　店さきで
あそこの帽子は悪くない　ただ少し小さいが…と
ひとりごとなんか言ったって駄目
むしろ自分の影をじっと見ろ、とケストナーはすすめている。遅れまいとして、どこまでもあとを追ってくる影法師。やにわに他人の足が割りこんで踏みつける。「そんなときには　せめて　泣くことでも出来なければ駄目」。ひとりでしゃくり上げて泣くのは、ちっとも恥ずかしいことではないのだ。

歩くにも　坐《すわ》るにも　寝るにも
彼らは二人づれ
語りつくし　黙りとおして
はるばる来た

老夫婦の夫に、ふとみまった思いのようにして述べている。年ごとに髪が薄くなり、皮膚が黄ばんでくる。いまや自分よりも相手の方がよくわかる。だから向き合ったまま口をつぐんでいる。思いはいっぱいあるのだけれど。

沈黙は十九種類から成り立つ
（さもなければ　多くの種類から）

リュックの底に忍ばせているといいかもしれない。山小屋の羽目板に寄っかかって、一つ二つ読んでみる。あれやこれや思いあたる。胃がもたれたとき下剤をのんだように、こころなしか、おなかのあたりがスッキリする。

『リゴーニ・ステルンの動物記　北イタリアの森から』

マーリオ・リゴーニ・ステルン　志村啓子訳　福音館書店　二〇〇六年

「その犬がどこから来たのか、だれも知らない」

マルテ（軍神）と呼ばれた犬の話から始まっている。ある日、フラリとやってきた。捨て犬かもしれないが、そうではあるまい。「自由な生き方」をしようと思い立って、気にそまない家を見かぎり、しばらくうろついた末に自分でこの町を選びとったのではなかろうか。

自分の動物記のモチーフを、それとなく示したぐあいだ。つづいて十九の短篇が里や森の生き物を語っていく。ノロジカ、アカゲラ、フクロウ、カラス、ライチョウ、クロウタドリ、ヤマネ、リス、ノウサギ……。

山里におなじみの動物たちであって、人の暮らしともかかわりが深い。しかし、いずれも「自由な生き方」をゆずらず、たまに餌をもらっても恩にきたりしない。人間がなれなれしく近づくと、そっぽを向いて行ってしまう。

「観察とはつまるところ、積極的な姿勢で自然を見ること。自然を受け身で体験するだけの散策とはわけがちがう」

リゴーニ・ステルンは一九二一年、イタリア北部の小都市アジアーゴの生まれ。貧しい地方であって、多くの人が出かせぎに行く。北はアルプスにつづく山地で、冬は一面の雪に覆われる。その町外れ、森のそばの古い家に住み、小説を書きつづけた。

八十代半ばで書いた動物記であって、カバーの写真は、みるからに骨格がたくましい。たくましくなくては、ならなかった。二十《はたち》になるかならずで兵士にとられ、ロシア戦線に送られた。強制収容所を脱出。徒歩でアルプス越えをして、戦火に焼かれた故里に帰ってきた。

しばしば猟のシーンが出てくる。銃声がして血がとびちり、「モルト！（しとめたぞ！）」の叫びがする。つづいてはナイフで獲物を裂いて、腸を引き出す。ここにはノウサギのひげが「豚の剛毛」のように硬いことが、きちんと書いてある。

まっしぐらに走る犬の息づかい、マリのようにころげて逃げるノウサギ、耳をつんざくような雷雨、雨が上がったあとの深い静寂。ステルンの動物記の二つとない特色である。すべてが動いている。時がめぐり、冬が訪れ、歳月がうつり、生き物が死に、また生まれてくる。

北イタリアの森もまた楽園ではない。観光業者が押し入ってくる。政治家や行政マンがしきりに出入りし、計画が発表され、やがて図面どおりに「整備」されたとたん、まわりがいっせいに山枯れを起こした。

嘆かわしい現状がチラリと顔を出すが、ステルンはくりごとを口にしない。「環境保護」とか「生物多様性」なんてことも言わない。もっと語りたいことが、いろいろあるからだ。たとえば畑にまいたばかりの種を失敬していくイワシャコのこと。村の司祭は祈りが役立たずとわかると一計を案じた。小麦を強い酒にひたし、寝かせてから畑にまいた。それとも知らずイワシャコがついばみにくる。さて、そのあとは――。

この動物記が「自然愛好家」や動物学者のものと、まるきりちがうことがおわかりだろう。

『種の起原』

チャールズ・ダーウィン　八杉龍一訳　上・下巻　岩波文庫　一九九〇年

ダーウィンの『種の起原』とくると、すぐさま進化論と、猿が徐々にヒトになっていく図を思い出す。人間のはじまりはアダムとイヴではなく、猿であることを「種」をめぐる観察からつきとめた――。

まったくの誤解である。『種の起原』のどこにも、人間は猿から進化したなどのことは述べられていない。十九世紀のよきイギリス市民チャールズ・ダーウィンは、きわめて敬虔で謙虚な人だった。神を信じ、自然の摂理をたっとび、つつしみ深さをつねに心に念じていた。

ただこの人には医師だった父親の残した遺産があったし、若いころ海軍の測量船ビーグル号に乗って五年間あまり世界中をまわり、さまざまな生物を目にしたという経緯があった。だから三十すぎてロンドン郊外に広い庭つきの家を手に入れてからは、いっさい職につかず、庭の草花をながめていてもよかった。そしてある現象に気がついた。それを正確に観察して一つの仮説にとりまとめることこそ、神より与えられた自分の使命と考えた。

ふつう『種の起原』の名で知られているが、もとのタイトルは十九世紀の書物によくあったように、うんと長い。

『自然の淘汰《とうた》による、あるいは生存闘争において、よりふさわしい種族が存続することによる種の起原』

この本の思想はタイトルにほぼつくされている。ダーウィンは二十年に及ぶ生物の観察と資料収集を通して、一つの結論に達したわけだ。動物と植物を問わず生物はすべて、自由な生存闘争の過程で淘汰されていって、最終的には、もっとも外界に適したものが生きのびる。

「……一般にはもっとも強壮な雄、つまり自然界におけるその地位にもっともよく適合しているものが、最多数の子をのこす」

「最適者生存の原則」である。ともにダーウィンはまた遺伝を重んじ、ある生物が一代で獲得した後天的形質もまた子孫に伝わるとした。

おもえば山歩きは最適者生存の現場視察とそっくりである。厳しい山岳地帯の風土のなかでは、それに応じた適者のみが生きのこるし、ときおり異形の草花と出くわすが、その山の特性がもたらした「後天的形質」と考えられる。

それはともかくとして『種の起原』を思うとき、奇妙な一致に気がつくだろう。それが発表された十九世紀後半は産業革命のまっ只中であって、旧来の貴族や地主層が没落し、続々と新しい階層が誕生していた。家門や土地所有ではなく、才覚と努力でのし上がってきた新興のブルジョワである。自由な生存競争のもとでは、より強いものが生きのびる。ダーウィン説はまた、台頭してきた市民層の「種の起原」をも語っていた。

さらにダーウィンの祖父は博物学者として知られており、独特の進化思想の持ち主だった。となると後天的な特質の遺伝を説いたダーウィンにも、遺伝の法則がはたらいていたことになる。自分を代弁した学説といえなくもないのである。

『森の不思議』

神山恵三　岩波新書　一九八三年

海水浴や日光浴は古くからおなじみだった。それに近年、「森林浴」が加わった。はじめは聞きなれない感じがしたが、いつのまにか先の二つを押しのけて、いまや健康法の主流になった。その生みの親が『森の不思議』の著者・神山恵三である。

大正六年（一九一七）の生まれ。もともと中央気象台勤務の気象研究者だった。「寒冷気象が生体に与える影響」の調査と称して、戦争中に樺太へ渡り、オロッコ族の少年に案内されて奥深い森を歩いた。

「エゾマツの樹脂の香りが強くただよってきた。これこそシベリアの香りだ……」

山に入って、誰もが嗅ぎとる匂いだろう。そんなはじまりが、しだいにある方向性をおびてくる。森に入っていくと、どうして「すがすがしい気分」になるのだろう？　な

ぜ特有の安らぎ感を覚えるのか。

緑の木の葉につつまれているのに、人は「緑山」とは言わない。英語はブルー・マウンテン、日本語では映画のタイトルにもなった「青い山脈」である。

樹木の葉から細かい粒子が発散されていて、それが太陽の光を散乱させるために遠くから見ると青く感じられる。それはとりたてて新しいことではないが、青く見せる物質は人体に及んで特別の効力をおびているのではなかろうか。

小鳥が巣作りに枯れ枝や枯れ草を集めるのはよく知られているが、卵を産みだすころになると、そこにスギの青葉がまじるのはなぜだろう？「青葉から発散される物質の効用」を本能的に知っているからではあるまいか。卵がかえってきたとき、害虫からヒナ鳥を守ってくれる何か。とすると樹木からの発散物質を捕集することはできないか。

『森の不思議』が業界誌『現代林業』に連載されたのは一九八一年のこと。その前年に神山恵三はレニングラード大学のB・P・トーキンと共著で『植物の不思議な力＝フィトンチッド』（講談社ブルーバックス）を出版した。トーキン教授は半世紀以前に樹木からの発散物質を論じ、「フィトンチッド」と名づけていた。ギリシア語に由来して、フィトンは植物、チッドは殺すの意味。「植物がもつ、他を殺すもの」。たとえば百日咳にかかった幼児のいる部屋にトドマツの枝を散らしておくと、空気中の細菌が十分の一にもへっている。トドマツからのフィトンチッドの力である。

三年後に一般に向けて書き直すにあたり、若い気象官の樺太体験を皮きりに十八の章に分けて、殺菌力をもつ物質に行きつくまでを書きとめた。この研究者は北方の暗い森を前にすると、詩人リルケの風景画論を思い出すし、「青い山脈」に先立ち、頼山陽《らいさんよう》の「自ら画きし山水に題す」を手がかりにして「青山」の問題を提起する。科学者には珍しく、ひろく内外の文芸に通じ、その紀行風のエッセイは、おりにつけ深い詩情をおびている。

この人は幼いころエンピツを削りながら、ふと鼻でかいだ木の匂いを忘れなかった。健康にいいといった効用をこえて、森の恵みが理想的な手引き役を見つけたわけだ。

『気違い部落周游紀行』

きだみのる　冨山房百科文庫　一九八一年

差別語としてマスコミでタブー視されている「気違い」「部落」がタイトルに入っている。そのため冷飯をくっているが、これだけの名著を埋もれさせておく手はないだろう。はじめて本が世に出た一九四八年当時、どちらも誰もが、はばかりなく使っていた言葉なのだ。

きだみのる（一八九五―一九七五）は本名山田吉彦。戦中・戦後の日本の知識人のなかで、もっとも型破りな人だった。早くにフランス語と古典語を学び、四十歳ちかくでフランスへ留学。民族学を学ぶかたわらモロッコの辺境まで旅をした。

帰国後は本名の山田吉彦でデュルケム『社会学と哲学』（創元社）、レヴィ＝ブリュルの『未開社会の思惟』（岩波文庫）、『ファーブル昆虫記』（全十巻　林達夫と共訳・岩波文庫）を翻訳。フランス的知性の紹介者として重要な仕事をした。

戦争末期の疎開のあと終戦後も三年ばかり、当時都内でもっとも西にあたる恩方村《おんがたむら》（現・八王子市上恩方町）に住んでいた。おりからの住宅事情もあったが、パリで学んだ社会学・人類学のフィールドワークにぴったりの場と考えたせいだろう。

「読者を村の英雄たちに紹介する前に、先ず私の部落に案内しよう」

東京・日本橋の里程元標からへだたること十三里半、「高い山塊が麦しか稔《みの》らせない高原に正に終ろうとしている山間《やまあい》」。山裾を一つの急流がめぐっていて、川沿いにわずかばかりの平地があり、村を構成する九百何軒かはこの平地に分布している。

「私の住んでいるのはこんな部落のうち一番小型な奴で、雑木の生えた急峻な丘の麓を廻る街道に点々と一町に亙《わた》って並んだ十四軒の大小の家から成っている」

八王子市の膨張とともに、かつての村はあとかたもないが、当時は全国のどこにでも見かけた貧しい山村である。きだみのるは「一町に亙って並んだ十四軒」を中心に、かたわら村全体にわたりつつ、暮らし方、考え方、つき合い方、信仰、祭祀、性、慣習、生死観……それらを丹念にひろい上げ、つづっていった。寺の庫裏に居候した社会学・人類学者が、きわめて伝統的な一つのコミュニティをとりあげ、日本社会、また日本人の思考と行動のパターンを理解するための一つのモデルとした。

たしかにそれにちがいないが、学者のフィールドワークとは天と地ほどにちがっている。住人には「英雄」「勇士」といった「称号」が与えられ、巧みに戯画化されており、全体にわたって皮肉と逆説、さまざまな諷刺的要素がおりこまれた。わが国に数少ないとびきりの諷刺文学の一つである。

きだみのるがキーワードにした「気違い」と「部落」が、その後マスコミのタブーになったのが象徴的かもしれない。言葉を消すことによって暗黙のうちに気持を合わせ、まるでそれが実在しないかのように振る舞う。そんな日本的共同体、別名「ニッポン部落」の特性そのものであって、おのずとその精神構造をくっきりとあぶり出しているのである。

『北アルプストイレ事情』

信濃毎日新聞社 編　みすず書房　二〇〇二年

ドイツ語の辞書を開くとハイル（heil）の前にハイケル（heikel）がある。ハイルはスキーヤーの挨拶語の「シーハイル」でおなじみだが祝福の言葉であって、山頂に登りつめたときなど、「万歳」の意味で口にする。その語の一つ前にハイケルがあるのは、なんとも皮肉な言葉のいたずらではなかろうか。「デリケートな」「慎重な扱いを要す」といった意味。山頂の祝福には山小屋のトイレというハイケルな問題が先に控えているものだ。

きっと身に覚えがあるだろう。なるたけ我慢して、それから駆けこんだ。糞尿の臭気が濃度を高めると嗅覚だけでなく視覚にもくる。息をつめてしゃがんでいると目が痛いのだ。ことをすませてころげ出る。大きく深呼吸して肺の空気を入れ替え、そそくさと小屋にもどり、一切がなかったように意識から追い払う。

「北アルプスの稜線近くにある山小屋四十四軒のうち、およそ九割の三十九軒が、小屋のトイレの屎尿《しにょう》を穴に埋めたり、がけや沢に放流したりと、山岳地帯に直接投棄している実態が信濃毎日新聞のアンケート調査ではじめてあきらかになった」

一九九九年七月から「待ったなし　北アし尿処理」のタイトルで新聞連載が始まった。山のトイレ問題はくり返し指摘されていたことだが、「山小屋の営業行為」とかかわっていて、マスコミも行政も口をつぐんでいた。

おりしも二〇〇〇年を前にして「山の環境元年」が言われだし、山小屋経営者からも論議の気運が高まった。環境庁による山のトイレ建設のための半額補助制度が実現に向かった。北アルプスの地元の新聞社としても座視していられない。現況の確認から始め、登山者の声、常念《じょうねん》小屋や槍《やり》ヶ岳山荘、西穂《にしほ》山荘など主だった山小屋の経営者たちの考え方、行政側の対応、エコトイレの現状など、まる一年かけてテーマを追求した。登山者のもっとも多い夏に開始して、秋・冬・春と季節ごとに取材をかさねた方法からも、入念に準備してかかったことがうかがえる。おかげでハイケルな問題に向けての最良の道案内が生まれた。

山小屋は年ごとに立派になって、リゾートホテルを思わせるようなものもある。乾杯の生ビール、おかずもいろいろ、テレビ、売店、ときには風呂の設備……。ビジネスには競争がつきものだし、自分を「客」と思うかぎり、人は快適さ、便利さを要求する。かつては「少数者の幸せ」であった山行にいまやツアー会社ものり出した。「百名山」といわれる峰々には登山者が鈴なり。

私はたまたま何人かの山小屋の主人たちを知っている。とりわけトイレにどれほど知恵をしぼり、苦労をかさね、経費に頭を痛め、登山者が去ったあとの「惨状」に傷ついているかもよく知っている。五年前に山をあきらめ、旅館のある山里どまりにしたのは、トシを考えてのせいであるが、いくぶんかは誠実な山の世話役たちの浮かぬ顔を見るのが辛くなったせいもある。

今年の山旅を計画中のグループは、情報やトレーニングの準備のなかに「トイレ事情」のおさらいを組み入れてはどうだろう。鼻をつまんで忘れるという手軽な処理法ですませているかぎり、心からのハイルとはいかないのだ。

『百物語』

杉浦日向子　新潮文庫　一九九五年

江戸に生まれた遊びに「百物語」というのがあった。もともとは怪談好きが集まって、たがいにとっておきを披露して楽しんだのだろう。しだいに「かたち」ができて、夜中に百のローソクをともし、話が終わると一本ずつ消していく。百本目が消えると、魑魅《ちみ》魍魎《もうりょう》があらわれるから、九十九話目が遊びのおしまい。

杉浦日向子《ひなこ》（一九五八―二〇〇五）の『百物語』もきちんとルールが踏襲してあって、「其ノ九十九」が打ちどめ。あたまに断わりがつけてある。

「古《いにしえ》より百物語と言う事の侍《はべ》る／不思議なる物語の百話集う処／必ずばけもの現われ出ずると」

二十六歳のとき、日本漫画家協会賞優秀賞を受けた。三十歳で文藝春秋漫画賞をとった。どちらも江戸を題材としていた。漫画であれば線と形で示す。示さなくてはならない。ディテールすべてにわたる時代考証の綿密さに人は驚嘆した。その道のベテランならともかく、二十代の女性に、どうしてそれができたのだろう？

むろん、世に知られた師につき、くわしく学んだからだが、勉強なら誰にもできる。杉浦日向子は一つの点で同輩とまるきりちがっていた。さして長生きのできぬ病を体内にかかえていた。地上に許された時間は少ない。ならば雑パクな現代とはおサラバして、自分の好きな時代、江戸の世に生きるとしよう——。

「年寄りの侘住《わびずまい》、退屈でならないから何か珍しい話でも聞かせておくれ」

江戸の作法どおり、聴き手、語り手の役割りが仕込んである。人物の目鼻がかき消えてノッペラボーになったりするのは、話自体が主人公であって語り手は媒介役にすぎないからだ。其ノ五・狸の僧の話では、狸が旅の僧に化けて勧進にきた。狸であることを隠したりせず、人も狸と知りつつ「尋常に付き合ってやった」ので、勧進の金が集まる。そのうち犬に噛まれて死んだ。見たところは常の人とかわらないのに、どうして狸と見分けたのか？　理由は唯一、「言葉尻がはっきりしない」こと。話に熱が入ってくると、よけいにわからなくなる。

「夜道を帰らねばならなくなった時は心細いものです」

其ノ十九から二十一にまたがる「道を塞《ふさ》ぐもの三話」では、夜ふけの暗い道で出くわす怪異が語られた。木が倒れているので、踏み通ろうとしたとたんに投げ飛ばされる。道のまん中に蚊帳《かや》がつるしてあって、まくって通ろうとすると別の蚊帳があり、いくらまくっても蚊帳がある。もとにもどろうとすると、こちらも蚊帳また蚊帳……。

「それはたまさか山中に生ずる」

「山羽の国の猟師の話」

「小河内の文七爺が山仕事を終え……」

山で奇妙な体験をして、人に話してもとり合ってもらえないので記憶にとどめたままにしている――。杉浦日向子の『百物語』をたどっていると、そんな記憶が甦ってこないだろうか。現代ではわずかにひとけない山にひとりでいるとき、江戸人の感性に似たものがよぎったりする。江戸の人がフシギをちっともフシギと思わなかったことが現代人にはフシギだが、それは近代性という名のもとに大切な何かを失ってしまった結果にすぎない。

『孤島の生物たち ガラパゴスと小笠原』

小野幹雄　岩波新書　一九九四年

親しい山でいうと岩手の早池峯山《はやちね》である。ナンブトラノオやハヤチネウスユキソウなど、この山だけに見かける植物がある。地質学的には古生層の残丘といわれるもので、宮沢賢治は「高橋さんが云うんだよ」と断わって、「何でも三紀のはじめ頃／北上山地が一つの島に残されて」いたことを述べている。植物だけでなく、「最後の島」であったころ海を渡っていけなかった動物が、いまもそっと棲息している。農学校教師として学生をつれて地質調査にきたころ、「身長六、七尺（約二メートル）もあるトカゲ」の噂がひろまっていたらしい。捕獲を狙っている同僚を、ややユーモラスに伝えている。「大将はすでに自費でワナ二十ばかりも買いこんで、山のあちこちに配置した。ぐるっとひとまわりするのに四時間ばかりかかるそうだ」

『孤島の生物たち』はガラパゴスと小笠原の二つの島が中心だが、早池峯の幻のトカゲにも通用する。そこにしか見られない不思議な植物や動物たちのこと。海にもぐるトカゲ、翼が退化して飛べなくなった鳥、ウチワを無数につけたようなサボテンの大木、高木になるキク……。ダーウィンはガラパゴス群島を歩いて『種の起原』のヒントを得た。規模は小さくても見る目さえもっていれば、日本の島でガラパゴスと同じ観察ができる。

それも行政的には東京都の一部だからおどろきだ。北から順に聟《むこ》島列島、父島列島、母島列島……。東京都小笠原村はガラパゴスと同じ火山島で、島の基盤にあたる火山岩の古さは新生代第三紀というから、賢治が述べている「残丘」にひとしい。

島に固有のシロテツ、ワダンノキ、ムニンノボタン、ムニンフトモモ、あるいは羽をひろげると一メートルにもなるオガサワラオオコウモリ。このコウモリに一つの習性があって、島で野生化したリュウゼツランの蜜を吸いにくる。その植物もまた特異なたぐいで、花をつけるまでがおそろしく長い。芽生えてより六十年から百年ちかくかかる。そのため英名はセンチュリー・プラント。やたらにスローテンポの花の花粉を媒介するのが、オガサワラオオコウモリというわけだ。孤島ならではの生物界の仕組みにちがいない。

「……小笠原は私にとって、ここ二五年にわたって通い続けた仕事場である」

島の生物たちをこよなく愛してきた人が、終章にいたって「島の生物が危ない」を書かなくてはならない。生の多様性が失われ、種が絶滅していく。原因はつまるところ人間が入り、なにげなく導入した生物による。固有種となっている生物の弱さ、危ういバランスで成り立っている生態。

賢治は早池峯特産のハヤチネウスユキソウをシャベルで掘りとっていく人を見つけ、詰問した。「ぼくはこいつを趣味と見ない／営利のため断ずるのだ」。小野先生によると小笠原にも「希少価値の故に根こそぎ採られる」ケースがあるという。ついては提言がしてあって、「経済的な価値」を落とすのも一つの手だてだというのだ。積極的に希少種を増殖して、マーケットに出す、観光みやげにする。「コストのかかる盗掘」のうまみがなくなって現実的な保護策になる。目を三角にとがらして監視するよりも、ずっと楽しい方法ではあるまいか。

『娘巡礼記』

高群逸枝　堀場清子 校注

岩波文庫　二〇〇四年

高群逸枝《たかむれいつえ》（一八九四―一九六四）は近代日本が生んだ、もっとも個性的な女性の一人だろう。若いころは恋愛、詩、女性解放運動、ジャーナリズムなどにわたって活発に活動した。三十七歳を境に女性史研究に専念。三十年あまりをかけて『母系制の研究』『招婿婚の研究』『日本婚姻史』を完成させた。それは「嫁をとる」「嫁をもらう」といった言い方に代表される日本人の女の見方、生きた物品同様の扱いに対する激しい異議申し立てと反証の試みだった。

二十四歳のとき、四国の八十八ヶ所巡りをした。行く先々で旅の報告を書き、郷里熊本の新聞社へ送った。日本語で書かれた、若い女性による最初の「日本の底辺」ルポルタージュといっていい。

大正七年（一九一八）六月がはじまり。出発から四国の八幡浜に上陸するまでに全体の約三分の一を費やしたのは、熊本城下から豊後街道を経て大分の港までがすでに信仰の道であったせいだが、それ以上に若い女のひとり旅がおよそない事例であったからだ。「世の中の人たちは百が百といってもいい位私という者を理解しちゃくれない」ありさまを、道筋の出来事をまじえて語っていった。そのことをしっかり読者に伝えておかなくては、あとの報告の信憑性があやしくなる。高群逸枝が本能的にそなえていたジャーナリズム精神というものだ。

正確にいうと、大分の老人が同行しての二人旅で、半年ちかくをかけ、四十三番明石寺から四十二、四十一と「逆打《き》ち」に廻っていった。

「冷えてコツコツの御飯に生の食塩ではどうにも咽喉《のど》を通らない」

しばしばこの手の携帯食でしのがなくてはならない。木賃宿を目にしても野宿を選んだりしたのは猛烈な虱《しらみ》を警戒してだが、虱以上に恐れたものがあった。はじめは「盲鬼かお化《ばけ》かの寄り合い」のように見えた。汚れた浴衣《ゆかた》に縄のような帯をしめた少女の赤くちぢれた髪の根元にはりついた瘡《かさ》と、かきむしるのでドロリと垂れる膿《うみ》のこと、さらにそんな娘をつれ歩く男のことを述べ、耳にとどくことも書きとめた。「話はお大師さまの御恩から、修業の事に移る」。

たてまえは「修業」、実のところは乞食《こつじき》の行であって、法律が禁じているのをかいくぐる。巡査に見つかると追われ、逃げきれないと捕まって留置の上、村境《むらざかい》へと追い払われる。「お修業は公然の秘密」であって、これをしないと飢え死しなくてはならない。

現在の四国八十八ヶ所は信仰を手引きにするスタンプラリーにも似たツアーだが、ほぼ百年前のルポを通して、当時のなまなましい旅の生態が見えてくる。「業病」のすえに家を追われた人、偏見によって差別され虐げられてきた人、不幸を道づれにやってきた人、村と町のコミューンからはみ出して社会の底辺に流れついた人……。「お大師さま」をいただいたこの世の異界が、克明につづられている。のみならず、はじめはおぞけたふるい、恐怖の対象であった異行者が、歩きつづける道筋とともに、浄化の過程をたどっていくことも、若さに特有の躍動するような言葉で書きとめた。アッパレな女性がいたものだ。

『ファーブル記』

山田吉彦　岩波新書　一九四九年

『昆虫記』の作者アンリー・ファーブルに、『ファーブル昆虫記』の訳者山田吉彦が小さな本を捧げた。読者からいろいろ問い合わせがくる。ファーブルはどんな人だったのか。どうやって虫を観察すべきなのか。質問に答えるためにペンをとった――。「まえがき」にはたしかにそのように述べてあるが、初版は一九四九年の刊行である。戦争が終わって四年目。山田吉彦は同じ時期に「きだみのる」のペンネームで『気違い部落周游紀行』を世に出した（161ページ）。戦争末期に疎開し、終戦後も数年すごした東京都南多摩郡恩方村《おんがた》（現・八王子市上恩方町）で、おそろしくおシャレで警抜な日本人論、文明論を書くかたわら、ファーブルの人物記をつづったわけだ。身一つで当時都内でもっとも西にあった貧しい山村にやってきた。ほとんど資料もないなかでまとめたので、

『ファーブル記』にはまちがいがどっさりあるだろう。現在のファーブル学者は歯牙にもかけないかもしれないが、この本のユニークさ、またおもしろさは、まるでべつのところにある。

新書で百六十ページ、目次からして風変わりである。全五章のうち四章がファーブルの幼年期、少年期、「貧しい小学教師の道」「中学教師の生活苦」にあてられた。最後の章が「隠棲――蟲と共に」。やっと『昆虫記』にかかわり、正味十ページにも足りない。

ファーブルは中部フランスの僻村の生まれ。家は貧しい農家だった。「この一家は知られるかぎりずっと昔から、代々みみずのようにこの土地に嚙りついて、暮らしてきた」厳しい生活条件のなかで、村びとたちの性格に、ある種のタイプが生じてくる。「油断のない沈黙と用心深さ、ひいては新しいものに対する嫌悪、猜疑」。年若い両親は「一人口《ひとりぐち》でもへらそう」と、幼いアンリーを祖父に預けた。のちのファーブルの写真には、つばの大きな黒いフェルト帽をかぶった姿がおなじみだが、祖父が終生かぶっていた帽子である。

ファーブルは自分をつねに「百姓ファーブル」と呼んでいた。貧しく誠実な教師生活のあいだ、自分のようなタイプは「喧しくしゃべり立てる奴」「悪知恵の多い奴」に食いものにされるのをしたたか味わった。「フランス人が sauvage（野性的）と名づける資性」、また根づよい「頑固と一徹」がうかがわれる――。

最終章の終わりちかく、ようやく『昆虫記』にかかってのくだりだが、ファーブルの虫の記述には、「反ダーウィニズムの態度」がつらぬかれているが、「個々の事実の究明」にとどめ、当時流行していたダーウィンの生物進化説に反論はしなかった。「われわれはこの態度の中に新しい流行に対する猜疑、山村に育った者にしばしば見受けるこの性向を若干見てよいであろう」。

ファーブルの背後からまざまざと、日本の僻村が浮かんでくる。フランスで学んだ人類学者山田吉彦は、ファーブルの生い立ちに旧恩方村の村びと、その思考パターンを発見した。そしてファーブルが虫に向けた目で、まさしく虫を見るようにして村と村びとを観察した。「周游紀行」がとびきりペダンティックでシャレたスタイルをとったのは、人間を素材とする「昆虫記」であることをカモフラージュするためだったのではなかろうか。

『きのうの山 きょうの山』

上田哲農　中央公論社　一九八〇年

画家・登山家上田哲農《てつの》（一九一一―一九七〇）は、一年の半分は絵を描き、あとの半分は山やスキーに出かけていた。昭和初年に日本登高会の創立に加わり、数々の困難なルートを開拓した。戦後は第二次ＲＣＣのリーダーとして若手を養成するかたわら、カフカズやパミールへ遠征した。

だがこの人は筋肉と汗と記録だけの人ではなかった。困難なルートの一方で、ごくふつうの山好きが楽しむコースをいそいそと歩き、しなやかで的確な文につづった。乾いた目で見ていてもやさしく、そっけないのにやわらかで、無駄のない語りが自然をとらえていく。画家であれば、おのずと画ペンがお伴をして画文集になった。

「ずい分、気をつかったつもりだったが、やっぱり――流された」

「徒渉」と題した小文。雨でふくれ上がった渓流で苔に足をとられツルリときた。もんどり打って水に落ちる。身ぶるいするような瞬間だが、とにかく岩にしがみついて、いのちびろい。

「ままよ、どうせ、雨の中だ。――と、そのまま、濡れたまま歩いて、この岩小屋についた」

さっそく焚火。本来ならイワナがあぶられるはずだが、何やら石にペタリとはりついている。この夜は「聖徳太子さまが乾《ほ》される仕儀」とあいなった。上田哲農をひらくたびに、日本の山文学に珍しいユーモアと対面できる。

「秘境」では、秘境の名に値する五カ条をあげていく。必ず峠を越えること。つづいて「かつ然とひらけて新しくはじまる風景」があること。さらにそこには、古びていても「がっちりした構造の大きな家々」が少なくとも数軒はあること。そして晩秋なら透明な空気ときれいに耕された斜面、ちらついたばかりの雪があること。つづく五つ目。「――家と家をつなぐ石の多い小道は、子供達の『鬼ごっこ』の場所であるばかりではなく、星の夜は狸が酒を買いにいく道であり、月の晩は狐の親子の通る道でなければならない」。

ここまでならば、私ごときでも言えるが、実例をはさんだ最後の一行が上田哲農なのだ。「秘境とは教えられるものではなくて、その人の心が発見するものだ」。

親しかった人の回想によると、ピッケル以外、山の装備品はありふれたもので、ボロボロになっても上手に使いこなしていた。急な雪渓や春山で、本当に危険なときはコーチしてやるが、落ちても大したことのないようなときは決して助けない。「本当に危険なのか、危険でないのかを見きわめる能力」はずば抜けていたという。

経験から身につけたものだろうが、自然児の本能もあずかっていたような気がする。その一方でたえず色と形と線に分析しながらながめる画家の目があった。なんてことのない山と山里を語っただけの山のエッセイが、奇妙なまでの陰影とひろがりをもってくる理由である。だからこそ「夏もおわりに近くなると、だしぬけにスキッとした朝がやってくることがあろう」といった書き出しと、つづいて山の空気を思い出し、「――ぶらぶらと適当にのぼって千メートルたらずのてっぺんでのんびり雲でもながめていたいといった気持」になり、そして村の人のほか誰もいない領分へ出かけていく。こんなに素朴なことばで、こんなにあざやかに山への誘いができたのだ。

『恐竜探検記』

R・C・アンドリュース　小畠郁夫 訳・解説

地球人ライブラリー　小学館　一九九四年

北京を出て万里の長城をこえるとモンゴルの高原に入っていく。西にひらけるのがゴビ砂漠。いかにこれが広大であるか、日本地図とかさねてみるとよくわかる。要するに日本全土がすっぽりと収まってしまうのだ。

一九二〇年代の初め、ニューヨークにあるアメリカ自然博物館が三度にわたり、ゴビ砂漠を中心とする中央アジアへ探検隊を派遣した。ロイ・チャップマン・アンドリュースを隊長として総勢四十人。地質学、古生物学、考古学、動物学、植物学、民俗学など、専門分野の異なる館員たちが参加した。一つの地域にかぎり、これほど多彩な分野にまたがる調査が行われたのは、まさに空前絶後のことだった。

隊長をつとめるアンドリュースは、本来の「冒険家」といったタイプにあたる。慎重に準備して、現場で生じてくる予測できない困難には、自分の能力を信じてねばり強く対処していく。苦難こそ探検家につきものの条件とする見方に反論している。

「私は苦難など信じない。それは大きな邪魔ものにすぎない。毎日の生活の原則は、できるかぎりよく食べ、よく着、よく眠るということであるべきだ」

そうすれば全力をつくして活動できるし、たとえ苦難がふりかかってきても楽々と乗りこえることができる。苦しいなかでも笑っていられる。

ウランバートルの南方五百キロ、ゴビ砂漠のまん中に「燃える崖」と呼ばれているところがあった。地質が白亜紀の赤い砂岩でできており、夕陽をあびると燃え立った炎のように見えるせいだろう。ここで初めて人類が恐竜の卵を発見した。

一九二三年夏の夕方、現地に到着。二日目、化石の卵発見の報告が入った。当初は誰も信じなかったが、それでも好奇心から窪みへ下りていった。卵は半分かた露出していて、あるものは割れて破片になっていた。四個は丸のままで、一つは小さな恐竜の骨格をのこしていた。

アンドリュース探検隊はいくつもの歴史にのこる大発見をしたが、「燃える崖」で見つけた恐竜の卵もその一つである。それはマンモスとしてシベリアをのし歩いていた。一部は地峡をこえてアメリカへ渡った。鋭い角をもち、やたらに巨大化したのもいる。

『恐竜探検記』にはそんな発見の経過が、アメリカン・ジョークをまじえ、きわめて日常的な眼差しのもとに、また真の冒険家に不可欠のユーモアのセンスをまじえてつづられている。

恐竜の卵発見のすぐあと、隊長は食料の心配をしなくてはならなかった。標本用の糊のために小麦粉を使いすぎたせいである。それはまあいいとして、包装用の布を使いはたしたのには、どうすればいい？

隊長はひと思案したのち、全員が私用のズボンや下着を供出する旨の決定をした。地質学者のモーリス教授はかなり思案したあげく、二枚のパンツのうちの一枚を提供した。

その夜、標本採集係の隊員が、うかぬ顔で隊長のテントにやってきた。そして口ごもりながら言ったという。自分は大抵のものは利用のすべをこころえている。しかし、モーリス氏のパンツに糊をつけるのだけはどうも――。

『道具が語る生活史』

小泉和子　朝日選書　一九八九年

出だしの「道具と暮らし」の章は「手」から始まっている。人間の暮らしのなかでは手がもっとも基本であって、いかなる生産も文化も手の働きなくしてはありえない。

そこに一枚の写真が添えられている。「二十一歳の嫁の手」と題されて、ある歴史シリーズに収録されていたもの。タイトルからは、若い女性のふっくらとした白い手を連想するが、写真の示すところはまるきりちがう。無数のヒビが走り、アカギレで硬化して、指先と爪が摩滅しかけている。二十一歳どころか老人の手としか思えない。嫁いできた嫁がいかに労働力として酷使されたか、またそうでなくては一家の暮らしそのものが成り立たない社会であったことを告げている。

「……道具は人間の文化の基本であり、社会を反映するものである」

地下足袋《たび》やカンテラ、桶《おけ》、洗濯板など労働の道具、チャブ台や鍋、釜の食べる道具、鏡や鏡台、手拭いなどの粧う道具、行李《こうり》、提灯、畳などの住まいの道具……。人間が必要に応じて生み出し、工夫を加え、最終的な「かたち」にいきついたもの。それを通して政治や経済構造や時代の考え方、感じ方など、さまざまなことが見えてくる。

後半の「道具の環境」の章に「アイヌの暮らし」が入っていて、生活用具がとりあげてある。刃物の一つを「メノコマキリ」といって、女持ちの小刀を指す。私自身、あるとき北海道を旅行中にアイヌ文化資料館で目にしたことがあるが、その美しさにしばらく見とれていた。やや反《そ》りをもち、鞘《さや》の突起に紐が付いていた。鞘、握りに彫り物がほどこされ、部分的に染めつけてある。女も狩りを手伝ったし、山菜や木の皮をとるのに必要だ。護身用として腰に下げた。

「青年は好きな娘ができるとメノコマキリを作って贈る」

相手がそれを腰に下げてくれれば承諾のしるし。だから男たちは一心不乱に美しい小刀に仕上げた。メノコマキリは生活具であるとともに一篇の愛の詩のような役目をになっていた。

「チシポ」とよばれる針刺しのところで語られている。かつて集落に急を告げる合図があったとき、アイヌは即座に人間の事故か、それとも針が行方不明かと考えたという。

それほど一本の針が貴重品だった。「これは裏返せば、いかに和人がアイヌに対してひどい収奪を行っていたかということの証拠である」。縫い針一本に目の玉のとび出るほどの価格を課して労働と生産を強要した。

一九三三年生まれの著者は昭和二十年（一九四五）五月の横浜大空襲に遭遇した。幼い妹を背負い、もう一人の妹の手を引いて、焼夷弾と猛火の中を逃げまどった。気がつくと夕方、線路の土手にいた。「ほっとして防空頭巾を脱ぐと、焼け焦げと泥でガチガチになっていた」。

十二歳の少女がかぶっていた手作りの道具で閉じられている。生活史の遠い始まりだった。

『奈良大和の峠物語』

中田紀子　東方出版　二〇〇一年

峠が好きなので、旅先で本を見つけると買ってくる。『木曽の鳥居峠』といった一つの峠をめぐるものもあれば、『東北の峠歩き』のように、県ごとに代表的な峠をいくつか紹介するケースもある。自分ではもうとても訪ねたりはできないので、本の上で土地の人に案内してもらう。

「峠」と書いて漢字のようだが国字である。日本人がつくった。山道をのぼりつめて下りにかかるところ。「たむけ（手向け）」が「たうげ」、そして「とうげ」に転じたという。そんな一点には道祖神をまつり、手向けの花をさした。いかにも日本的な心情が生み出した言葉である。

『奈良大和の峠物語』は大阪の出版社から出たもの。奈良から桜井や当麻《たいま》、明日香村へ

の道、室生《むろう》や大宇陀《おおうだ》へ通じる道、さらに山深い吉野をめぐる無数の山道。おのずと数知れない峠がある。そのうちの七十あまりを、ひとりの女性が丹念に歩き、よく調べて書いていった。

歌姫峠、鉢伏峠、暗峠《くらがり》、水越峠……。名前をたどっていくだけで、この身はすでにてくてく歩いている。穴虫峠、芋《いも》峠、地蔵峠、牛峠。暮らしの匂いのする名前が多いのは、生活を支える道であって、生きていくためには毎日のようにのぼりくだりをしたからだ。壺坂峠はお里・沢市をめぐる浄瑠璃「壺坂霊験記」でおなじみだ。眼病に霊験あらたかとされる寺の上にあたる。新しい道路からだとらくに行けるが、旧街道だとけっこうな難路だった。

「この先まったくのけもの道。牛の背を行くごとく、尾根伝いに笹を搔き分けひたすら歩いた」

一貫している姿勢であって、車ではなく、かつて人々が足でひらき、のぼりつめてひと息ついた峠道を行く。奈良県吉野郡大塔村（現・五條市）天辻《てんつじ》の天辻峠。写真がついているが、廃道にのこされたトンネルが黒々と口をあけている。山道をたどっている一時間半、とうとう誰とも会わなかったという。山肌にしがみついたような民家、天誅組《てんちゅう》本陣跡、廃校になった小学校分校、「右五條下市《しもいち》、左ふきはし本」の道標。峠には歴史と文化が何重にもかさなり合っている。

現在はたいてい川沿いに道がのびているが、昔は尾根を歩いた。川沿いはたえずくねくねと曲り、氾濫の置き土産が行く手をふさいでいる。崖に直面するとお手上げだ。いっぽう尾根道は安全で、距離が短く、つねに方角をたしかめられる。

「幕末のころ、天辻峠はかなり賑わっていたらしい」

道標の示すとおり奈良と紀州を結び、峠近くには問屋や宿もあった。ほんの数十年前はバスさえ走っていた。廃道となったとたん、すでに人の記憶からも消えかけている。新聞の県版に連載したのがもとになってできた。村のこと、地域のようす、社会的背景にも目配りがされていて、峠を軸にした生活史、また文化史にもなっている。地図でたしかめ、写真をとり、インタビューして、多くの時間をかけた。稿料はほんのちょっぴりだったと思われるが、ふところ深い峠道のたのしさが、流した汗のお返しをしてくれたのではなかろうか。

『アルプスのタルタラン』

アルフォンス・ドーデー　畠中敏郎 訳

白水社　一九三九年

フランスの作家アルフォンス・ドーデー（一八四〇―一八九七）は愛すべき小品集『風車小屋だより』やオペラ『アルルの女』の原作者として知られている。南フランスに生まれ、早くにパリへ出て、パリで生涯を終えた。

そんな十九世紀の文士にアルプス登頂記がある。ハイキングコースのリギを手はじめにして、ユングフラウ、モン・ブランに挑み、頂上をきわめた下山中に吹雪に遭い、案内人と結んでいたザイルが切れ、稜線から落下したが、九死に一生を得て無事生還――。

ドーデーの故里タラスコンは、マルセーユから汽車で二時間ばかりの小都市である。眠りこけたような小さな町であって、人々は退屈しのぎに集まってはおしゃべりをする。そんなクラブの会長が町の名士タルタラン氏。副会長がタルタランを蹴落として会長のポストをねらっており、会長は自分の威光を見せるためにアルプス登山を思いついた。さっそく準備にかかり、パリからウィンパー『アルプス登攀記《とうはんき》』、チンダル『氷河』などの専門書を取り寄せ、町の錠前屋に靴の裏のナーゲルはウィンパー式、ピッケルはゲネティ式でつくらせた。

三部作のタルタラン・シリーズの一つ『アルプスのタルタラン』の前半である。人を介してガイドを傭《やと》ったところ、同じタラスコン出身で、かつてクラブの雑用をしていた男。その口から驚くべき「真相」を知らされた。スイスの山でよく起きる遭難はスイス観光局が客寄せに演出しており、死者はニュースをふくらませるためのデタラメ。どこかにかくまってある。危険なクレバスも人工の作り物で、登山客を引き寄せるためのトリックである……。

ユングフラウの氷河を登っていて、タルタランは雪崩にみまわれ、クレバスに落ちかかったが、顔色一つ変えなかった。「危いだなんて、こちらはやっと仕掛けを知っているとも」。

人工のトリックだから恐がる必要はさらになし。その勇気と沈着ぶりは登山家やガイドたちの賞賛の的になった。つづいてモン・ブラン。命がけの氷河行を企て、雪の斜面を登っていく——。

ほぼおわかりだろうが、『アルプスのタルタラン』は山の名著『アルプス登攀記』のパロディである。ドーデーにはアルプスの名山が芝居の書き割りのように見えたのだろう。なにしろ高地の高級ホテルのテラスから、観光客が望遠鏡で登山家の一挙手一投足をながめている。命がけの岩壁登攀も、人々の視線にさらされている点では劇場風景とかわらない。いかなる困難や危険に遭遇しても、つねに冷静沈着な登山家が、ドーデーには非人間的でウソっぽく、ヒーローを演じている役者のように思えたのではあるまいか。無知であればあるほど勇気ある行動がとれ、いかなる状況でも冷静さを失わない――。ホラに託して登山家の微妙な生態を批判した。

パロディ小説にちがいないが、あらためて古典的なホラ話をひもとくと、随所にちりばめられた風景描写のみごとさに目をみはらずにいられない。氷河や雪崩のようす、凍《い》てついた岩場から見はるかす眺望の克明さ。パリの文士は地図と参考書と想像だけで書いたようだが、アルプスの案内書がしばしば引用するほどあざやかに書きとめてある。

「日本九峯修行日記」

野田泉光院　三一書房『日本庶民生活史料集成 第2巻』に所収　一九六九年

野田泉光院は九州・日向《ひゅうが》の修験僧で、五十七歳のときに九峯修行の願を立てた。英彦《ひこ》山、石鎚《いしづち》山、箕面《みのお》山、金剛《こんごう》山、大峯《おおみね》山、熊野山、富士山、羽黒《はぐろ》山、湯殿《ゆどの》山の九つ。文化年間だから十九世紀初めのこと。これらが当時の修験道にとって大切な山とされていたのだろう。六年あまりかけてすべてを巡拝。いたって筆まめな人で、出発から帰国までを、ことこまかに書きとめた。

タイトルだけだと山に明け暮れしていたようだが、九峯と関係のない壱岐、対馬から青森まで五十余州を巡りあるいた。路銀は托鉢やお札くばり、加持祈禱で稼ぎ、宿は寺なり特志家の厄介になる。

文化十年（一八一三）二月のくだり、おりしも長崎に滞在中。「阿蘭陀人カピタンを始め、ヘトリ、下士官、黒ん坊迄〆八人、当処の役人十四五人同道にて金毘羅へ参るを見る」

オランダ人には娼婦とのあいだでもうけた十歳くらいの子供がいて、その子もつれていた。

「唐人の葬式一見に崇福寺へ行く。行列乱れ行く。龕《がん》は外棺也」。行列には「泣き男」もいて、切り紙をまきながら大声をあげてついていく。どうやら異国人とその生態が見たくて、はるばると長崎まで来たらしいのだ。

文化十二年(一八一五)は出発して四年目にあたるが、飛驒高山から野麦峠を越えて信州へ入り、塩尻、諏訪を経て身延山《みのぶ》。とって返して甲府に近い積翠寺村の農家で大晦日を迎えた。数え年で六十歳。句を詠んでいる。「六十路《むとじ》経し闇路ほのかに除夜の月」

五年目の七月に出羽の国に入り、羽黒山、月山、湯殿山を巡拝。修行の山の北限をすましたあとも、かまわず北上して陸奥一円を廻ったあと、南下して出羽、白河を経て下野《しもつけ》。筑波山周辺をくまなく歩き、このたびの歳末の句は「何げなく老の舎《やど》りや年のくれ」

六年目は下総《しもふさ》、潮来《いたこ》、房総一帯、江戸に来て、同じく修験僧になった息子と対面。「めぐり合ふも命なりけり風車」

息子と別れ、東海道筋を托鉢しながらの旅をつづけた。六月に富士登山。尾張から美濃路をすすみ、伊勢、紀伊、泉州和歌山……。土地の人から見ものをおそわると即座に方向転換して見物に出向く。記述には出てこないが、平四郎という下人《げにん》がついていた。二十あまり年少で、修行の合力（剛力）役兼用心棒である。二人旅の心づよさもあずかっていただろうが、とにかく好奇心の強い坊さんであって、おかげで貴重な文化史・風俗史の資料が生まれた。

修行と称していたが、半分はそうだとしても、のこりの半分は世間へのいいわけ、ありていにいえば気の合う相棒とはかっての気ままな放浪旅である。親しい人たちは、さぞかし羨んでいたと思われる。日向に着き、隣村から知らせを出すと、「親類知音男女老若、雲霞《うんか》の如く」やってきて、その日は夜ふけまでドンチャン騒ぎ、帰郷を一日のばしたそうだ。

「霊の日本」

小泉八雲　大谷正信、田部隆次 訳

第一書房 『小泉八雲全集第6巻』に所収 一九二六年

小泉八雲《やくも》に「犬の遠ぼえ」というエッセイがある。痩せた白いメス犬がどこからともなくやってきて、町内に居ついた。おとなしいので子供たちに可愛がられ、町内の人も番犬がわりに重宝している。

「ただひとつ、わたくしは彼女に悪い癖のあることを発見した」

夜になると、きまって遠ぼえをする。八雲には欧州種の犬とはくらべものにならないほど「一種不気味なほえ方」に聞こえ、そのせいもあっていつも聞き耳を立てていたのだろう。つづいてこまかく述べている。

まずはじめは「いやな夢を見てうなされている時の声」のような息のつまったうめき。そのうち木枯らしがヒューヒュー吹くような悲しそうな声に高まり、ついで声がややふるえをおびて、「忍び笑いでもするような低い声」にかわる。ところがつぎに前よりも高い「荒びたような哀音」になり、最後は「小さな子どもが泣きじゃくっているような声」になり、しだいに細くなって消えていく。いつもきまって同じ順序の連続でくり返される。

犬の遠ぼえを知る人には思い当たるだろう。犬種を問わず、ほぼ八雲が述べているような奇妙なほえ方をするものだ。何かを哀哭《あいこく》するようでもあれば、痛々しい苦悶を叫んでいるようでもある。多少とも人が恐怖や苦しみを訴えるときの声に似ている。

八雲はそこから何百世代にもわたり人間に飼いならされても、いぜんとして犬の体内に眠っている原始の霊魂を考えた。遠ぼえはその魂の歌ではないか。よく月に向かって吠えるのは、何万年もの古い昔のことがらが、「こうこうたる月の光によって、犬どもの魂だけにかき起こされる」せいではないのか。

さらに夜ふけに犬の遠ぼえを聞くとき、自分たちも夢にうなされる前の不安な心持になったりするが、それは人間が遠い昔のある時期に感じた「何か特殊な感銘」とかかわりがあるのではなかろうか――。

エッセイ「犬の遠ぼえ」は「霊の日本」に収録されている。八雲がつねに深い関心をよせていた日本人の霊魂の問題の見本帳といったつくりで、扉には「夜ばかり見るものなりと思うなよ。昼さえ夢の浮き世なりけり」という諺《ことわざ》をエピグラムのようにつけた。西洋的思考では、はっきり区別される理性と非理性、現実と夢が、この東洋の島国ではかさなり合い、まじり合っているのに小泉八雲は目をみはった。古書には夢物語、あるいは奇跡譚《たん》としか思えないことが、こともなげに現実の出来事として書きとめてある。ある僧は一人の見知らぬ法師と出くわし、ともに行くほどに、自分はいま「天狗と話をしている」ことがわかったが、所望を求められると、いそいそと希望を述べ、言われるままに一つの約束をした。

当時、東京では三遊亭円朝《えんちょう》作「牡丹灯籠」が芝居になって評判をよんでいた。そこでは幽霊が恋愛に介入して、西欧人には「錯綜した迷路」そのものなのに、人々は嬉々として「恋の因果」をたのしんでいる。

ちなみに「犬の遠ぼえ」を語る際、八雲はメス犬をつねに「彼女」として語っていった。天狗がさまざまな変化《へんげ》の能力をもつように、人と天狗が寄りそった国にあっては、犬もまた人であるからだ。

『日本の島々、昔と今。』

有吉佐和子　集英社　一九八一年

有吉佐和子（一九三一―一九八四）は社会問題に対して、おそろしく鋭敏な人だった。すでに半世紀ちかく前、『非色』によってグローバル化の一方にかいま見える人種偏見を取り上げた。『恍惚の人』（一九七二）はいち早く、今日の膨大な認知症候群と家族の軋轢《あつれき》を書きとめている。農薬や化学肥料による汚染を『複合汚染』の名で告発したのは、三十七年前（編集部注：一九七五年）のこと。農林省（当時）は御用学者を動員して反論し、「データ無断借用」をデッチ上げてしめつけにかかったが、有吉佐和子は一歩も引かなかった。やがて官僚の思惑を置き去りにして、事実がいや応なく深刻な汚染の実態を白日のもとにさらけ出した――。

「私は二十数年前から離島に関心を持ち続けていて、鹿児島県の黒島《くろしま》や、伊豆七島の御《み》蔵島《くらじま》などを舞台にした小説を書いている」

昭和五十四年（一九七九）十一月の北海道・焼尻島《やきしりとう》、天売島《てうりとう》が皮切りになった。翌年十月の尖閣列島まで十二度に及ぶ島めぐりをして、毎回百枚に及ぶルポルタージュを書いた。売れっ子作家がそっくりお膳立てをさせた上で出かけたのではない。種子島、屋久島、福江島、対馬、波照間島《はてるまじま》、与那国島、竹島……。すべて自分で選び、たいていは現地に知らせることもせず、身一つで島に渡った。

「『小説など書いている有吉佐和子という者ですが』と名乗っても、私のものなど読んだこともない方々が、半ば茫然として応対して下さる」

自分が白紙の状態で飛びこむように、相手にもそれを求めた。用意され、整理された応答は何を告げるわけでもない。ときには島の人と冷酒をコップで飲みながら問い続けた。つねに漁業に話題をしぼったのは、より鮮明に、おりからの問題点があぶり出されてきたからである。石油の売り惜しみと天井知らずの高騰、領有権問題、日韓大陸棚、二百カイリ問題。大きなテーマのあいまに政治の貧困がさしのぞく。離島に無理な乳牛の多頭化飼育を強制し、失敗の尻拭いもまた島に押しつけ、少しも恥じない中央官庁の動向。

実際に島を見て、もっともくわしい人から話を聞き、自分が調査したことをまじえてつづっていく。土地の人とのやりとりが生気あふれているのは、ルポライターの場合とちがい、底に人間的関心の交流があったからだ。

「この島は長生きする方が多いのですね」

「みんな、うっかり生きてますのでね」

漁期には息つく暇もなく働くが、あとは「うっかり」生きていただけ。魚は新鮮だし、空気はいいし、だから長生きする。

屋久島の男は、月に二十日は山に行き、五日は海、五日だけ家にいるという民謡がある。山に行かずに帰ると言うと、絶句されたので、島の若い運転手の案内で、縄文杉まで胸つき八丁を登り、赤いナナカマドの実の下で弁当を食べて下りにかかった。そのしっかりした足どりが不審でならず、運転手がたずねた。

「お客さん、あんた東京で何をなさる人ね」

「私？　百姓よ」

とても百姓には見えないと言われたが、「あらそうかしら、でも私は百姓よ」。島の土に種を落とす百姓の思いがあったものか。

それにしても、この聡明で勇気ある作家を五十三歳で失ったとは、かえすがえすも天の無情が恨めしい。

『檜原村紀聞　その風土と人間』

瓜生卓造　東京書籍　一九七七年

瓜生卓造《うりゅうたくぞう》（一九二〇―一九八二）は、『谷川岳』『日本山岳文学史』『多摩源流を行く』など、山の本を多く書いたが、峰々を踏破するタイプでも、叙情的な感懐を披露する人でもなかった。つねに風土や暮らしを重んじた。人が生きたしるしをおびてこその山野だった。

『檜原《ひのはら》村紀聞』は昭和五十二年（一九七七）に出たもので、先立つ数年、くり返し村を訪れ、山宿を足場に丹念に歩きまわった。そうでなくては、「檜原村定本」というべきほど詳密な紀聞はできなかった。

東京西部にあって、島部を除き都内唯一の村である。昔は秋留《あきる》郷とよばれたところ。北と南に北秋川、南秋川が流れ、浅間《せんげん》尾根が中央部に隆起している。総面積百九・九平方キロ、東京二十三区で一番広いのが世田谷区の五十八・八平方キロだから、村の大きさがわかろうというものだ。ただし全村、山また山であって、谷あいのわずかな平地に集落がちらばり、ところによっては七百メートル前後の高地に人家が点在している。

「秋川は静かに流れている。瀬に早み、淵に淀み、潺湲《せんかん》たる水音が、山襞に木魂を返す」

書き出しに「潺湲」といった難しい字を使ったのは、理由あってのことである。読んでいくとわかるが、田部重治《たなべじゅうじ》は明治末年に初めて訪れ、のちの再訪に際して「数馬の一夜」を書いた。瓜生卓造は学生のころ田部重治を読み、強い印象を覚えて檜原を訪れ、田部が泊ったのと同じ山崎屋に泊った。「数馬の一夜」の出だしはこうだった。「私は今、多摩川の支流、南秋川の上流の数馬村のひなびた宿の座敷に火鉢を擁して、秋川の潺湲たる音を耳にしながら坐っているところである」。


出会いの縁を二字の漢字にこめた。それから明治の登山家が一夜で通り過ぎたところをフィールドワークにするようにして、昭和後半期の山村を綴った。


刊行年が意味深い。おりしも「所得倍増」を合言葉に、日本経済は最初の高度成長に突入していた。急テンポで産業構造が変化していく。養蚕はとっくにダメ、木炭は石炭、ついで石油にとってかわられ、林業は振わない。

「檜原の人々は、彼らの先祖伝来の三大産業を取り上げられた」

みるまに村が捨てられていく。それでも『紀聞』の綴られたころは、「先祖伝来」がまだ辛うじて存続していた。字《あざ》に分かれた集落のかたち、背後の山とのかかわり、細い踏み道でつながれた交流、秋川の魚と漁の仕方、祭礼をはじめとする年中行事。瓜生卓造がくどいほど詳細に書きとめたのは、伝来のものが急速に消えていく強い予感があったせいではあるまいか。「私は滝上の岩でサデを構える漁人を想像した」。

サデ網は木と竹で三角状のワクを組み、網を張った魚具である。もはや想像するしかなかったのだ。最上流部の奥多摩有料道路の工事場から、大量の土砂が流れこみ、両秋川から魚影が消えていた。言葉としてはひとことも出てこないが、世の流れのなかで、とどめようもなく消え失せるものへ長大な挽歌が献げられた。

『日本の職人』

遠藤元男　人物往来社　一九六五年

大工、木挽《こびき》、指物師《さしものし》、桶屋《おけや》、檜物師《ひものし》、箸師《はしし》、櫛引《くしびき》、板木師《はんぎし》……。かつて日本人の暮らしを支えていた職人たちである。古書より採集した職人尽し絵がついていて、仕事中の姿を見ることができる。

大工のうちでも棟梁クラスは「番匠」ともいわれ、テオノ（チョウナ）を握っている。「チョウナ初め」といって、工事や正月の仕事はじめの大切な儀式だった。指物師はインテリア専門で、はじめは大工が兼ねていたが、江戸時代に独立した職種になった。檜物師は檜《ひのき》の薄い板で曲物《まげもの》をつくるところからついた名だが、やがてひろく木製の生活用具専門職を指すようになった。

箸つくりの職人が生まれたのは、江戸や大坂の都市としての成熟とともに、客を招いての会食や、一般人の外食が多くなったせいではあるまいか。漆塗りの高価な箸や、使い捨ての割り箸が必要になったからだ。

臼づくりに特化した臼師がいた。モチつきだけでなく、毎日のように挽いたりつぶしたりしなくてはならない。臼は日常に欠かせなかった。職人の時代には職種がこまかく分かれていて、木彫師は彫りものをしても額には手を出さない。それは額彫《がくぼり》の領分だった。撞木師《しゅもく》というのがいた。絵によると、鐘をつく大きな撞木ではなく、T字型をした小さな鉦《かね》たたきをつくっている。念仏を唱えながらチンチンとたたいたのだろう。

職人尽しを見ていくと、日本という国が、いかに木の国であったかがよくわかる。島国の天地開闢《かいびゃく》以来、山の幸が形をかえて生活の基盤をつくり、木工技術が高度に発達した。修業をつんだ技能者は素人には及びもつかぬワザと知識をそなえ、「職人気質《かたぎ》」と呼ばれる、誇りと責任のいりまじった独特の個性をやしなってきた。

「龍骨車師」という珍しい職人がいた。長い箱形のポンプであって、低いところの水を高いところへ揚げて、上の田畑へ水を送る。特殊な装置のせいだろう。大坂天神橋西筋の大工集団が全国の注文を一手に引き受けていた。龍のように長い胴をもち、口から水を吐くので「龍骨車」の名がついた。

これと似たのが鞴《ふいご》である。同じ箱形ポンプながら、ずっと小型で、水ではなく風を吐く。火力を強めるのに用いられた。やはり大坂に専門の技能集団がいて、天満《てんま》の一角に集まっていたところから輔町が誕生した。

「細工は流々、仕上げを御覧《ごろう》じ」

いまでは巧みに仕込みをして利益をゴッソリかっさらうときなどに使われるが、もともとは技術一本の職人が多少ともいたずら心をまじえて口にしたセリフである。『今昔物語』に飛騨の匠の建てた堂の話が出てくる。四方に戸のある小さなお堂で、縁に上がり、南から入ろうとするとパタリと閉じる。西の戸から入ろうとすると、やはりパタリと閉じて南の戸が開く。北へまわると西の戸、東へまわると北の戸。閉じるのと開くのが交互にズレて、どうしても中に入ることができない。

飛騨は山国であって、古くから木の技術が磨かれ、左甚五郎こと飛騨の甚五郎をはじめとする、伝説的な名人上手を生んできた。お堂の作者は自動ドアを実現したわけで、仕上げると「細工は流々」を心中でつぶやきながら、何くわぬ顔で立ち去ったのではなかろうか。

『山のＡＢＣ』

畦地梅太郎、内田耕作、尾崎喜八、串田孫一、深田久彌 編集

創文社　一九五九年

正方形に近い大判で、総アート紙。ページをめくるごとに、次々とカラー・モノクロ写真、版画、カットがあらわれる。「題字・扉　畦地梅太郎／函　大谷一良／カバー　内田耕作　串田孫一／検印　串田孫一」。

トビラ裏に明示されているのは、いずれも作品として制作されたからだ。たとえば「検印」はタテ十三センチ、ヨコ十センチの版画で、保護のため上にパラフィン紙がつけてある。ハギとって額に入れれば、立派な絵になるだろう。

発行年に注意していただこう。戦争、敗戦、連合軍占領を経て独立してから、やっと八年目。焼け跡・闇市の窮乏時代は脱したとはいえ、人も国も貧しかった。そんなときに、とびきりゼイタクで美しい本が出た。山の本ではあるが、「山の事典」でも「山の

さまざまな事柄を覚えていただくための本」でもない。ABCの項目にわけてあるが、Aはアルプ、赤石岳《あかいし》、朝の鈴。Bはベルクシュルント、ベルク・ハイル、ボッカ、ビヴァーク、ブッシュ。Cはケルン、チングルマ、クレヴァス、地図……。思いのある言葉のアタマをアルファベットになぞらえたばかり。編集者以外に執筆者が加わって小文をつける。書きたい人が書きたいことを書きたいように書けばよろしい——。

「僕の小屋の地図を送ります。まあ、迷うことはないと思うが、赤い屋根だからすぐ分かります」（地図）

見開きのかたちで手書きの地図が入っている。駅員一人の停車場、牧場、小鳥の径、落葉松の林のかたわらに、まっ赤な屋根の小屋が見える。

「どこかで一晩をすごしたパーティが暗い中から最初の日射しをあびてぽっかりと稜線に姿をあらわした」（縦走）

重なり合った峰々を背に、稜線にかかる八人。登山帽、首に手拭い、横長のリュック、両手に軍手、いずれも二十代前後の若者たちで、「青春の山」を絵解きしたような写真がついている。

前年（一九五八）三月に月刊誌『アルプ』（創文社）が創刊された。山の雑誌であるが山の案内はしない。コース紹介、技術や用具をめぐる記事もなく、広告は一切のせない。ひたすら山をめぐるエッセイ、省察、山の生きもの、山人を語るもの。編集の中心は串田孫一で、二十代半ばの青年たちが手伝った。

『山のＡＢＣ』は『アルプ』の豪華別冊にあたる。雑誌の売れ行きが思いのほかよくて、版元が承知したと思われる。三年後に『山のＡＢＣ』2、一九六九年に3が出て、十年間に三冊刊行。『アルプ』は二十五年にわたり三百号を数えた。

奇蹟のような本や雑誌が実現したのは、実のところ、人も国も貧しかったせいではなかろうか。そこには色濃くスイスの高原やアルペングリューンの夢が投影されていた。山小屋には暖炉があり、魔法のようにチーズやバターやフランスパンがあらわれる。山を思慕して、アルプ的世界にすがるなかで、せめても精神の貴族主義者になりたかった。

ちなみに『アルプ』の終刊は一九八三年二月。日本経済が高度成長を果たし、人も国も豊かになって、豪華別冊がとりたてて豪華でもなくなったころである。

『虫の文化誌』

小西正泰　朝日新聞社　一九七七年

世に「ムシヤ」とよばれる人がいる。幼いころの昆虫好きが大人になってからも変わらず、むしろますます深まり高まって虫に明け暮れ。といってそのまま虫専門の学者、研究者になったかというと、さにあらず、浮世の世渡りと切りはなして大好きな世界は聖域にとっておいたというタイプ。小西正泰《まさやす》『虫の文化誌』は、そんなアマチュアに徹した人のたのしさ、やさしさのあふれた虫ブックである。

語られている虫仲間がうれしい。チョウ、ホタル、コオロギはいいとして、ゴキブリ、シラミ、ノミ、カ、ナンキンムシ。とりわけ人間に身近な生きものたちであって、まさしく身にとまり、血を吸いとって伝染病をはびこらせる。「発疹チフスの発生史を調べてみると、紀元前から多くのそれらしい記録が残されている」。

戦争中は大群の兵士が野にあって、ほとんど風呂に入ったり下着をとりかえたりしないものだ。不潔はシラミの大好物であり、そのためきっと発疹チフスが大流行する。もっともひどい例がナポレオンのロシア遠征で、六十万の大軍で出発したが、モスクワに着いたのは約九万。大半が発疹チフスで倒れたという。歴史書にはロシアの寒気とロシア軍の焦土作戦が述べてあるが、ナポレオンを打ち負かしたのは実のところシラミだった。

世界の大富豪ロスチャイルド家の一人は、銀行経営のかたわらノミの蒐集に精出して、膨大なコレクションを残した。その長女はノミの研究に没頭し、ノミはなぜはねるかの難問を解明した。うしろ脚のつけ根に含まれている「弾性たんぱく質」によるという。「こうして、父は静的に、娘は動的にノミをとらえている。心あたたまる父子相伝である」。

こういったことは、学者や研究者は決して書かないし、書けないのではなかろうか。

シラミとノミはＤＤＴが退治したが、カは健在であって、夏になると、ブーンというあの独特の羽音とともにあらわれる。カが伝播するマラリアは古代ギリシアやローマの歴史を変えたようだし、平清盛の死因とされる突然の高熱は、マラリア熱と思われる。古川柳「清盛の医者ははだかで脈をとり」は、虫との関連でいうとハマダラカとかかわり、医学的意味をおびてくるわけだ。

虫の手引きで古今東西の逸話がつぎつぎに紹介される。ムシヤさんのうちでも、とりわけ美しいタイプであって、虫への愛着がつのる一方で、虫を通して人間を見る位置に到達した。ご当人も感慨深げに述べている。

「虫にたいする私のつきせぬ興味は、つねにまた人間へと回帰してきたのである」

「蚊やりからジーンズまで」といったフシギな小見出しのところで、さまざまなカの防除法がとりあげてある。日本人はカを退治するのではなく、蚊やりや蚊帳《かや》で遠ざけるというシャレたたしなみを通してきた。虫の「文化誌」ならではの視点であって、あの不快な虫をタネにして夏の風物を生み出した。かつての野良着の大半が藍色をしていたのは、植物染料のアイで染めたせいであって、カなどの虫よけの効果があったからだ。気がつくと、たしかにジーンズがそのようすがをとどめている。

『日本の放浪芸』

小沢昭一　白水社　二〇〇四年

かつて日本国中、その豊かな山河をいろどるようにしてさまざまな芸能があった。正月や祝事のたびに祝う芸が披露された。ケサをつけた説教師が、ありがたいお経をタネに善男善女をたのしませた。縁日の露店にはフーテンの寅さんの同僚が口先三寸の商いに余念がない。山深い里にも離れ小島にも、派手なノボリとともに浪花節語りがやってきた。不思議なアーチストたちであった。どこからともなく現われ、コトをすませると風のようにいなくなった。

「ひとつ日本中の万歳《まんざい》を訪ねてその全部を見てみよう」

万歳だけでなく、子供のころから好きだった大道芸や門付《かどづ》け芸が、いまどれほどあるものか、できるだけ調べてみよう。俳優小沢昭一がそんな決心をしたのは一九七〇年代はじめのこと。絵解き、猿回し、香具師《やし》の口上、河内音頭、山伏神楽、琵琶法師、大衆演劇……。さまざまな芸能を訪ねる旅は合計すると十年ちかくに及んだ。聞き書き、録音をとりながらの探訪であって、活字による報告とともにレコードになり、CDに収録された。

日本経済が「高度成長」といわれる未曾有の活動期にとびこんだ矢先である。暮らしが大きく変化した。テレビを中心とするマスメディアが急激に膨張して、伝統的な芸能は、もはやお呼びではないのである。放浪芸は卑しまれ、耳と口で伝えられてきた舌耕芸が急速にすたれていく。あとかたなくなる寸前であって、小沢昭一の探訪と記録が、辛くも二つとない伝統文化のありかをとどめたといえるのだ。

いま、ある世代以上は幼いころの紙芝居を覚えている。縁日の露店のダミ声や小屋掛けの呼びこみを耳の底にのこしている。見たい心の一面に何やら怖い気持もまじっていた。

「テキヤってものは、露店、路上の商売いっさい自分たちの傘下にあるわけです」

ギターの流しや紙芝居もそうだった。市民社会の外にあるウラの世界を、子供心に感じとっていたわけだ。

小沢昭一の放浪芸集成は、学者や研究者のものと大きくちがっていた。みずから腕こきの芸能人であって、自分が身すぎ世すぎとしている芸ごとのルーツを探る旅でもあった。学者や研究者には口を閉ざしていただろう芸人たちも、多少とも風変わりな同類には重い口をひらいてくれる。

「私の関心は一点。職業芸——金に換える芸、ないしは芸を金に換えるくらしについてでありました」

真剣勝負の口先三寸であって、舌の回りが悪いと、その日から干上がってしまうのだ。みずから万歳の片棒をかついだり、説教師のお座にのぼったりもした。やがて識者が「民間芸能」などと持ち上げ、テレビが特集を組んだり、各地で保存会ができたりすると、小沢昭一はさっさと自分の仕事に幕引きをした。そして名もない芸能者からいただいた芸ごとをこやしにして、前人未踏のひとり芝居「しゃぼん玉座」を旗上げした。金に換える芸こそまことのホンモノ。どこまでも自分の考えに忠実だった。

#『雨飾山』

直江津雪稜会 編　山誌刊行会発行　一九七五年

表紙は白地に黒のタイトル、バックに古文書の書体が緑色であしらってある。きっかり百ページの瀟洒《しょうしゃ》な一冊。目次からひろうと、「文政五年雨飾山登山記」「雨飾山古文書解説」「雨飾山山名考」「雨飾山むかし話」「雨飾山西尾根」……。編集後記が「足集編記」となっているのは、「すべて足で集められた資料」のせいだという。

戦後、日本各地で山岳会が誕生した。戦前はごく限られた人たちの山であったものが、ひろく一般に解放されたぐあいだった。直江津雪稜会の所属した「新潟山岳会」の例でいうと、新潟鉄工所山岳会、弥彦山岳会、亀田郷山岳会、三条実業高校山岳会など、三十をこえる会があった。「日本勤労者山岳連盟」が発足。全国でどれほどの数の山岳会が名をつらねていたことだろう。クリーニング業、洋服の仕立て、代書屋、工員——。

誰もが日々の仕事をもっていた。ふところは乏しい。拝むようにして休暇をもらい山へ行く。汚れたザックに使い古しのズボン、ツギのあたったシャツ。

「当会はこれまでに、雨飾山西尾根、前沢、荒菅沢、南稜と、雨飾のバリエーションに挑んできた」

一つの山に登るにあたってまず偵察し、図をつくり、議論をし、実際に登ったあと、くわしい報告をのせた。変化が始まったのは、いつごろからだろう？「所得倍増」「高度成長」「日本列島改造論」……。

時代が大きく変わるなかで、山仲間も、山への思いもちがってきた。戦後すぐのザラ紙から紙質は格段によくなったが、会誌そのものがつぎつぎと姿を消していく。『雨飾山』が会誌としてではなく単行本のかたちをとったのは、刊行の昭和五十年（一九七五）には会員のおおかたが休会状態で、会誌としにくかったせいではあるまいか。「発行者住所」は新潟県上越市の化工会社アパートの「渡辺方」としるされ、収録の半分ちかくが「渡辺義一郎」となっている。その献身的な努力のもとに実現したのだろう。山仲間では、「ギイチローさん」あるいは「ギーさん」などと呼ばれていたかもしれない。

おかげで貴重な記録がのこった。妙高連峰の西端にあって、「雨飾」という個性的な山名をもつ大きな山だ。

「ほとけ、こんりやうの心をかけ、数年来イ、ねん仏ヲ申て、諸人しゆじようがためニ、十三仏をこんりやうして……」

文政五年（一八二二）六月、地元の八十八人が十三体の石仏を山上にかつぎ上げた。その一部始終、「みたらし池」ほかの道筋のこと、「山大志やう長サキ入道喜平治」をはじめとする八十八人のメンバー、そして開眼に立会った僧侶の説明つき。

雨飾山は双耳峰をなしていて、現在は西峰に石の祠と四体の石仏がある。明治半ばにも何体かを運び上げた証言があって、現在の四体が文政の集団登山によるものかどうかはわからない。いまはもう大半が廃村になったが、昭和五十年当時はまだ辛うじて小さな集落がのこっていた。そこの古老たちの石仏を運んだ思い出も収録してある。力自慢が石仏をかつぎ、かついだ人を縄で引き上げていくという方式をとったそうだ。

『酸ヶ湯の想い出』

白戸 章 語り　逢坂光夫 聞き手　菜摘舎　一九九四年

青森県の酸ヶ湯《すかゆ》温泉にお世話になった人は多いだろう。八甲田の山々の帰り、あるいはスキーの基地にした。大きな一軒宿で、俗にいう「千人風呂」がポスターになる。「……草木の繁茂していない歩きやすい春先の固雪の時、いわゆる昔の春彼岸から春土用までの三十日ないし四十日だけ利用されて……」

酸ヶ湯の六代目社長白戸章は明治四十二年（一九〇九）の生まれ。早くに業務につき、小さな湯小屋のころから宿を見てきた。生き証人がいなくなると、酸ヶ湯の歴史があやふやになるのを恐れたのだろう。七十歳のとき、当時、専務取締役だった逢坂光夫に聞き手になってもらい、問われるままにテープにとった。

地図には酸ヶ湯の周辺に「火箱沢《ひばこざわ》」「寒水沢」といったいわくありげな地名がちらば

っているが、思い出を読むとよくわかる。木炭にするため木を切ってしまい芝ばかりだった「芝この沢」、雪解けの冷たい水が流れ、飲み水としておいしいので「しゃこ（冷《ひや》こ）水の沢」、きちんと土地に即した言い方をしていたのに、地図をつくる際に係員が勝手に「火箱」「寒水」の字を書きこんだ。

やっと車が通るようになってからも、ひどいデコボコ道で、「乗る時に買い立ての麦わら帽子を被った小父さん達」は、頭が天井にぶつかったりして、酸ヶ湯に着いたとき、「ふちだけが頭についている」ありさま。笑いをこらえながら出迎えていたさまが浮かんでくる。

地元の人だけが知る湯小屋時代に、大阪の商人が一人湯治に来ていた記録があるといったことも、貴重な証言だろう。口づたえの情報がどんなに遠くまで届いていたかをうかがわせる。

かつて酸ヶ湯に「鹿内《しかうち》仙人」がいた。名物男の鹿内辰五郎。いろんなメダルやバッヂをつけた正装でラッパを吹いて客を迎え、ラッパを吹いて見送りをした。奇人ぶりのエピソードが流布しているが、少年のころから酸ヶ湯に仕え、ボッカ役をつとめた。ふつうは一回三十キロがせいぜいなのに、一人で六十キロを背負って登ってくる。宿に着くと「盛っ切り（コップ酒）一杯」をグイと飲んで、すぐに注文を聞いて青森まで下っていく。

若いころ胸を患ったところ、なめくじを飲むといいと言われ、道ばたで見つけたなめくじ、「十五センチから二十センチ」もある、太さがタバコ十本分ぐらいを、すぽっと飲んでしまう。あきれながらながめていた主人の感想がやさしい。「鹿内さん自体には一つの薬品として考えられていた面があったのではないか」。

キノコ取りの思い出によると、めっこをつけたところへ出かけたところ、「八畳間一《ひと》間《ま》くらいの地域」にびっしり敷いたようにはえており、すぐさまリュック一杯にした。ところが少し移ると、さらに素晴らしいのがびっしりはえている。いそぎ「リュックをひっくり返して」入れかえた。八甲田がいかに豊穣な山河であったかがうかがえるのだ。

貴重なテープは十五年間、眠っていた。ある日、里帰りした女性が見つけ、血縁の娘が手伝って活字におこした。叔父、姪、叔母の孫が協力して、叔父亡きあとに美しい本になった。生まれる経過が開湯伝説のようにたのしい。

『知床紀行集』

松浦武四郎　斜里町立知床博物館協力会　一九九四年

松浦武四郎（一八一八―一八八八）は幕末の北方探険家、また「北海道」の名づけ親として知られている。伊勢の生まれで、十七歳のとき、てん刻をしながら放浪の旅に出た。長崎で病んだとき、出家して寺の庇護を受けるなど、現場で厄介事をしのいでいく技術を身につけたようだ。

蝦夷地探険を思い立ったのは二十七歳のときで、名を偽って渡航したり、藩医の従僕として樺太まで出かけたり、商人の名目でクナシリ、エトロフを巡ったり。ここまではもっぱら旅好きの冒険家タイプだが、つぎの数年が並みの放浪家ではない。丹念なメモにもとづく「日誌」を整理してドキュメントをつくり、蝦夷地、樺太、千島の地図を書き上げた。

それが認められ幕府の御用雇として全道内をくまなく歩き、「東西蝦夷山川地理取調地図」二十八枚を版行。五十代のはじめ、明治新政府に箱館府開拓使に任じられたが、役人が性に合わなかったのだろう、二年あまりで生来の自由人にもどった。

その松浦武四郎没後百年の年に、ゆかりの地ではいろいろ記念行事が催されたが、知床の入口の斜里町が味なことをした。武四郎の膨大な日誌から、知床、斜里に関する紀行文を選び出して解読、注解、資料、写真つきの一冊とした。紙の碑であって、これは当の筆者と同様に自由に動きまわる。古い日誌を読むのは大変だが、それが一ヵ所にかぎってあると、わりとすらすら読めるものだ。

「此シヤリ、アバシリでは、女が十六七にもなり夫を持つべき年頃になるとクナシリへつれていかれて、諸国から来ている番人や船方に身をもてあそばれ……」

斜里、知床のくだりが重要なのは、アイヌ人の苦難が克明に書きとめられているからだ。ロシアとの関係で北方領土の意味が増すにつれて、松前藩を中心とする警備、一山狙いの商人たちの進出が始まった。それまで平和に暮らしていたアイヌの人たちが、一挙に武力と商才の世界に投げこまれ、一方的に搾取され、性の労働にまで狩り出される。武四郎は賃金における和人とアイヌ人の差別、労働力としての男、番屋や会所での女たちの使われ方、斜里一帯のアイヌ人口の急激な減少など詳細にメモをとり、江戸に帰ってから公式の記録として幕府に提出。アイヌ人の保護を訴えたが、時は安政の大獄のさなか。遠国の痛烈なルポルタージュは、そのままお蔵入りになった。

「目無し、口無し、骨も臓もなし。地下水を飲まず、乾土も食わず、汐に随ってうごめき……」

生態の記録も抜群におもしろい。知床のオシンコシンの滝から海辺に出たところ、浜に打ち上げられていた奇妙な生き物。みみずに似た海産物で、中国人が「竜腸」と称するもの。アイヌ人は干して腎臓の薬にする。「フレチ」と呼ぶのは、フレが赤い、チは腸で、赤い腸をあらわしている。武四郎はスケッチが巧みで、地形や山は上手に描きとめたが、生き物は苦手だったようである。出版にあたり、メモを示して画家に描かせたが、画家も困りはてたのだろう。みみずの先っぽにチョイチョイと毛をくっつけた。

#『たたらの里』

影山 猛　伯耆文庫　今井書店　一九八九年

たたらはもともと大形の「ふいご」のことで、何人かで足で踏んで空気を送った。その際の足つきから相撲などでいう「たたらを踏む」の表現が生まれたらしいが、ここでいうたたらは「鑪」、あるいは「鈩」とも書いて、刀鍛冶が「たまこがね」と呼んだ中世に始まる日本の製鉄業のこと。中国地方の山地で盛況をみせ、幕末には鉄の生産の九割を占めたといわれている。

中国地方でもかぎられた地域であって、一つは島根県東部の斐伊川の川筋、もう一つが鳥取県西部・日野川の中・上流部。砂鉄を含む花崗岩風化層の山があって、掘り崩したあと「鉄穴《かんな》流し」という技法で砂鉄を採取したので川の流域に発達した。影山猛著『たたらの里』が、前近代の鉄鋼生産の技術、職人のこと、生産形態、取引ぐあいなど、くわしく語っている。産地の一つ、日野川流域で生まれた人であり、幼いころに、かつてのヤマの賑わいを聞いていたのだろう。近藤家といって安永八年（一七七九）の創業より大正年間まで、たたらの火を消すことのなかった「鉄山師」の家があり、倉庫に古文書をよく残していた。それがあざやかに生かされている。

「江戸時代の日野郡は、製鉄関連事業によって活気あふれる地域であった」

鉄山を開くのを「打ち込み」といったが、噂が流れると村々で誘致合戦が演じられた。大きな魅力があったからで、まとまった働き口ができるし、製品の運送、エネルギー源の炭の納入、さらに土地の米その他を買い取ってもらえる。話し合いがまとまると、鉄山師・村方双方で議定書（契約書）をかわした。そこには抱子《かかえご》（常勤労働者）が病死したときの墓のことや、現場から出る下肥《しもごえ》の使い方まで取り決めてある。前近代の産業は労務関係が大まかだったとされるが、少なくとも鉄鋼業では、いたって綿密な対応がされていた。

環境に及ぼす問題がいろいろあったせいにもよるだろう。山を崩した流砂が河底を押し上げて洪水を引き起こす。炉を燃やすための大量の炭が必要で、現地調達につき山々が伐採される。日野郷だけでも明治の半ごろまで、たたらと鍛冶業、鉄穴師、山子（製炭業）、運送関係など、家族を含めて一万七千人が生活していた。

たたらの里を「山内《さんない》」といったが、生産現場は厳しい規律をもち、博奕《ばくち》はもとより、子供が一文銭を握って数のあてっこをする「なんこ宝引」の遊びも禁じられていた。古文書を通じて中国地方の山あいに点々と、炎の燃え立つ炉を中心とした特異な職人共同体の存在したことがうかがえるのだ。

跡地は長らく打ち捨てられ、鉄山師の守り神、金屋子神社も荒廃ぎみだった。当書の刊行が一つのきっかけになったのではなかろうか。たたら遺跡の保存が始まり、資料館が整備され、たたらの復元操業の試みまでになった。米子に本店をもつ今井書店発行の「伯耆文庫」の一冊、地域に根ざした地の塩のような本である。

『越後の旦那様　高頭仁兵衛小伝』

日本山岳会編　野島出版

タイトルの「越後の旦那様」は、『日本山嶽志』（34ページ）の著者高頭式《たかとうしょく》のこと。家名が仁兵衛で、二十歳のとき父の名を継いだが、自分では式、式太郎、義明を名のった。サブタイトルに「小伝」とあるが、三つの名前で書いた文章のほか、おおかたは武田久吉、小島烏水《うすい》、冠松次郎《かんむり》、槇有恒、深田久弥らによる思い出や、川崎隆章《りゅうしょう》が聞き手になったインタビューなどで構成されている。それぞれをたどっていくと、人となり、また生涯が浮かび出るというわけだ。

それにしても奇妙な本である。表紙には「日本山岳会編」とあるが、奥付には「編集藤島玄　新潟市祝町」とあるだけ。またどこにも発行日がなく、いつの刊行かわからない。寄稿文の多くが昭和四十四年（一九六九）の日付で、その年ないし翌年の刊行と思われる。本文に「日本山嶽志の復刻　藤島玄」の一文があって、一四〇〇ページに及ぶ浩瀚《こうかん》な日本最初の山の百科事典の復刻計画がすすんでいたことがわかる。ことによると、大著の購買者への付録として小伝がつくられたのかもしれない。

となると日本山岳会は名を貸したかたちだが、藤島玄は越後支部の支部長であって、双方の了解の上のことだろう。さらに高頭式に対して日本山岳会には大きな恩義があった。そもそも越後の豪農である「旦那様」の支援なくして、とうてい山岳会そのものが成立しなかった。知られるとおり、小島烏水、武田久吉、松方三郎など七人が発起人になって日本山岳会が誕生したのは、明治三十八年（一九〇五）である。

「凡《およ》そ山岳が一国の地文及び人文に影響をすることの大なるは、今俄《にわか》に説くを要せず……」

小島烏水の起草になる「山岳会設立の主旨書」は高らかに謳い上げているが、正会員年額一円、当時としてきわめて高額の会費を払ってまで入会するモノ好きがいるかどうか。発起人自身が大いにあやぶみ、そのため山岳会はさしあたり「日本博物同志会」の支会として発足、十年たっても自立できないようなら、いさぎよく解散することを申し合わせた。ついては次の一項が確認された。「高頭氏は山岳会の会計に欠損ある場合、向う十年間、毎年千円（会費千人分）を提供する」。

翌年、会誌『山岳』創刊。四六判で百九十四ページ。多くの図版を収め、豪華誌である。発足当時の会員数は計百十六名。会計がなりたつはずがない。高頭式は年会費千人分に加えて会誌刊行費の全額を保証した。

「仁兵衛」といった古風な名前から年寄りを連想するが、発起人に加わったときは、まだ二十代だった。『日本山嶽志』刊行が三十歳のとき。越後三島郡深沢村（現・長岡市深沢町）の大地主で、十三歳のとき、弥彦《やひこ》山に登って山に開眼。家督を継いだあとは山登りよりも山好きのための支え役に終始した。日本山岳会は長らく事務・運営費のおおかたを「越後の旦那様」におぶさっていたが、槇有恒によると、当人は「一度も他言されたこともなく」、昭和二十三年（一九四八）、烏水追悼の席で武田久吉が漏らしたことから、はじめて明るみに出た。十年後、高頭式、死去。八十一歳だった。すでに先祖伝来の田地田畑の大半を失っていた。小伝を通しても剛毅にして木訥《ぼくとつ》だった特異な「明治人」の姿が見えてくる。

『図説雪形』

斎藤義信　高志書院　一九九七年

春になって雪が溶けだすと、山肌に巨大な模様があらわれる。残雪の白と地肌の黒がやらかすいたずらだが、人間には想像力というものがあって、無機的な模様に自然のメッセージを読んで名づけをした。「牛ひき爺さん」「代掻《しろか》き馬」「種まき爺さん」「豆蒔き入道」……。農業にかかわる命名が多いのは、山が農事暦を兼ねていたからで、里から残雪のぐあいをながめ、仕事の段どりにかかった。

「山ならばどこでも雪形が出るのかというと、決してそうではない」

その山が地域の人々の生活と何らかのかたちで結びついていなくてはならないし、山を仰いで、白黒のコントラストがはっきり見える適度のへだたりが必要で、さもないと馬や入道の造形にいたらない。

著者は高校教師のかたわら、民俗学のメンバーと新潟県内の雪形調査をした。グループであたらなくては不可能なのだ。春を迎えた一定の期間だけの現象であって、ほぼいっせいに始まり、いっせいに終わる。同じ山の雪形でも見る角度によってちがって見えるし、寒暖の変化で姿が変わってくる。

「日々の変化による雪形の名称の違いを持つ山もある」

名峰八海《はっかい》山の例でいうと、田打ちの形をしていたのが、八十八夜のころには田植え爺さんの雪形になり、六月になると豆蒔き爺さんに変身する。

調査の結果が「新潟県雪形一覧」にまとめてあるが、計一七三を数え、長野県の調査の五十三とくらべて断然多い。おそらく全国一だろう。名うての豪雪地方であるのに加えて米どころとして知られており、早くから自然現象を目じるしにする農事暦が使われてきた。

あくまで口づたえのカレンダーであって、「雪形」という言い方にしても昭和になって生まれた言葉だそうだ。それが全国に普及し、用語が定着したのとは反比例して「実際の雪形そのものは急速に地域から忘れられて」いく。自然に代わって科学が農事を管理し、もはや山と相談するまでもない。新潟県の民俗学研究グループが雪形調査にのり出したのは昭和五十八年（一九八三）のことだというが、いいときに着手した。雪形になじんだ世代がいなくなる寸前だったと思われる。
守門岳《すもん》、八海山、駒ヶ岳、万太郎山、米山《よね》、黒姫山、金北山《きんぽく》……。世に知られた雄大な山々の斜面にあらわれる紋章が幻のように美しい。「望見場所」が示してあって、手でなぞるかたちで図解がほどこしてあり、雪の風景に不慣れな者にも「逆さ男」や白牛、黒牛がくっきり見えてくる。

巻末に著者の現住所として、新潟県中蒲原郡村松町がしるされている。蒲原平野にあるもの静かな旧城下町で、城跡公園に立つと、遠くに五頭《ごず》連峰をはじめとする山並みが見える。初春のころ、いっせいに白黒のあざやかな紋章があらわれる。そんな風土が貴重な記録の産婆役をつとめたのではなかろうか。

『金毘羅信仰』

守屋 毅 編　雄山閣　一九八七年

全国にごまんとある山のなかで、四国の象頭山《ぞうず》はきわめて風変わりだ。讃岐《さぬき》の山々のおおかたがお椀をふせたようなおだやかな山容にあって、これ一つがズン胴の巨大な台形をしており、古人が幻想的な動物である象の巨体にみたてたのも、もっともなこと。

その山にふさわしく、山の神もまた異様である。世にいう「こんぴらさま」。昔は神仏習合して金毘羅大権現といった。通説によると、古代インドの神話にあらわれるバラモンの神クンピラに由来する。ひっそりと異国の神が祀られていたらしい。

それが江戸の半ばごろから、にわかに脚光をあびた。広重版画に天狗の面を背負ったこんぴら道者の絵があるが、大権現が天狗と結びつき、修験者姿の布教師が諸国を廻っていた。一応は海の守り神となっていたが、浪曲の「石松代参」が告げるとおり、種々さまざまな願掛けに応じている。日本の山岳宗教のなかで、もっとも特異で、ワケがわからず、それでいて至るところで見かけるこんぴら灯籠からもわかるとおり、津々浦々の庶民信仰にしっかり根を下ろしていた。

象頭山山頂の龍王池には菖蒲《しょうぶ》が生えている。呪力をもつ植物とされ、霊気と怨霊にかかわってきた。海村とひとしく山村に信仰がひろがったのはどうしてか？ 修験の山としての象頭山、江戸時代の大ツアー旅行のメッカであったこんぴら参り……。守屋毅編『金毘羅信仰』は十四人の学者がテーマを分担して、こんぴらの謎にとりくんだものだ。写真の一つでは木の樽をかついだ人が石段をのぼっていく。「流し樽」といって当宮奉納のブランド物だが、樽が聖遺物になったことにも奇妙な物語がのこされている。

「親分の代参で石松が讃岐の金毘羅さまに行って、刀を納めて請書《うけしょ》をいただき……」

虎造ブシでおなじみの一件も、デタラメではない。当人に代わって願掛けに行く代理詣の習わしがあった。少なくともこんぴらの神は代理の信心をこころよく受け入れた。信仰の請負人という、およそ世界の宗教に類のない制度が、象頭山ではこともなく通用していた。

「当山の天狗を金毘羅坊と名づく。之を祈り霊験多く、祟《たた》る所も亦《また》甚だ厳し」

いろんな古書が引用されていて、説くところ語るところ、てんでんバラバラ。論攷《ろんこう》を読めば読むほど諸説フンプンとして、なおのことわからなくなる。

「金毘羅とはサンスクリットのクンビーニの漢訳である。ガンジス川に棲息する鰐《わに》の神格化した名で、仏法の守護神として薬師十二神将の一であり……」

一神教のヨーロッパ人やアラブの人々は途方にくれるだろうが、日本人はつねづね、八百万《やおよろず》の神々と親しんできた。初詣はカミさま、結婚式はキリスト教会、野辺の送りはホトケさま。こんぴらさまは、まさに日本的信仰心の二つとない写し絵というものである。

『サルのざぶとん　箱根山動物ノート』

田代道彌　神奈川新聞社　一九九〇年

箱根に行くたびに「箱根叢書」を買ってきた。町が企画して、地元の研究者が執筆、地元の新聞社が出版。いかにも手づくりのあたたかみがある。『箱根関所物語』『箱根を歩く』『箱根の文学散歩』『箱根の昆虫』。『サルのざぶとん』は十五冊目で、「箱根山動物ノート」と添え書きがついている。著者は強羅《ごうら》公園箱根自然博物館の創立から、現場で動物たちと接してきた人。

風変わりなタイトルは、ある風聞にちなんでいる。箱根の北部、狩川《かりがわ》源流にすむ一群のニホンザルは、夜はほら穴で眠り、枯れ枝を集めてざぶとんを作っているという。サルは暗い場所を好まないので、ほら穴を寝ぐらにするなんて考えられず、ざぶとんを敷くなど万が一にもありえない――。いや、待てよ、田代館長は思い直した。「箱根にはそんなサルがいてもよい。そして、だからこそ、箱根の動物たちとの付き合いが、私には果てしがないのである」。

一つのことに打ちこむと、どんなに広い世界がひらけるものか。ハコネサンショウウオの今昔。箱根山をめぐるモグラの熾烈な領界争い。芦の湖のオシドリのこと。南足柄町の旧家につたわるニッポンオオカミの頭骨から「箱根犬」につながる考察。お山を挟んで対立する二種の蛙たち……。

どれといわずこよなくたのしいのは、動物たちの表情から息づかいまでもが、いきいきと捉えてあるからだ。箱根の山守り役には、もっとも親しい隣人たちにちがいない。そして「天下の嶮《けん》」が勇壮な詩語にとどまらず、当地が渓流魚のヤマメとアマゴの分布境界上に位置するとされてきたように、少なからぬ動物たちにとって、箱根が一つの厳しい「嶮」の役まわりにあることがよくわかる。

「私はひと気のない河原に、ひとりぼっちでこれらの調査をしながら、川も変わったという実感をいろいろ味わった」

最後の章は、早川にあてられている。山上の賑わいとは打ってかわって、荒寥とした風景だ。川底は釣り人の転がした錘《おもり》の傷だらけ。魚影はどこにもなく、とりわけ「異様」に思われたのは、河原で遊ぶ子供たちの姿が、まるでないこと。

くりごとといわれるのは覚悟の上で述べてある。幼いころカジッカをつかまえてダボ、ボウズ、タキタと区別するとき、子供心にそれぞれの生態を知ろうとしたし、目を輝かせて分類のしるしを見きわめようとした。あのころの「河原の分類学」の経験があってこそ、何であれ眺めるときの習性、自然観察の目をやしなってきた。

「……そして早川では、そろそろそのカジッカの名も、消えようとしている」

あらためて初めにもどると、きれいなカラー絵で「この本に登場する箱根の動物たち」が紹介してある。ハタネズミ、カヤネズミ、トノサマガエル、ダルマガエル、ウグイ、ウキゴリ、ボウズハゼ……。発行年からわかるが、当時は世をあげてバブル景気のピークであって、箱根山一帯も商戦たけなわ、観光行政まっ只中。たのしい動物談義が、この美しい山河を支えてきた優しい仲間たちへの挽歌としてつづられ、おさるさんのざぶとんを、そっと貢ぎ物にしたぐあいだ。

『照葉樹林文化とは何か　東アジアの森が生み出した文明』

佐々木高明　中公新書　二〇〇七年

「ショウヨウジュリン」という言葉だが、ほぼ日本語に定着したようだ。民族植物学の中尾佐助が、一九六〇年代から七〇年代にかけて、「照葉樹林文化論」を提唱したのがはじまりだった。戦後にあらわれた学説のなかで、もっともスケールが大きく、さまざまな分野に影響を及ぼした。地を這うような調査と、地道な実証にもとづくオリジナルな見方、考え方であったからだ。

それから四十年あまりがたった。共同研究者だった人が、あらためて照葉樹林文化論を整理し、問い直した。中尾佐助自身、自説を訂正したところがあったし、のちの学問からの批判も受けた。誤解がまじりこんでいるふしもある。もともと「完成し固定した学説」ではなく、いろいろ未解決の問題をかかえた「大いなる仮説」なのだ。批判があってこそ学問は発展する。その気持のいい見本にあたる。

多くの写真がついている。かつて日本人の暮らしにおなじみだった朝市、モチゴメを蒸して臼によるモチつき、アワの脱穀、チマキ、ナレズシ、ナットウ、酒壺、コンニャクづくり、土壁、法事の集まり、祭礼……。てっきり日本の風景だと思うのだが、タイの村だったり、ヒマラヤ地方の集落だったり、中国・貴州省だったりする。さらにカイコの利用法、漆の使い方、山に神を見る考え方。ヒマラヤから半月形を描いて西日本にまで及ぶ照葉樹林の風土と、そこに共通する人間の暮らしを見ていくと、東アジアの大きな文化圏が浮かんでくる。

照葉樹林文化論への批判や疑問は、多く稲作文化との関連から出されてきた。新しい学説は稲作の起源地を中国・長江中・下流域と推定していて、照葉樹林文化の中心とされた「東亜半月弧」と一致しない。従来の考え方の基礎が崩れてくる。ここでは最後の第三部が、照葉樹林文化と稲作文化をめぐる討論にあてられている。あらためて両文化論の位置づけ、課題が整理されていて、とてもわかりやすい。植物遺伝学、有用植物のデータベース、環境考古学の成果、それぞれの専門家がザックバランに語っている。

「照葉樹林文化というのは、旧石器時代にもあるわけですか」「いや、それは無理でしょう」「そこを聞きたいんです。つまり、照葉樹の生態系は旧石器時代からずっとあるわけですよね」「照葉樹林はね」「照葉樹林のなかで暮らしておれば、照葉樹林文化と言えるのか」「そうは言えないでしょうね」……

整理された学説をフィールドワークが確認することもあれば、裏切るケースもある。そのなかで「大いなる仮説」が、たとえ修正を受けても否定されることはなく、むしろなお深まりをみせていくけはいなのが興味深い。日本には神社が十万余あるといわれ、多くが鎮守の森をもっていた。そして鎮守の森の多くは照葉樹林であって、天然記念物に指定されている社叢《しゃそう》（神社林）四十数ヵ所のうち、一つをのぞいて、あとはすべて照葉樹林である。そこには必ずカミがいる。さまざまな祭礼行事にしても、大もとのところは強い血縁性をおびている。

暮らしがすっかり西洋化し、消費文化の点ではおそろしくアメリカ化して、つい忘れがちだが、日本人は東アジア人にほかならない。生活の細部を通して、自分たちのアイデンティティをたしかめることができる。

『山で唄う歌』

戸野昭、朝倉宏編　茗溪堂　一九五四年

ひところ、山には歌声が流れていた。グループの合唱が多かった。おなじみの「雪山讃歌」「フニクリ・フニクラ」「おゝブレネリ」「谷間の灯」……。リーダーが両手をこねまわすようにして指揮している。二部合唱になって交互に歌ったり、輪唱にうつったりの器用なグループもいた。汗まみれのからだを、ヒンヤリした山風とともに弾けるような歌声がかすめていった。

「最近、山へ登る人々、特に若い人々の間で、歌を唄う人が非常に増えてきた」もとめに応じて二人の編者が「比較的ポピュラーなもの」から選んだという。ドイツ民謡「我が山の家」、チロルの唄、チェコ民謡「おゝ美しい牧場よ」、スイスのエンメンタール谷で歌われてきたヨーデル、イタリア民謡、ドイツ学生歌など。まず全六十歌を収めた第一集が出た。歌詞は訳の添えられたものもあるが、つねに原詞が先にあるのは、オリジナルで歌ってほしい願いをこめてだろう。初版の出た昭和二十九年（一九五四）は、戦争が終わって九年目。イタリアの国境守備兵の歌の解説に述べてある。「兵と云っても何処かの国の兵隊の様に戦争商売だけと云ったものではなく……」。

　時代の影が見てとれる。敗戦国ニッポンがサンフランシスコ講和条約で独立をかちとって、やっとまだ二年である。人みな貧しかった。山の服装にしても、ふだん着のポケットに蓋をつけ、尻や膝のところを補強したのがまじっている。手拭いの鉢巻に地下足《た》袋《び》姿もいた。雨具はカッパがあれば上等で、降られたら濡れるものと思っていた。いで立ちは貧弱だが、気分は高揚していた。何よりも希望があった。一生懸命はたらけば暮らしはよくなる。いい社会になる。夢が実現する、美しい未来がひらけていく――。

　そんな高揚感に応じたのが、若者の登山ブームだった。気持のはけ口として、もっとも金がかからない。足代さえあれば、あとは手製の――あるいは恋人につくってもらった――おにぎり、それに若さのエネルギーで足りる。

　そんな背景のもとに生まれた「山の歌」だったのではなかろうか。リーダーがガリ版で歌譜を刷ってきた。手本にしやすいように、『山で唄う歌』の原詞もまた、わかりいいブロック体の手書きになっている。慣れぬドイツ語やイタリア語を書き写すとき、綴りのまちがいがまじりこんだが、そんなことはかまわない。インクの匂いのするザラ紙をくばりおえると、リーダーは深呼吸してから朗々とお手本を歌ってみせた。

いま、ある世代以上の元山好きのなかには、そんな甘ずっぱい思い出をもつ人がいるだろう。ともに歌った「フニクリ・フニクラ」が機縁で結婚したといったケースもあったのではなかろうか。昭和三十年代に入り最初の経済成長がおとずれ、国も人も大きく変化した。しだいに山から若者の姿が消えていって、風のように歌声が湧き起こることもなくなった。

『富嶽百景』

葛飾北斎　鈴木重三 解説　岩崎美術社　一九八六年

北斎は二度、富士山シリーズをつくった。先に錦絵で『富嶽三十六景』、ついで絵本として『富嶽百景』。二度の制作について一つの説がある。「三十六景」の好評に気をよくしていたところ、若い広重の『東海道五十三次』があらわれ、人気をさらわれかけたので、持前の負けん気からドーンと百景を世に問うた――。

「軽はずみな誤認に基づく単純な想像説」だと、解説の鈴木重三が一蹴している。発行年、また刊行者の事情からいって、ありえないこと。たえず画道精進を怠らなかった北斎であって、富士の主題を発展させ、表現に新奇、工夫をこらしたのが本になった。書林側が百花撰、名橋百景といった百モノを考えており、北斎がそれに応じて二つとない富士百態ができた。

そのとおりにちがいない。ページをくっていくとすぐにわかるが、季節、気象、方角、距離など、条件がかわるたびに千変万化のお山があらわれる。大胆なカメラアングルのもとに人間くさい情景が前面にあって、しばしば富士山は添え物だが、しかし、かなたの小さな三角があってはじめて成り立つ構造になり、どんなに変化しても全体の始まりは、その一点にあることはあきらかだ。絵であれ写真であれ、おしなべて富士山シリーズは退屈なものだが、発想の妙、構図の大胆さ、画想の尽きないところ、さすが画狂老人である。ながめて少しも飽きず、見るたびに新しい発見がある。

三国一の名山から「不二」の字をあてて、快晴の不二、木枯の不二、海上の不二、不二の麓、月下の不二、貴家別荘砂村の不二、隅田の不二、橋下の不二、山気ふかく形を崩の不二、海濱の不二……。ときおりご愛嬌があって、思いがけないところに奇趣がほどこされ、伝説や歴史的エピソードが仕込ませてある。どんなに誇張し、変化させても、必ず一つの絵にまとめあげる造形力の強靱さに目を丸くする。

もとより天才北斎の力だが、いくぶんかは山自体が力をかしている気がする。日本人にとって富士山は単に一つの山というだけではないからだ。国そのものの象徴にもなるし、ふるさとにひとしい憧れの対象になる。遠い昔から信仰の山として崇められ、信者でなくてもうやうやしく遥拝した。同じ人が三十三度、あるいは八十八度、登ることもある。カレンダーや迎春のポスターに用いられ、マッチのラベルを飾ってきた。日本人は幼いころから心の底にイコン（聖像）のようにして富士山をもっている。

『富嶽百景』は北斎画の見本帳であるとともに、日本人と「母なる山」のスナップの集大成というものだ。この山を背景にすると、どのような風景もピタリと構図がきまって安定する。農夫、猟師、商人、職人、日常の女たち。どのように慌しい瞬間にも、かなたに小さく富士山がのぞくと、にわかに汗くさい現実が消え失せて、この世の仙境に入っている。まさしく霊山の力である。

『窪田空穂随筆集』

窪田空穂　大岡 信 編

岩波文庫　一九九八年

窪田空穂《うつぼ》（一八七七―一九六七）は歌人、国文学者として知られているが、三十代から四十代にかけては小説家、紀行作家だった。信州の生まれであって、山には幼い頃から親しんできた。「乗合馬車――富士五湖めぐり」「富士の山腹」「裾野と人」など、一連の富士山をめぐる紀行文があって、いま読むと非常におもしろい。誰も書かなかったようなディテールがしるされている。

「私たち二人は甲斐の大月駅で汽車を下りた」

大正のはじめであって、富士山に行くには大月から馬車に乗った。電車のボディーを小さくしたようなスタイルで、御者も車掌もシャレた洋服を着ている。スイスの登山電車のようなつくりだったらしい。ただ馬が厄介で、御者がいかにすかしても動こうとしない。

「畜生！　いやな眼つきをしていやがるな！」

乗りなれた人はひと目で馬の性分がわかったようだ。それでも走り出すと機嫌をなおして、「踵《かかと》を鳴らし、鬣《たてがみ》を振って、爪《つま》さきあがりの路を一散に走り続けた」。広大な裾野を、まっしぐらに上がっていく。

「富士山麓での古駅だという鳴沢へ着いた時は正午だった」。現在の鳴沢村は別荘地だが、当時は桑畑と麻畑のつづく小さな集落だった。「私たちはここから富士登山をしようとしていた」。

なんともノンキな話で、鳴沢からも富士山に登れると聞き、「出来心」で思い立った。馬子が案内者を探しにいったが、どこも蚕に忙しい。やっと「賃銭次第」で応じてくれる男が見つかり、空穂と友人ひとりの三人登山が始まった。お昼の握り飯を食べたあとの遅い出発で、さしあたりコミカドを目標にした。三合目の小御門神社で、ゆっくり行っても三時までに着くだろう。

かなり登ったところ、道がなくなった。薪《まき》を背負った人によると、方角が大違いだとか。案内人に詰問すると、「一度行ったことがある」だけで、それもだいぶ前のことだという。ほとんど崖のようなところを這い登っていると、「誰かが叱りつけるような声」

がした。疲労と不安による幻覚である。さんざん迷ったあげく六時になった。案内人の言うには、このままお供をすると自分は村に帰れないので、ここで失礼する。銀貨を受け取るやいなや背をこす青萱をかき分けて姿を消した。野宿するにも汗みずくで、食料も水もない。そのあと「山路ってものは非常に合理的に付いて」いて雨水の流れる沢を下れば里に出るの一念で、道なき道を下っていく。その間、二度ばかり幻覚を聞いたり見たりしたが、その間のセリフ。

「こういう経験もいいにするんだね。あ、虫が鳴いている」

昔の富士登山というと、笠に白い行衣《ぎょうい》、脚絆《きゃはん》にワラジ姿を連想するが、それは富士講の信者であって、一般の人はごくふつうの日常着で登っていたようだ。古写真には、下駄を足にくくりつけた青年が写っている。いで立ちについて空穂が何も書いていないのは、いつもと何もちがっていなかったせいと思われる。ただチラッと傘が出てくるから、コーモリ傘をストックにしていたらしい。

『にっぽん妖怪地図』

阿部正路、千葉幹夫 編

角川書店 一九九六年

京の都、鞍馬の奥には鬼が出没した。奈良の寺々には「猫また」が巣くっていた。江戸の巷には「ぬっぺらぼう」があらわれ、家々には「屏風のぞき」が棲みついている。日本個有のお化けや妖怪をめぐる書物を集めると、図書館ができるだろう。時代を問わず、絵師たちは百鬼夜行図を描いてきた。怪談ばなしは数知れない。

山に棲む妖怪、野にひそむ妖怪、海におなじみの妖怪、川にいる妖怪、人里にあらわれる妖怪、家に棲みついた妖怪。ここでは妖怪たちが居場所によって区別されている。柳田國男が幽霊と妖怪の違いについて、「幽霊は人を目指して移動するもの、妖怪は一定の場所に留まりつづけるもの」と規定したのに従っている。天地ことごとくを歌川国《くに》芳《よし》、河鍋暁斎《きょうさい》、長沢蘆雪《ろせつ》、鳥山石燕《せきえん》、高井鴻山《こうざん》など妖怪画の手だれたちのポートレート

で埋めつくしたところが異色である。

妖怪たちのルーツをさぐっていくと、日本の自然に行きつくだろう。この国土ときたらモンスーンの北限にあって、気候は不安定だし、四季がはっきり変化して、地上のフローラは亜熱帯型と亜寒帯が入りまじり、旺盛な繁茂と消滅をくり返す。山々の起伏の複雑さと景観のめまぐるしさときたら、大陸の風土に育った人間なら、唖然として言葉を失うにちがいない。

古人はそんな国土への畏怖と恩恵を、妖怪の名で擬人化したらしい。そのせいか命名にひとしおの味があって、天界にあっては天狗や「かまいたち」や松明丸《たいまつまる》。山にはおなじみの酒顛童子《しゅてんどうじ》、口が耳まで裂けた山姥《やまんば》、顔のまん中に目が一つの山童《やまわらわ》、「覚《さとり》」というヘンなやつは、人間がいま何を思っているか即座に読みとって先まわりする。

命名の点では、やはり人里グループがとりわけ秀抜で、火消婆、小雨坊《こさめぼう》、雨降小僧、ぬらりひょん、のぞき坊、赤がしら、あすこここ、いが坊、豆だぬき……。ぬらりひょんは妖怪の総元締というが、名前の示すとおり正体がまるでわからない。はるか上から、やにわにのぞくのがのぞき坊。あすここは、いまここにいたかと思うと、次にはあすこの神出鬼没。いが坊とは何か？　全身イガイガで、どうやらいが栗の化身らしい。

河童が好きだった折口信夫によると、「妖怪はもとは神であって、神の零落した姿」

だという。ヨーロッパではキリスト教に追い払われて山野の神々は早々と消滅したが、巻末の「日本妖怪出現年表」に見るとおり、こちら東洋の島国では、「草木がものを言った」神代のころから、群妖がみちみちてきた。仏教伝来後も各地につつがなく存続。自然と人間の合作によるバケモノという名のイキモノは、どんなに恐ろしげな姿をしていようとも「一つも悪意をもっていなかった」点がユニークである。あやかしのものでありながら、人間に悪をなさない妖怪というのは、文化史的に見て世界に類がないのではあるまいか。

出現年表のしめくくりがうれしい。妖怪は「いよいよその数を増して跳梁しつづけている」が、それは文明の世が妖怪じみて悪ラツになったまでのこと。そのため真の妖怪たちの出現は明治元年をもって閉じられている。

『富士山に登った外国人　幕末・明治の山旅』

山本秀峰、村野克明 訳　露蘭堂　二〇一二年

時節がら富士山関連本はいろいろ出ているが、そのなかでも出色の一つである。日本人の聖山に初めて足を踏み入れた西洋人ラザフォード・オールコック（初代駐日イギリス公使）に始まり、お雇い外国人教師、イギリス人農芸家、アメリカ人天文学者、「日本アルプスの父」ウェストン、イギリス人の風景画家、ロシア人植物学者など計九人の登山報告が収めてある。

あざやかな選択である。女人禁制撤廃のきっかけになった西洋人女性のケース。また日英女性グループの富士登山を記録した珍しい一つも訳されている。父は日本人、母はイギリス人で英国生まれ。来日後、政治家で「憲政の神様」といわれた尾崎行雄（咢堂）と結婚。英語でつづってロンドンの冒険・スポーツ雑誌に発表した。読者の興味をひく

ためだろう。編集者は「ある少女のフジヤマ登山」のタイトルをつけ、「日本の名高い霊峰の頂上を極めた」のキャッチフレーズをつけた。

共通して一つの時代精神といったものが見てとれる。長い鎖国から門戸を開いた神秘の国への関心と、その国の聖山とされる山への燃えるような好奇である。「ついにわれわれは名高いフジヤマへの巡礼の道にはっきりと乗ったのだ」（オールコック）。

出発するにあたり、初代駐日公使は、はやる心を抑えるようにして江戸から見える富士山をスケッチした。街道、宿駅、川渡りなど一つ一つつづっていく。現地のようす、要した費用、役人と民衆のかかわり。判断するにあたり注意深く見きわめ、珍しいことは克明に書きとめた。土地の人から直接買ったスイカはあきれるほど安いが、「政府の役人や護衛たち」にたのむと、数倍も高くなる。ピンハネ、虚言癖、「ことごとく事実を外国人からかくすことがかれらの仕事なのだ」。プロフェッショナル外交官の目が興味深い。

絵心のあった人らしく、刻々と近づいてくる富士山のスケッチもしているが、やたらに急峻な山として描かれている。冷静な外交官にも待ち受けている冒険への緊張が、より険しくみせたのではあるまいか。

その点、風景画家はきちんと全容を見て、雄大な裾野をひろげる姿を正確に描きとめた。明敏にも彼は、まわりに並び立つ山がなく、頂上が峨々とした噴火口であることを知っているせいで、「フジは押しつけがましいほど高く見える」ことをわきまえていた。

初期の積雪期に富士登山をした農芸家は、行く道筋の土壌、耕作用の手すき、耕し方などこまかく観察している。山小屋はすべて閉鎖され、雪に埋もれており、屋根にすわって休みをとった。頂上の旧火口の深さが気になったのだろう。石を投げ入れようとしたところ「祈禱の文句を唱え」ている案内人に阻まれた。

アメリカ人青年教師は、季節はずれだと人からいさめられたのに仲間と出かけ、ひどい嵐で小屋番がとめたのにとび出していった。命からがら下山にかかり、ようやく麓の村にたどり着いて熱い風呂に入った。「二十一時間をほとんど休むことのない労苦を耐え忍んだ」というが、今も昔もアメリカ人はたくましい。

『星の文化史事典』

出雲晶子 編著　白水社　二〇一二年

山で見る星はピンポン球のように大きい。まさしく満天の星であって、光の砂をまきちらしたかのようだ。天の川が白い太い帯になってのびている。ところで大いなる天界のにぎわいに対して、人間の反応はいたってお粗末である。

「オッ、すげェー」

「アラ、きれい！」

これでおしまい。「ワー、寒い」などと肩をすぼめながら山小屋に駆けもどる。

「星の文化史と名付けたが、つまり星の文化なんでも雑学事典である」

世に事典は数多いが、これほどたのしいものは珍しい。今日は「あ」の項、明日は「い」の項とたどるだけで、五十一日たのしめる。「ん」の項もあるからだ。「ンマノフシ」と

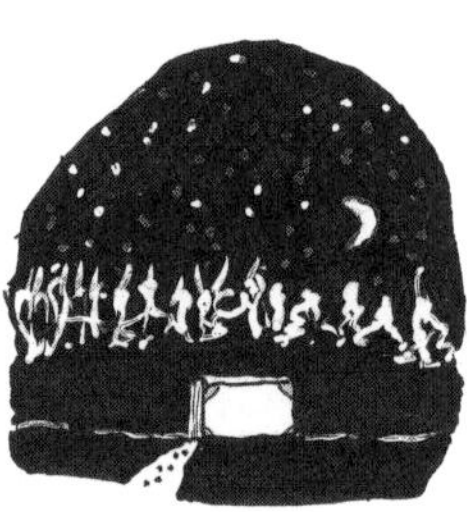

いって、琉球の言葉で午《うま》の星。アクセントまではわからないが、南の島にあって、南方に明るい星が見えるとき、「ン」で始まる名があてられたのが愉快である。出典は野尻抱影『日本星名辞典』。末尾にきちんと示されている。編著者は大学を出て、横浜こども科学館のプラネタリウムに勤めていた。よりわかりやすく、よりおもしろく星の世界を紹介するために、どっさり本を読み、見つけものを蓄えてきた。

「天の川は息から生まれた蒸気」

アメリカ・インディアンのセミノール族にとって、天の川は創造者が空に向かって息を吐いたしるしなのだ。同じ天の川がインドネシアでは「位置を変える巨大な蛇」であって、旅人は季節ごとにその位置を確かめながら道をすすむ。アフリカのマサイ族には「牛の道」、バスト族には「神々の道」、アマゾン流域のティンピラ族には「巨大なダチョウ」、天の川を「死者の道」とみなしている人々もいる。「天の川は」で始まる項目が三十近く並んでいて、地球人の多様さを示している。

旧暦八月十五日は「中秋の月」。月見の風習が日本全国にあるが、その夜、鹿児島では、集落ごとに子供が相撲をとる。あるいは綱引きをする。綱引きのあと「ソラ　ヨイ」という踊りをはさみ、相撲にかかるところもある。あるいは水神の祠の前で踊ったり、明るい南方の夏の夜にはいろんな習わしがつたわっていた。

事典のたのしいのは、お目当ての一つから、そのとなり、またとなりと項目をうつっていけることだ。「十五夜」の前が「十九夜塔」で、あとに「十三夜」「十三夜塔」「十七夜塔」「十八夜塔」。ためにし二十の「に」にとぶと、「二十夜塔」「二十一夜塔」「二十二夜塔」「二十三夜塔」「二十六夜塔」……月待ちの信仰にちなみ、祠の前や道ばたに石碑を立てた。いまでもあちこちに雄渾な文字が刻まれた碑がのこされている。それぞれの夜に観音や明王といった本尊がいた。地区の人が講を組んで夜ぴいてお参りをする。おおかたが女人講で、女だけの親密なサロンだった。かつての日本人は、いかに月に親しんで生きていたことだろう。

さすがに三十夜塔はないが、「サンジュウサマ」はある。埼玉の農家では、サンジュウサマが縦になったら、夜なべ仕事を終わりにした。いとも優雅にオリオンの三つ星をタイムレコーダーに使っていた。

『日本の食風土記』

市川健夫　白水社　一九九八年

北上山地の「お茶餅《ちゃもち》」。小麦粉の皮でオニグルミと砂糖味噌の具をくるみこんで蒸かしたもの。ところによっては「ヒウチ」ともいうようだ。甲州梱原《ゆずりはら》のジャガイモの煮ころがしは小つぶで皮つき、土地の人は「セイタのタマジ」といって、小さい芋のこと。あるいは信州の山里におなじみの「お焼き」。もともとは囲炉裏で焼いたのでこの名がついたのだろうが、当今は蒸《む》し器で蒸すようだ。

たいてい山から下りてきて、すきっ腹でとびついた。蒸したてのあつあつに舌を焼きながら一気に呑みこんだ。喉がふるえ、胃袋がわないていた。健康と空腹のもたらす味覚であって、全身がふるえるほど旨いのだ。二つ目、三つ目。やっとお腹が落ち着いて、味を識別した。小麦粉と思っていたのがソバ粉だったり、トチの実の粉だったりした。焼餅とよばれるが、正確には饅頭《まんじゅう》にあたるのかもしれない。

「焼餅はうどんよりカロリーが高いので、働く人がよく食べた。特に朝食に焼餅を食べる人が多かった。携帯食にも適したので、通学する子供に弁当代わりに持たせた」

赤米、紫米、雑穀食、荏胡麻《えごま》、木の実、食用菊、木曽のスンキ漬……。古くから日本人が食物として改良をかさね、代々にわたり常食にしてきた。とりわけ米のとれない山国で、「郷土食」とよばれる豊かな食文化がはぐくまれてきた。個々の起源を求めても、昔からという以外にわからない。山野に自生するものを巧みに生かして工夫するなかに、いつとも知れぬころに形から色ぐあいまでととのえ、人々の暮らしを支えてきた。ときにはハレの日の食べものとして生活をいろどってきた。

「経済の高度成長を通じて、日本人の生活も豊かになり（……）同時に伝統的な和食は急速に消えていった」

甲州棡原は「長寿村」とよばれていた。水田の乏しい中山間地帯であって、主食は「御麦《おばく》」という麦飯。米よりも大麦がずっと多い。季節に応じて、そこに地ダイコンやインゲン、アズキをまぜた。小腹がすくと「セイタのタマジ」でつなぐ。夕食にはカボチャをいれたホウトウ（ぶちこみ饂飩《うどん》）。

甲州東部が東京の通勤圏内に入り、都内へ通う人が多くなると、食生活も大きくかわった。「セイタのタマジ」よりもハム、ソーセージであって、ホウトウにかわり焼肉。とたんに平均寿命がグンと下がって「長寿村」は名ばかりになった。

「山間部で自家用に作られていた荏胡麻の栽培が消滅していくとともに、アトピー性皮膚炎が蔓延していった」

古くからの作物が衰退するとともに新しい現代病が登場した。『日本の食風土記』がつづられたのは、一九九〇年代前半であって、まだ辛うじて風土が生み出した食材があり、土地に独特の調理法が伝わっていた。その後、旧来の食の担い手が世を去るにつれて、食の風景が激変した。「食風土記」を通して、まざまざとあぶり出されてくる。この日本国はまこと類のない国であって、世界中のあらゆる料理をそろえながら、祖父母や父母が日常に食べていたものは、あとかたもない。しかも自分たちの日々の食材の半ば以上を外国産に負っているのである。

『山に生きる人びと』

宮本常一　第二刷　未来社　一九六八年

明日は山へ入るという前夜、山里の囲炉裏ばたなどで耳にしたことはないだろうか。かつて奥山に木地師《きじし》の集落があったとか、焼畑農業と狩猟で暮らしている人々がいたとか——。「今はどうですか?」とたずねると、今はもういないとのこと。あまり話したくなさそうなので、それ以上は問わなかった。焼畑の跡という辺りはおそわったが、わざわざ足を運んだりはしなかった。

「日本に山岳民とよばれる平地民とはちがった民族が存在したかどうかということについて、私は長い間いろいろ考えて見て来つつ、最近までそのまとまったイメージについて頭に描いてみることができなかった」

宮本常一が「推定」「試論」と断わった上で、『民族学研究』誌に「山と人間」を発表したのは一九六八年である。六十一歳のときであって、長い躊躇ののちに「いわゆる山岳民が存在したであろう」と考えるようになった。双書『日本民衆史』の一冊として『山に生きる人びと』を出したとき、第二刷（一九六八年）の末尾に付録として収録した。その付録にさらに付記をつけ、現在の考えをまとめたまでで、「実証は今後にある」と述べている。もしかすると試論のよび起こす反応に、多少の懸念があったのかもしれない。

日本国中くまなくといっていいほど歩いた人であって、試論のペンをとったとき、すぐさま記憶にもどってきたのだろう。四国のあちこち、九州の米良《めら》、椎葉《しいば》、五家荘《ごかのしょう》、五木《いつき》。南九州には八重《はえ》という名称の地がたくさんあり、標高八百から一〇〇〇メートル以上の山の中腹以上に分布していて、畑または焼畑で暮らしをたてている。「隼人」はもともと八重に住む人の意であったともいう。

伊那の下栗《しもぐり》は下の谷から上がって村をひらいたのではなく、東の大井川の方から赤石山脈をこえて来たらしい。人の移動を見ていくと、「山中の人がかならずしも川下の方から谷をたどって奥へ奥へとやって来て定住したとは考えられない」ケースが少なくない。もし水田地帯から山中に移ったのであれば、きっと水のあるところを見つけて稲作をしたはずなのに、畑作を主として生計をたてていた集落は、水が得やすく稲をつくりやすい土地を選ばなかった。平地の水田耕作村とは、およそ「生活のたて方」がちがっていた。だから平地の人は山中の村を、自分たちに共通する世界とはみなさなかったのではなかろうか。

山中にあって文明におくれていたのではなく、暮らしの基盤そのものが大きくちがっていたことを、宮本常一はくり返し述べている。戦前の調査によれば焼畑のおこなわれていた土地は全国に分布して、驚くほど広かった。人が思う以上に多くの「山岳民」がいたからではなかろうか。中世にあって、山を舞台に活発な活動を示した記録もあり、それが近世に入り徹底した討伐を受けた。隼人のような戦闘的で勇敢な武士団が多く山間や山麓台地に発している事実を、どう考えていいのだろう。ごく抑制した書き方ながら、ゆたかな体験にもとづく推論が刺激的だ。ヒタヒタと峰をわたる山の人の足音が聞こえてくる。

『植物一日一題』
牧野富太郎　東洋書館　一九五三年

　戦争が終わって丸一年の一九四六年八月、植物学者、牧野富太郎（一八六二―一九五七）は思い立った。「一日に必ず一題を草し」て百日つづけよう。自分できめたところをきちんと実行して、百日目に百題を終えた。このとき八十四歳。のちに草稿をこまかく検討して九十一歳のときに本にした。

「馬鈴薯とジャガイモ」「キャベツと甘藍《かんらん》」「昔の草餅、今の草餅」「茶の銘玉露の由来」などはじめに飲食の植物が多いのは、三食にもこと欠いていた焼け跡、闇市時代のせいかもしれない。

「ジャガイモに馬鈴薯の文字を用うるのは大変な間違いで……」

「キャベツ、すなわちタマナを甘藍だというのは無学な行為で……」

のっけからお小言が出るのは、植物学者としては我慢のならない誤用が横行しているからだろう。言ってもせんないと思いつつも、間違いを正さずにいられない。

「イチョウの精虫」のところで、植物学界における世紀の発見を述べている。イチョウに精子、つまり精虫があるということ。世界的な発見をしたのは、いかなる学者でもなく、東京大学理学部植物学教室に傭《やと》われていた一画工だった。ふつうなら直ちに博士号をもらえるはずだが、「たちまち策動者の犠牲」となって、江州彦根の旧制中学教師にとばされた。

牧野富太郎その人についても同じようなことが言われてきた。小学校中退の学歴のため、東大でも終生講師のまま。学者として不遇であったが、独力で念願とした日本産植物の集大成をなしとげた――。

まちがった見方である。それは大学や研究所の価値や権威を前提にしており、牧野自身、そんなものは一切頼りにしていなかった。東大の植物学教室に出入りしたのは、文献と情報を自由に使えるからであり、論文発表の場がひらける。大学行政は助教授以上となっているので、講師のままでいれば一切の雑務から免れていられる。研究一筋のかたわら啓蒙書や講演で十分な収入があった。自分の学問のためにアカデミーを、この上なくあざやかに利用した人だった。

何よりも「一日一題」のたのしさが、知恵と若さを示している。愚かな戦争によって一面のガレキと化したが、春が来ると樹木は芽を出し、草花は旺盛に繁り、秋になるとタネをつける。インゲンマメ、ヒマワリ、グミ、サネカズラ、ゴンズイ……。ときには学術的な述べ方をしても、野にある生き物たちへの深い愛情と敬慕が手にとるようによくわかる。一日一つの宿題を自分に課したのは、荒廃した国土への再生の祈りでもあった。写生の美しさと独特のユーモアが、この明治人間のたくましさを伝えている。

植物は誠実にして公正であって、精虫発見の材料になったイチョウの大木は、その後も小石川植物園でテイテイと枝をのばし、「策動者」の手でとばされた人に、十数年後、学界最高の栄誉をもたらした。それというとき、小躍りするようにして「宜《む》べなる哉《かな》」と添えるところがほほえましい。

『日本之山水』

河東碧梧桐　公文書院　1916年

俳人河東碧梧桐《かわひがしへきごとう》（一八七三―一九三七）は子規門下で俳誌『ホトトギス』のリーダーだったが、より徹底した「実感と写実」を唱え、自由律俳句に転じた。と同時に大正・昭和初期における屈指の旅行家、登山家であって、当時の日本各地、また山河のたたずまいを、独特の饒舌体で書きとめた。

山と溪谷社編『日本登山史年表』には、大正はじめのところに二度にわたり出てくる。一九一三・大正2（7下旬）北ア、黒部川、猫又谷遡行～猫又山～白馬岳。西尾長太郎（案内人）、ポーター2名。「猫又谷から清水平に達した初めての記録」とある。一九一五・大正4（7／14～22）北ア、針ノ木峠～烏帽子岳～槍ヶ岳。四年前の榎谷徹蔵らの縦走に次ぐ記録で、碧梧桐のほか新聞記者・文筆家長谷川如是閑《にょぜかん》、理学博士一戸直蔵が同行。「ワラジ150足を必要とした」。

こんな記録からも、ウェストンや田部重治《たなべじゅうじ》、冠《かんむり》松次郎らと同じ世代の山の語り手であったことがわかる。『日本之山水』は、まさに「ワラジ150足」の只中の文章を集めており、明治生まれ特有の大げさな山岳論にはヘキエキさせられるが、こまかい記述はいまなおたのしく読める。当時、地図ではほとんど空白だった猫又谷で行き悩み、やっと道筋が判明したくだりだが、案内人長太郎が生気をとりもどしたふうに力強く言った。

「ワシャやっと見当がついた、その瘤が猫の踊り場に違いなェ《ママ》……すると、この谷を右にとって行きゃァ……もうこっちのものですぞ」。

とたんに我慢して秘蔵してきた結飯《むすび》にとびついた。ポーター二人は先にたいらげている。それはわかっていたが「空腹の絶頂と前途の安心を得た強度の食欲は、食う物を持たぬ人々に懸念する余裕を持たなかった」という。多少ともまわりをはばかりながら、にぎりめしにむしゃぶりついている姿がありありと見えてくる。

碧梧桐は俳人として以外にもジャーナリストとして政治や社会問題を論じたし、能や書にくわしく、蕪村研究家でもあった。「実感と写実」を主張したように、人また自然の描写がリアルで的確である。富士山を語った大半が情緒的な美文であった時代に、山中湖畔から見た富士山の頂上に向かって右肩の「殆んど直角的に裁断せられたような画然たる線の強さ」を力説している。その強さがあるからこそ頂上から一気にのびる稜線が生きているというのだ。その富士こそまことのお山であって、山麓は「劇場の桟敷」のようなもの、とするとそこに「富士裾野開墾株式会社」がのさばっているとしてもやむをえない。

桜島について書いた直後に噴火のニュースがとびこんできた。歴史年表にあるとおり安永八年につぐ大噴火とされるもので、すぐさま地元の人からの便りを紹介するとともに「実況を精写する文章」を手配した。そして入手した「桜島爆発当時の状況　南蠻生」という報告の全文をそっくり自分の本に収録した。趣味的な本づくり、また『日本之山水』のタイトルも古色蒼然としているが、その記述には百年前のルポルタージュ精神といったものが、いきいきと脈打っている。

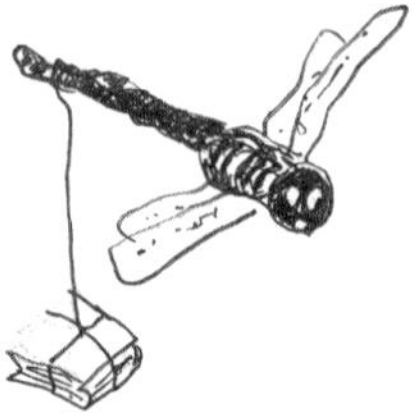

『日本アルプスの登山と探検』

ウェストン　青木枝朗 訳　岩波文庫　一九九七年

ウェストンはつねづね「日本アルプスの父」といわれる。これがいけない。レッテルですでにわかっているような気がして、人はそれ以上を知ろうとしない。ブロンズのウェストン像とはなじんでいても、著書を開いてみようとは思わない。

幕末から明治にかけて多くの外国人が日本を訪れ、帰国したのち本を書いた。「神秘の国ニッポン」に好奇の目がそそがれていて、その旅行記、滞在記が出版社にとってドル箱であったからだ。ウェストンの『日本アルプスの登山と探検』（一八九六年）はそんな一冊として世に出された。日本ブームの終了とともに大半の類書が消え失せたなかで、これは数少ない古典となった。異文化体験を述べるにあたり、山岳と風土という明快な視点をもち、観察がいきとどいていて、上質の英語でつづられていたからである。

えていた。

のみならずウェストンには、ほかの体験記にはまずもって見られない一つの特質をそなえていた。

ウォルター・ウェストンが初めて日本へ来たのは明治二十一年（一八八八）のこと。イギリス聖公会宣教師としてである。このとき二十七歳。布教の仕事が日本の山に登るための便宜的なものだったのは、二年後に宣教師を辞職、かわって登山を本格化させたことからもわかる。明治二十四年（一八九一）、浅間《あさま》山、槍《やり》ヶ岳、木曽駒《きそこま》、天竜川下り、富士山。翌年は富士山、乗鞍《のりくら》岳、笠《かさ》ヶ岳、槍ヶ岳、赤石《あかいし》山、富士川下り。その次の年は恵那《えな》山、富士山、針ノ木《はりのき》峠、笠ヶ岳、穂高《ほたか》岳、天竜川下り。明治二十七年（一八九四）は大蓮華《おおれんげ》山（白馬岳）、笠ヶ岳、焼《やけ》山峠、常念《じょうねん》岳、御《おん》岳、身延《みのぶ》山、富士川下り。さらに一応の打ちどめとして富士川―糸魚川、南北縦断の旅をした。その年に帰国し、雑誌や会報に発表してきた紀行記を集め、『日本アルプスの登山と探検』を刊行。あきらかに日本にいるときから出版を考え、無名の書き手でも出版社が乗り気になるように周到な準備をしていた。日本人の「聖なる山」富士を中心にして、謎めいたエピソードにつつまれていたり、「行者」とよばれる特異な信仰者の往来する山をめぐり歩いた。その際、つねに川をまじえて、「日出《い》ずる国」の山河と、そこに生きる人々を語っていった。

湯治宿ではノミと酒盛りの乱痴気騒ぎに悩まされたが、夜が明けると、何ごともなかったように山に向かった。信州人嘉門次《かもんじ》をはじめ、山案内をたのんだ人びとたちを通して、日本人の考え方、行動、習俗をくわしく知った。村の人々の家と暮らし、川と橋、日常にカミサマを見る信仰、子供の遊び……。目を輝かせて観察した。

日本へ来る前にウェストンはスイス・アルプスに親しみ、マッターホルンなど代表的な山々を登っていた。スイスの山里が観光ブームのなかで急速に素朴さを失っていくのも目のあたりにしていた。

「幾日も山歩きをしたあとで、フロ（風呂）の次にうれしいのは何といってもこの按摩である」

山の町で按摩の笛を聞きつけると、ウェストンはいそいそとよび寄せた。盲人に独自の手職の場を与え、自立の道を用意している日本社会の知恵に驚嘆しつつ、「とろけるような気分」になって眠りこけた。山にあっては嘉門次らの経験と知識を重んじて、決して本場アルプス流を押しつけなかった。前近代的な暮らしの習俗を珍しがりはすれ、文化の優劣は少しも考えなかった。ここにはまことの教養人による異国体験が、文化に欠かせない軽妙なユーモアをまじえてつづられている。

『伊予の山河』

畦地梅太郎　平凡社　二〇〇三年

伊予は愛媛県の旧国名。当地では県の南部を「南予《なんよ》」と呼ぶ。版画家畦地梅太郎の生まれたところであって、地勢に特色がある。山並みが複雑に入り組んでおり、総じて北側は高く突きあげ、南側はゆるやかにのびている。山と山とのあいだの奥まったところに集落があり、水田は無数の段をつくっていて、一戸あたりの面積が小さい。分家できないので二男以下は村を出て行く。畦地家の三男梅太郎も十六歳のときに生地をあとにした。

『伊予の山河』は昭和三十五年（一九六〇）、郷土の愛媛新聞に連載したもので、村を出てから三十五年あまりたっていた。その間、畦地梅太郎はさまざまな遍歴をしながら創作版画の世界で頭角をあらわし、とりわけ山と山男を独自のスタイルで描いて「山の版画家」といわれるまでになった。

「新聞社の好意で、道後のK別館へ泊まった」

ながらく赤貧の暮らしをつづけ、名をなしたのちも、つましい生活そのものはさしてかわらない。泊まりつけない一流旅館をあてがわれ、部屋に通されても「おどおどしてさっぱり気持ちが落ち着かなかった」。

乗り物は、これも新聞社さしまわしの運転手つきジープ。おりしも開拓が始まっていた大野ヶ原を訪れた際、働いている人の目が気になってならない。汗水流している人々のそばをジープで走り上がるなんて「反発を感じはせぬか」と案じてしまう。

松山、道後、郡中、内子町。北から南へ下っていく。南予に近づくとともに緊張が薄らいだぐあいで、見る目がしっかり地に着いていく。やはり町より山がいい。大野ヶ原は若いとき東京から逃げ帰ってくるたびに歩きまわった。森を抜けて峠を越え、清水の湧くところで一面のワサビを見つけてリュックにいっぱいとって帰った。

「以前歩いたあたりがどう変わっているだろうか」

歩きたいのだがジープが待っている。昭和三十年代は戦後経済の最初の高度成長まっ只中で、いたるところにブルドーザーがうなりをあげ、記憶にあった風景が消えかけている。あるいはすっかり変わってしまった。昔の木組みに白壁の家にかわり、安っぽいペンキ塗りの建物がわがもの顔に並んでいる。南予の中心都市宇和島は、梅太郎少年が小学校の遠足で山に登り、遠くに広い海と大きな町を見たところだ。「海というものも、集団になった家屋というものを見たのも、そのときが、生まれて初めてであって、なんというか、雲をつかむような、憧れを、それとなく感じたものだった」。憧憬を知った町を語る章のタイトルに添えられている。「何一つない昔の面影」。

なんとも風変わりな故郷風土記である。幼くして立ち去った郷里を歳月を経て巡りあるく。愛情こめて語るはずの風物が行方知れずで、経済的繁栄という名の山河破壊がとめどなく進行している。気のやさしい版画家は郷土の新聞社のためにも晴れやかな風土記をつづりたいのに、もって生まれた誠実さと真実愛がペンの虚飾を許してくれない。古いもの、伝統的なものを惜しげもなく投げすて、昭和三十年代を境に日本は一挙に醜くなった。『伊予の山河』は口ごもりながら、期せずしてその証言役をつとめている。最終章は、十六歳の少年が郷里を出た港の風景で、朽ち果てた桟橋と、「人の影も見当たらない寂しさ」で結ばれている。

#『甲斐の落葉』

山中共古　郷土研究社　一九二六年

山中共古《きょうこ》（一八五〇──一九二八）は江戸四谷、幕臣の家に生まれ、早くに英学を修得。二十四歳のときメソジスト派の宣教師から洗礼を受け、その後はプロテスタントの牧師として布教に従事した。略歴をたどると明治期の洋学派の人だが、かたわら実にフシギな記録をのこしている。甲府の教会に赴任したのは明治十九年（一八八六）のことで、六年間の在任中にことこまかに書きとめた。

「柳塔婆ノ圖《ず》／表ニ戒名ヲ書キ裏ニ如圖ヲ書ス／草木国土悉皆成佛」。あるいは「疱瘡《ほうそう》神送り《がみ》」「商人の呼聲《よびごえ》」「足袋《たび》何文トイフ符帳」「初買ト達磨《だるま》賣リ」「井戸ヘサス幣《へい》」「道祖神」「石殿ノ墓」……。

項目を数えていくと千にのぼるだろう。絵が上手だったので、道祖神の飾りもの、旗、手札なども巧みに写し取ってある。往来の売り声にしても、灰売り、酒粕《さけかす》売り、クズ買い、鰯の干物売りなど数十に及び、おかげで当時、早朝から夕方まで、「エー一杯キンチャーアマイーサトイッキントキ」「カスワーカスワーサッケカスワー」といった声の営業マンが入れかわり立ちかわりやってきたことがわかるのだ。今和次郎《こんわじろう》が「考現学」を提唱して、巷の記録をとり始めたのは一九二〇年代の後半だから、それより四十年あまり早く、日本人の暮らしの現象を採集していたことになる。当人はべつに新しい学問と考えたわけではなく、通りにちらばる落葉をかき集めるぐらいに思っていたようで、柳田國男のすすめで死の二年前に本にしたとき、『甲斐の落葉』のタイトルをつけた。

ほかにも書きとめた厖大なノートがあって、そのほんの一部が『共古随筆』（平凡社・東洋文庫）として刊行されている。民俗学が体系化される以前の民俗誌であれば、学者はその雑多と混沌に顔をしかめるかもしれないが、これほど楽しい本はない。

キリスト者でありながら、この牧師は日本人の崇める神々や祭祀の仕方がおもしろくてならなかった。石殿の型態、六地蔵の彫り方、絵馬、御守、石仏、梵鐘、馬頭観音、富士の御札、神像、墓石の刻み文字……。子供のような好奇心と、記録することのよろこびが匂うようにつたわってくる。大黒さまの御札を集めていて、大黒天がすわる俵や、手にもつ小槌のちがいを、一つ一つ図解する人なのだ。アマチュア精神を失わなかった学究の美しい典型といえるだろう。

甲府のあと静岡の教会、その後東京にもどり、青山学院の図書館長をしていた。共古は号であって、親がつけたのは平蔵だったが、自分で「笑《えむ》」の名に改めた。

晩年の共古を訪れた人が語っているが、「共古斎」の額を掲げた書斎は主客二人の席をのこして本とノート類で埋まっていた。痩せて鶴のようで、山羊のような白い髭をたくわえ、つねに温顔を失わず、話題は泉のように湧き出し尽きることがない。『甲斐の落葉』にしても、即物的な描写の報告にもかかわらず、どこかユーモラスな印象を与えるのは、何てことのない日常のなかで、ひとりたのしみにいそしむうちに、おのずと汗くさい世俗の尺度をこえていたからである。

『現代日本名山圖會』

三宅 修　実業之日本社　二〇〇三年

江戸後期の文人画家谷文晁《ぶんちょう》に『日本名山圖會』天・地・人三巻がある。深田久弥はこれにあやかって『日本百名山』を編んだ。愚かしいことをしたものである。選別して数字化するのが大好きな国民に、「百」の数がどれほど猛威を振るうものか、想像しなかったとしたらノーテンキというほかない。

写真家三宅修は、はるかに意味のある、そしてはるかにたのしい思いつきをした。江戸の画人が描いた山々を、まさにそれが描かれたと思われる地点に立って写真に撮る。二百年の歳月がどのように山を変えたか、あるいは時はただ風のように過ぎ去っただけなのか。

「天岳という名称の山は、現代では見当たらない」

とりついてわかったことだが、しばしば山名の読み方からしてわからない。テンダケか、アマガタケか。絵図に記された旧郡名をたよりに、伊賀の名張一帯を五万分の一でしらみつぶしに調べていった。やっと同定した山は、やわらかな丸い山容で、トンガリ峰がひしめき合った文晁図とはまるでちがうのだ。もしかして見る位置の相違かと考え、由緒ありげな地名を目じるしにしてみたが、「大戸屋から猿方への歩道は見当たらず、村道を上下してみたが森のなかで何も見えない」。

会津の名山小野岳の場合、こまかく描かれた岩壁を手がかりにして、らくらくと構図そのままの一点に立ち、世に知られた「豊満な大きくゆったりした山容」をカメラに収めた。だが、前景は瓜二つなのに、肝心の山自体はへんに痩せた三角錐として画帖にある。ながらく親しくなじんできたので、文晁が「誇張はあっても基本的には写生の人」であることを承知している。「ひょっとすると、文晁先生は山をとり違えたのではあるまいか……」。

天下の名峰富士山では左手前方に前山があり、向こうに宿場と街道が見え、奥におなじみの霊峰が頭を雲の上に突き出している。これだけ手がかりがあれば簡単に、画人がやおら矢立から絵筆を取り出したところがわかりそうに思うのだが、広大な裾野をもつ独立峰であって、どうにも行き着かない。「五回出かけて、すっかり疲れ果て」、ひと休みしようと近くの美術館に立ち寄ったところ、一幅の掛軸と出くわした――。

　思いついてから全八十八座をカメラに収めるまでに四十年かかった。その間の往きつもどりつが逐一記録してあって、それがまたすこぶるたのしい。江戸の文人画家が名山を見つけたように、昭和の写真家もまた一つ、また一つと山を発見した。そして何であれ意味深い発見記につきものだが、神の手のような偶然の導きがあって、ことがひらけ、おもわざる解決をみた。

　山容のちがいに頭を悩ませていたさなかのことだが、「屈託したときは山に登るのが最良の薬」と思い定める。そもそも絵と似た山ばかり求めて、探しあてた本物をちゃんと見てやらないのは、失礼きわまる仕打ちではあるまいか。誰にたのまれたわけでもないのに人のけはいのない山野を右往左往して、自分が立てた宿願に翻弄される。そんな自分の酔狂を興《きょう》がりながら、往きくれたときには、そのつど「最良の薬」にもどっていく。そんな現代の文晁先生のうしろ姿が、まざまざと見える気がする。

『平野弥十郎 幕末・維新日記』

桑原真人、田中 彰 編著 北海道大学図書刊行会 二〇〇〇年

一九六〇年代初頭のことだが、野田宇太郎編集・月刊『文学散歩』が創刊され、六月号に大島正満「弥十郎日記」が掲載された。この特異な日記が世に知られた最初である。ついで十月号に「続弥十郎日記」が出たが、『文学散歩』がこの号かぎりで休刊したので、日記の紹介もこれきりで終わった。

もし目をとめた人がいたとしたら、けげんな思いがしたのではあるまいか。幕末から明治前半期にかけての「土建業者」だというが、半世紀あまり日記を書きつづけ、「大きな櫃に何杯となくたまった」。そこから自分の記憶力が精確であるうちに抄録を認め、さらに筆耕に命じて副本をつくらせた。日記には一年の終わりに必ず「世上形勢」と題して、その年に日本で起きた主な出来事を、くわしく書きとめ添付されているという。

筆者は母方の孫に当たる人だというが、ほんとうにそれほどの人物がいたのだろうか？たしかにいた。ほぼ四十年後に立派な本になった。平野弥十郎といって文政六年（一八二三）に生まれ、明治二十二年（一八八九）没。若くして土木請負業者として名をあげ、風雲急を告げる幕末に、品川台場や神奈川台場、また増上寺の霊廟建築にたずさわった。明治政府の鉄道施設にあたっては、東京・横浜間の線路を担当。その土木工事に関する深い経験を見こんで、北海道開拓使より北海道新道開設工事に総帥としてスカウトされて海を渡った――。

みずから編んだ抄録では、生まれてより二十五歳までが第壱巻にまとめてあって、天保三年（一八三二）の「世上形勢」に書きとめてある。「此年に、八丁堀に住む治郎吉と言ふ大盗賊一名鼠小僧といふ、是ハ大名へのミ入て、町家へハ一切入らず、また人を殺せし事なしと……」。引廻しの上、処刑された。つづいて「冬に至り諸国大饑饉に及ふ」とあるように、この年より天保の大飢饉が始まった。

開港にそなえての台場築造にあたり、「西洋の法則」に従うよう指示され、ついては「その道の達人と云わるる勝麟太郎氏の指揮」を仰げといわれたが、その図面には実地に即さないところが多くある。弥十郎が訪ねていって「了解し難き点」を述べると相手はこころよく了承し、以後は役人をまじえず二人で相談をすすめた。一業者のクレームを素直に受けとめるあたりが、いかにも勝麟太郎の大きさを示している。

日本で初めての鉄道工事は、品川の八ッ山を切り開き、芝浦から高輪は川を閉め切って海中に築堤。名うての難工事の施工は主として平野弥十郎が引き受けた。

開拓使十二等出仕を命じられて北海道へ赴いてのちのことだが、明治六年（一八七三）のところに外国人測量師について書きとめている。二人は堅実な技師だが、「メジョル氏」は大酒飲みで、奇行が多く、とどのつまり解雇された。弥十郎によると、「測量事業は頗《すこぶ》る名人」で、一日に二里を量って少しの狂いもない。人がもてあまして解雇したのを惜しんでいるところが、弥十郎らしい。

明治十一年（一八七八）の「世上形勢」の一つ。明治政府は首都の空にカラスが飛びまわっているのは文明国の名折れと考えたらしい。「東京中のからすを断《たや》さん」と、巡査を出張させ、銃で射ったり、巣をたたき落としたが、「終《つい》に何の功も無く止みけり」。

かくもみごとな記録を後世に残すなんて、なんともあっぱれな日本人がいたものである。

『山野記』

つげ義春 編

北冬書房　一九八九年

まず「つげ義春 編」に目を丸くする。編集といったマネージャー業務に、もっとも遠い人と思うからだ。「風景とくらし叢書2」とあって、先に1として、高野慎三著『宿場行』が出た。末尾の続刊予定に同じ著者による『道中記』のほか、梶井純『骨董紀行』、つげ義春他『鉱泉宿』が掲げてある。『山野記』は、つげ義春の「秋山村逃亡行」に始まり、梶井純「古董旅記」などを収め、しめくくりに高野慎三「桔梗ヶ原を越えて」を収めている。おもうにこのしめくくりの人が実質的な編者ではあるまいか。

しかし、表紙の装画をはじめとして、関連写真、イラスト風の地図ともつげ義春がつけ、ほかの七人はそれに倣ったふうで、さらに出かけた場所、山野の見方、捉え方、また共通して貧乏旅行でもあることなど、まるで一つの家族のようなまとまりを見せてい

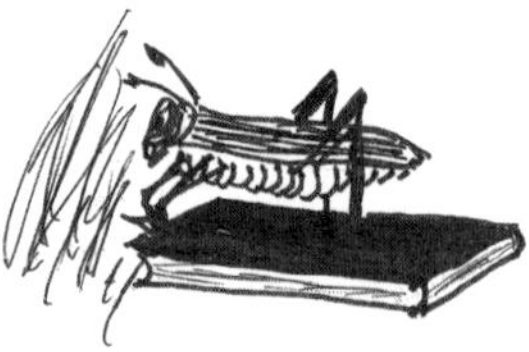

る。その点でいうと、「つげ義春編」にウソいつわりはないのである。

そんなフシギな「合作」の結果、風変わりな日本風土記が生まれた。つげ義春が出かけたのは新潟と長野にまたがり秘境として知られた秋山村ではなく、東京にごく近い山梨県の秋山村（現・上野原市）で、「日の蔭った谷底で、私はコーヒーを飲み煙草を吸い、少時ひそりとした孤独感を味わった」のが、中身のすべてのような小さな旅だった。やっとありついた旅館の泊り客は工事の人が中心で、夜にとびこみの人がきて相部屋をたのまれる。集落で二軒きりの店に地下足袋《たび》があって、あやうく買いそうになった。

「……人に出会う気配もない道で、自分の足音だけを聞きながら歩いた」

八王子の陣馬街道。そこから分岐した農道の尽きた奥、林道が沢にかわる辺りに庵《いお》暮《り》らしの人がいて、さらに隠し田があったりする。「静かな時間が流れ、風が渡って行く。サラサラと田んぼの水面が波うつ。もう何事もおこらない。そして誰もいない」。

岩手県のほぼ中央部。かつて金山の精錬所があって、小さな町ができていた。今はただ坑道入口のコンクリートが草の生え繁った中にあるばかり。さらには山形県から羽越線で秋田県に入り、支線に乗り換えて一つ目が薬師堂。またあるいは阿武隈の丘陵を北上したところのとある小盆地。肩を寄せ合うように湯治宿があって、離れの客間から母屋の浴室へ、古風な渡り廊下をわたっていく。夕食がすむと、「腕時計の音すら、気になるほどの夜の静けさ」。

日本全国がとめどなくウルさく、慌しくなったのは、いつ頃からだろう？『日本列島改造論』といった不動産屋のテキストのような本が、一国の首相の名前で出たりした。山野を区分けして札束が乱れとんだ。

「風景とくらし叢書」はそんな世相に対する小さな異議申し立てだった。耳元でささやくように、日本の山野は本来、もの静かで、くり返し「夢の帰っていく」ところだったのではないかと語っていく。「自分の足音」を聞くような静けさがあってこそ、古い民家が言いしれぬ威厳をもち、何でもない集落が深い詩情をたたえている。むろん、浮き足だった世間は、聞く耳など持たなかった。「続刊予定」は予定のまま終わったのではなかろうか。

『幻談』

幸田露伴　日本評論社　一九四一年

幸田露伴というと、遠い明治のころの「古い人」と思うだろう。たしかにそうであって、生まれは慶応三年（一八六七）、小説家、劇作家としては明治期にほぼ終わっていた。その後は『芭蕉七部集』をはじめとする考証に没頭。世間的には忘れられたも同然だった。

その人が七十歳をこえて「幻談」「雪たたき」「連環記」と、年ごとに短篇を一作ずつ発表した。語り口はゆるやかだが、どれといわず深い謎めいたものをもち、古木が初々しい芽をふき、花をつけたかのようだ。人々はあらためて露伴の大いなる才に感嘆した。

「幻談」はよく知られた山のエピソードから始まっている。『アルプス登攀記《とうはんき》』のウィンパーが書きとめているもので、マッターホルン初登攀をなしとげたあと、下山途中にメンバーのうちの四人を失った。のこる四人が麓にたどりついたとき、かなたにアーチのようなものが見え、そこに大きな十字架が二つ空中に浮かんでいた。四人がいずれもそれを見た。

「さてお話し致しますのは――」

ここで一転して海にかわる。露伴は釣りの奥儀をきわめたような人であって、釣り具、魚、釣りの歴史その他、該博な知識をもつかたわら、釣り人と魚にまつわる不思議な話をことのほか愛した。つねづね釣りを通して、人の心にひそんでいる欲望や夢を考えていたらしい。「幻談」では溺死者が握りしめていた釣竿をめぐっている。ひと目でそれとわかる逸品で、船頭が手伝って引き寄せた。「竿は水の上に全身を凜とあらわして、恰《あたか》も名刀の鞘《さや》を払ったように美しい姿を見せた」。むかしの釣り人は溺死者を「お客さん」といったようだが、「でっぷり肥った、眉の細くて長いきれいな（……）耳朶《じだ》が甚《はなは》だ大きい」といった描写を通して、釣り好きの名のある旦那だったにちがいない。思いが強いのか節の部分をしっかり握りしめている。

「そこで又こずいて見たけれどもどうしてなか〱しっかり摑んでいて放しません」

しかたがないので船頭が拇指をかけて「ぎくりとやってしまった」。死者は指を竿から離して、川しもへ流れていく。

「竿はこちらに残りました」

ここまでが物語の三分の二で、あとの三分の一には、翌日の釣りのもようが語られる。一つの怪異が起こるのは最後のくだり。それは実際に起きたことなのか、釣り舟の二人が幻を見たのか。二人がそろって目にしたことはたしかなのだ。作者は淡々と経過を語るだけで、いっさい謎解きはしていない。それだけいっそう謎が深まり、独自の陰影をおびてくる。ふだんは人の内面に眠っていて、気がつかない。自然のなかにほっぽり出されると、見えないものを見て、聴こえない声を聞きとる。遭難にあった山びとが見る幻像や耳にした幻聴と同じ。あとになって幻覚としてしまうが、当のその瞬間にはあきらかに現実だった。一歩すすめば信仰だが、その半歩手前にある畏怖につつまれた未知の感性である。「古い人」露伴がいったいどうしてそれをよく知り、あざやかに描き出すことができたのか、それ自体が一つの謎にちがいない。

『三角形』

ブルーノ・ムナーリ　阿部雅世 訳

平凡社　二〇一〇年

山をあらわすとき、たいていの人は三角で示すだろう。それも三辺の長さが等しい正三角形を用いることが多いものだ。富士山は平べたい二等辺三角形が実像にちかいのに、それでは富士山らしくないのである。

イタリアのデザイナー、ブルーノ・ムナーリ（一九〇七―一九九八）は何度か日本を訪れた。瀧口修造や武満徹など、美術、音楽で前衛役をつとめた人たちと親しみ、子供のための造形ワークショップなども行った。滞在中に、きっと日本の風物を注意深く見ていたのだろう。「かたちの不思議」シリーズの一つ『三角形』に、いくつも日本の例を取り上げている。「山」という文字が正三角を三つ並べた中国の古代文字によること。「日本の職人が作った竹の盆」

古ぼけたのを見つけ、イタリアに持ち帰ったらしい。写真にあるのは、かつて日常によく見かけたが、細い竹ひごを編んだ盆で、たしかに三角形を組み合わせて編んでいる。ムナーリは日本の家紋の美しさ、あざやかなデザインに目を丸くしたようだ。内藤藤くずし、尻合せ三つ雁金、三つ開き唐傘、三つ葉胡桃、朧洲浜《おぼろすはま》、三つ寄せ花菱蝶……。ズラリと家紋を並べ、いずれも正三角形を基本にしてデザインされていること、また「世界の三菱」の会社マークが家紋によることを述べている。

ほかにも数多くの興味深い三角が蒐集されていて、気象学の記号のうち、嵐、雪嵐、雷雨、雹《ひょう》はすべて正三角のヴァリエーションである。アルファベットの原型と見られる三角形の古代文字。「龍の目」を象徴する東洋の古い三角のシンボル。中世の錬金術の四大要素、火、空気、水、土のシンボル記号は、いずれも正三角の変化によっている。幼いころに学んだが、雪の結晶が六個の正三角形でできた六角形で、これが自然の形の基礎になっていることをあらためておさらいした。

「体を正三角形にして安定させる座り方」

ヨガの座り方を手順どおりに実践すると、全身で一つの正三角形をつくっていく。才気あふれるデザイナーには、国を問わず造形の基本をたずねていくと、思いがけないところに正三角形がひそんでいるのがたのしくてならなかったのだろう。建築、工芸、広告、部品、舞台美術、さらに立方体の例を引きながら、それが「最も安定した不動の形」であることを実証した。その「堅牢な性格」のせいで、複雑な構造体や、自然界の鉱石、また植物の組織のなかにも数多く見られるわけだ。さらに正三角形を組み合わせると無限に広がる文様ができるし、全体のバランスを保つ要素としても欠かせない。その特性からして、組み立ての経済性に利点が大きいのだ。

幼いころ、コンパスと定規で遊んだものだが、円の中に線を引くと、思いがけず正三角形があらわれる。立方体の中にも見つかる。ふつう正三角形というと、辺の長さが等しく、三つの角がいずれも60度の平面上の三角形だが、実はそれだけが正三角形ではないという。

「三つの角がいずれも90度という正三角形も存在します」

丸いスイカを縦に四等分、真横に二等分して、その切り分けた形で考えるとよいという。山をなぜ三角で示すのか、それと知らずひそんでいる理由が浮かび出てくる。

『江戸時代　古地図をめぐる』
山下和正　NTT出版、一九九六年

地図の製作を英語では「カルトグラフィー」という。製作者は「カルトグラファー」である。特殊な専門職のようにきこえるが、そうではないだろう。人と会う約束をするとき、落ち合う場所を手書きの地図なり市販の地図から写すなりして渡すものだが、すでにそれがカルトグラフィーであって、立派な一人のカルトグラファーというものだ。「地図出版は江戸時代二百数十年の間に独自の発展を遂げ、幕末にはひとつの頂点に達している」

地図は政治上の必要から発達するもので、国土を明示して徴税高を把握する。全国を統一したあと徳川幕府がまずしたことは、諸大名に命じて国絵図と郷帳（米の生産高）を作成させることだった。当時はまだ技術的に稚拙であって、精度に乏しい。その後の二百数十年間、鎖国ニッポンは国土が変わらなかったわけだから、カルトグラフィーは飛躍的に進歩した。幕末に来日した西欧人は、地図のみごとさに瞠目《どうもく》した。ドイツ人医師・博物学者シーボルトは、国禁を犯してまで持ち帰ろうとした。

古地図をめぐる本は数多くあるが、建築家山下和正が自分のコレクションをもとにした江戸・古地図案内はとりわけ秀抜である。見開き二頁に一枚の地図を収め、必要最少の説明を付していった。計九十余点。世界図、外国図、日本全図、広域図、国絵図、藩領図と分類によってすすんでいく。縮尺がちぢまるとともに、おのずと古地図を見る目が深まっていく。

江戸、京都、大阪の三都市図につづいて地方都市図、一般道中図、巡礼道中図、街道道中図。とびきりのカルトグラファーの手引きのままに地図の旅をしているようだ。村、河川、島、海岸、社寺、山岳……つぎつぎと幻のように浮かんでくる。

説明のはじめに英名が付されている。「信濃国木曾御嶽山全図」は Map of Kiso-Ontake Holly Mountain とあって、信仰の山であり、だからこそ江戸後期にすでに王滝口、黒沢口の二つの登山道が整備され、地図も完備していたことがわかるのだ。

西欧式の上が北の地図に慣れた目には、そんな約束にこだわらない日本の古地図が原始的に見えたりするが、むしろ逆であって、より高度に進化したケースといえるのだ。

日本人は正確さと並んで絵画的趣向を好み、地図においても独自の「表現様式」をあみ出した。それは「文化史の上でもっと見直されてもよい」のである。

「瓦版地図」のコーナーがあって、大火や災害のとき、「読売」と呼ばれ、即座に巷に出廻った墨絵の絵図が収録してある。版元名を入れない無許可の速報ニュースであって、誰もがもとめている情報だった。焼失した町を朱書きしたものもあるが、日本人の機敏さをよく示している。

「東海道五十三次」に見るように、日本人は双六のようにステージを踏みながら「上がり」をめざして進んでいくのが好きなのだ。「人生道中記」(Map of Human Life)は人生を一つの旅道中と見立て、生まれてから死ぬまでの道筋を地図にした。欲の川、しんぼう坂、愛染の橋、そして行きつく先が隠居山安楽寺。なかには行き迷ったあげく、宿《やど》無《なし》の淵に落ち込む者もいたようである。

『どうして僕はこんなところに』

ブルース・チャトウィン　池央耿・神保睦訳

角川書店　一九九九年

イギリスの作家ブルース・チャトウィンは死の直前、自分のお気に入りの旅のエッセイと記録をまとめ、タイトルをつけた。What am I doing here――旅の途上に、あるいは山を登っていて、誰もが思うことだろう。いったい自分は何をしている、どうしてここにいるのだろう?

「チャトウィン」とは珍しい姓である。当人も少年のころ気になってならず、訊きただしたそうだ。大叔母によると、古いアングロサクソン語でチェッチワインデという言葉があって、そこからできた名前らしい。「曲がりくねった道」の意味。なんだか遠くへ行くようで、少年には自分の姓が気に入った。

父親は海軍士官で、一年の大半は海にいる。その間、母親につれられて、親戚や知人のあいだを往ったり来たりしていた。人生最初の「すばらしい放浪」だったそうだ。「不思議な出会い」「友人たち」「ロシア」「人々」「中国」……。死の接近をまざまざと感じながら、この旅行作家は章立てをして、二つ、三つとエッセイをわり振り、章名をつけた。パタゴニアを手始めに、おもえば何度「地平線をめざして」出かけていったことだろう。文明を嫌悪して出ていきながら、旅の終わりには、いや応なく文明社会にもどってくる。そんな往復のなかから、とてもステキなエッセイができた。聡明で、博識で、死ぬほど人に焦がれつつ、なろうことならひとりでいたがる。そんな自分をもてあましながら、死ぬほど人に焦がれつつ、オーストラリアの遊牧民と親しみ、アフガニスタンの砂漠を歩いた。ヴォルガ川を溯行し、中国奥地で呪力をそなえた風水師を知った。

断章や人物素描、紀行記それぞれの、最終ページに執筆の年が入っている。最初の章の「友人たちと家族のために」は一九八八年、最後の章も同じ一九八八年である。自分がしるした地上の足跡を一冊に封じこめ、リボンでキリリと結んだぐあいだ。わが愛するこのイギリス人は、そんなシャレたことをする男なのだ。

エッセイのスタイルだが、チャトウィンは「物語」と名づけ、中身がいかに事実に即していようとも「架空の設定」で書いたと断っている。いつも誠実だったこの人らしいのだ。旅はつねに示知と物語を求めて出かけるもの。さもないと「旅」の名に値しない。

そしてほんとうの旅ではきまって、色濃く物語性をおびた人物と出くわすものだ。少なくとも、思い出を書くなかから立ちあらわれる。物語性の息を吹きかけて甦らせるのが表現者のつとめなのだ。

作家になる前、チャトウィンはイギリスの名門「サザビーズ」の美術鑑定士だった。よく鍛えた視覚は、目にした風景を克明に再現できる。印象深いシーンのなかに置かれてこそ、異文化の人物が運命的な刻印をおびてくる。旅の文学に不可欠の条件をよく知っていた。

四十八歳で死去。まばゆいような才能を、そっくりあの世へ持っていった。死とせめぎあう日々に旧作を読み返して、あらためて記憶の旅をしたわけだ。その途上にも、おりにつけホワット・アム・アイ・ドゥーイング・ヒアーを呟いていたにちがいない。表紙には、ヤッケ姿でリュックを背負い、紐を結び合わせた靴を首からぶら下げている。背後に何かを感じて振り返ったときのようで、目がヒョウの目のように鋭い。まさしく旅の顔である。

『鉄道旅行案内』

鉄道省　一九二一年

大正十年（一九二一）、鉄道省は鉄道開通五十周年を記念して『鉄道旅行案内』を刊行した。東京をスタートして全国の名所を路線別に解説したもの。縦十・五センチ、横十九センチ、厚さ三・五センチ。おそろしく横に細長いサイズで、ページを開くと四十センチにちかい帯状になる。

なぜこのような異形にしたのか。通常の鉄道地図ではなく、大正から昭和初期にかけて流行したパノラマ地図を採用したからである。鳥瞰のアングルで日本の山河が描かれ、そこを赤線の鉄路がどこまでもつづいていく。鳥瞰図絵師の第一人者吉田初三郎に全路線を委託した。初三郎は満を持したようにして大役に応じ、工房のメンバーを総動員して、二百点をこえるパノラマ地図を制作。だからこの案内書には二、三ページごとに美

しい絵地図があらわれる。

三年後の十月、「増補修訂」版が出た。初版に不備があったからではない。前年の九月、関東大震災が発生、首都は壊滅した。死者九万、家屋の全壊焼失四十六万、東海道本線はあちこちで線路ズタズタになり、その間を汽船運送でつないだ。

そのような惨状にあって、どうして翌年はやくも旅行案内などを出したのだろう？ 大正十三年版を通して、日本の鉄道を担った人々の強い思いが見てとれる。冒頭の「東京及其附近」の記述を改めなくてはならない。「不幸大正十二年九月一日の大震火災の為め……」。

当時の東京市全十五区のうち、浅草及び川向こうの本所、深川など、下町を中心として十一区が甚大な被害を被り、旧態を保つのは麻布ほか四区のみ。人口二百十七万人だったものが百五十二万九千人に減少。「東京の目貫」ともいえる京橋、銀座にはバラックが並んでいる。神田明神、富岡八幡宮ほかの主だった社寺も焼失。歌舞伎座、帝国劇場も焼けた。

章のしめくくりに一覧表が付されている。「大正十二年九月一日大震災に於ける東京市罹災戸数」、及び「東京市死傷者等」。当局の最終的な発表によったのだろう。市内の全焼三六六、二六二戸をはじめ、死亡者五九、〇六五、屍体収容数五九、二〇四と、端数までこまかく明示してある。

その上で修訂版は、くり返し語りかけている。帝都は「上下協力」して復旧復興につとめており、かつての繁栄の「素地」はととのった。再興は目前であって、劇場も今年中に再開の予定。だからぜひとも訪ねてほしい。「旅行案内」の増補にあたっては「名勝地其他」、面目を一新した。その旨を述べた「例言」の日付は大正十三年八月である。印刷所その他も壊滅状態のなかで、鉄道省スタッフが日本の豊かな山河と、あまねく全国にのびた鉄道網の案内に全力でとりくんでいたことが見てとれる。それが何よりの希望と励ましになると考えてのことにちがいない。

絵師はまたスタッフの要望に全力でこたえた。新版には華やかなパノラマ地図のほかに、多くの美しい名勝画がついている。春の隅田川、三保の松原、岐阜長良川鵜飼、山口県長門峡……。実用画で鍛えた人の独特の画法による風景画であって、やわらかなタッチのなかに沁みるような情緒をたたえて、強烈なノスタルジアを誘ってくる。鉄道省のスタッフと絵師集団が（案内書を通し）、ともども国土への心からの讃歌を献じた。

『山野河海の列島史』

森浩一　朝日新聞社　二〇〇四年

　考古学者森浩一は、惜しくも先年亡くなった（編集部注：二〇一三年八月没）。驚くほど多くを、そして大切なことを、私はその著書から学んでいる。いくつかは、それとなく感じていながら自分では気づかずにいたのだった。きちんと考えようとせず、あるいは怠惰さのあまり気づこうとしなかった。たとえば考古学が現代の暮らしと直結した学問であることすら、まるきり知らずにいたのである。

　表紙をまざまざと覚えている。おりにつけ思い返すことにしているからだ。日本列島の地図が使われていて、その点はタイトルどおりだが、通常の地図とは大きくちがう。ふつう日本列島というと、北海道が一番上にあって、本州が逆L字型にのび、四国、九州、沖縄へと続いていく。『山野河海《さんやかかい》の列島史』では、北海道は左下に位置している。

上に本州がゆるやかな弧をえがき、弧の中に日本海があって、下からユーラシア大陸と朝鮮半島が弧をつつむかたちでのびている。

ふつうの地図だと逆L字型の列島は海のかなたのアメリカに向いたぐあいだが、とらえ方がかわると、北海道がユーラシア大陸の飛び石で、九州と朝鮮半島とは地つづきのように近いことがよくわかる。いうまでもないことながら、この形こそ実態に即している。

表紙がすでに私たちを固定観念から解き放ってくれるだろう。見方が片寄っていることと、その片寄りに気づこうとしないことを、さりげなく伝えてくる。森浩一はしばしば「地方」と言わずに「地域」と述べた。地方は都を中央とみなしての地方だが、地域は、都の存在や役割は考えつつ、あくまでもそれぞれ自立したエリアである。この人は目に見えないコンパスで、列島の「山野河海」を計量する軸を置き直した。とたんに地理がグンとちがってくる。ちがった目で地形をながめることができる。たとえば関東の内海《うちうみ》は東京湾だが、「東京」といった近代史以降の地名をあてるからおかしくなる。河海の実相が隠されてしまう。この内海は長らく上総《かずさ》、下総《しもうさ》、武蔵、相模《さがみ》に囲まれてきた。いわば総武相《そうぶそう》湾であって、地域の人が自由に往き来した。関東一円の町々の商店街を歩くとわかるが、なんとしばしば上総屋、相模屋といった看板を見かけることだろう。新しいコンパスから自由で広大な展望がひらけてくる。

それは時間についても言えることだ。考古学者森浩一はつねづね、縄文時代を原始時代というのに異を唱えてきた。おのずと縄文人が原始人になり、縄文文化は原始的な文化になってしまう。教科書に書かれ、考古学の概説書にも、しばしば出てくる。暗黙のうちに現代こそ一番「進歩」した時代であって、文化的頂点にあるという見方がこめられている。われ知らず古代を蔑視的に見ている。度しがたいまでのうぬぼれの裏返しにすぎないのではあるまいか。古代人は生き返って抗議できないから、考古学者が代弁を買って出たぐあいなのだ。

人間の暮らしや文化がどんな道すじでひろがってきたか、別の目で見ることができる。常識とされていたことが、多くの場合、何の根拠もなかったことがわかってくる。固定した考え方、見方にとらわれるのは愚かしい。見えていなかった風景が見えてくると、フシギなことに日本が何倍にも大きくなる。列島そのものが何倍にも拡大する。山ヒダのかぎりなくかさなり合ったところに、古い生命が息づいている。

『山の幸』

山口昭彦 解説　木原浩、平野隆久 写真

山と溪谷社　一九八三年

フキのとうは春の速達便だ。雪だまりに芽を出したばかりのときは淡い桃色をしている。それがみるまに目のさめるような、さ緑になる。「フキのとうはできるだけ苞の開いていない、蕾の固いものをひねるようにしてもぎとる」

この「ひねるようにして」がコツである。川で洗ってパクリとやるのもいいが、ナイフで二つに割ってミソをはさんでもいい。これもコーチ役の指示である。「生味噌と練り合わせる」とある。ともに春一番のサンドイッチというものだ。火にあぶってショーユをかけると、またべつの風味がある。

ノビルの採り方はシャベルでまわりを掘り返し、「大玉だけ」を引っこ抜く。残りは埋めもどしておくと数年後のおたのしみ。シャベルがめんどうなら、「花茎が高く立っている」のを見定めて、茎《くき》をつかんで引っぱる手もある。スポッと玉が抜けてくる。食べ方は生のままにかぎる。辛味と香りが身上だからだ。ミソをつけて「丸かじり」。

ギョウジャニンニクは枯れ葉のあいだからのびている。これは「葉だけ切り取って利用」とおそわった。名前からすると、行者さんが精力をつけるのかもしれない。料理というとおおげさだが、よく洗って鍋で煮て、とき卵を落とすとできあがり。炊きたての御飯のお供にすると、おかずいらずだ。

「ネマガリタケには蠟質の黒い汚れがこびりついている」

気がつくと衣類が真っ黒で、洗ってもおちない。だからタケノコ採りには専用の服とリュックを用意のこと。「帽子が笹にはじかれて脱げてしまう」ので、帽子の上からタオルで頬かぶりするといい――。

はじめて東北の山で見かけたとき、地元の人の服装と古リュックのうす汚さ、手拭い頬かぶりの珍妙ないで立ちにあきれたが、あきれるのがモノ知らずで、まことネマガリタケの正装というものだった。関西育ちは食べ方も知らなかったので、たき火に皮つきのまま放りこんで、「アツアツを皮をむきながら頬張る」のに目を丸くした。包みをはがすところなど、自然が届けてくれるチョコレートである。

『山の幸』は出てから三十年以上になるが、この分野のもっとも優れた古典的手引きにあたるのではあるまいか。少なくとも私は、ほかに何種も持っているが、いつもこの「幸」にもどってくる。山菜65、木の実45、きのこ50と選び取ってあって、その選択にも、たしかな自然への見方がある。山菜には地中の鱗茎や根茎を食べるものがあって、カタクリやスミレサイシンがそうだが、ここでは省かれている。「絶滅させる手助け」はしたくないからだ。類書にくらべて種類数が少ないのは、そんな考えがあってのこと。

ふつうの読者にはこの程度の数が理想的で、食べておいしいし、しかも採りやすいし、自然を痛めつけない。多くの写真が表情をもち、いきいきしている。そこへ実に的確で覚えやすい説明がついている。私はここからさらに身の丈に合うものを選んで、コピーして表紙をつけ、著者に断わりなく小さな別冊を作っている。カフェでコーヒーを飲みながら開くと、大都会の片隅に山の風が吹いてくる。

『甲斐の歴史をよみ直す　開かれた山国』

網野善彦　山梨日日新聞社　二〇〇三年

歴史家網野善彦は山梨県生まれで、東京に出てからも生活は「甲州風」にやってきたという。晩年は山梨市に家を求め、いずれそこに住むつもりだった。そんな縁から山梨県紙に連載したので、タイトルに「甲斐」が入っているが、その視野はひろく、「日本の歴史をよみ直す」と読みかえることができる。死の前年に刊行され、実質的には最後の著書にあたり、これまでの仕事を要約したぐあいなのだ。

サブタイトルに「開かれた山国」とあるとおり、網野史学の新鮮な見方をのぞかせてくれる。山梨県のような山で囲まれた地方には、つねづね閉ざされ、閉鎖的な風土がいわれてきた。だが山々は水源をもち、豊富な水が川になる。街道が整備される江戸中期まで、いや、それ以後もながらく、川は陸にまさる一級国道だった。山国山梨は川の国でもあって、どうしてそれが閉ざされた小世界でありえよう。それに甲州商人は近江商人と並び、全国を股にかけた営業マン集団であって、その往来により、たえず最新の情報がもたらされていた。

山国は当然のことながら耕作地に乏しい。つぎに言われる常套句が「田畑のない地域は貧しい」である。網野歴史学はこれに、まっこうから反論した。人々は田畑にかわる多様な生業を発展させて、縦横に走る川の道で流通させてきた。山に入り「貧しい」はずのところに、目を丸くするほど立派な集落があることは、山好きならよく知っている。「甲斐の中世史料は少ないので、中国山脈の南に広がる備中（岡山県）の新見荘を例にとってみると……」

思いつきの異説ではなく、たしかな史料に支えられていた。条件がほぼひとしい土地であれば、そこの史料をかりて他を類推する。史料がないからといって史実がなかったと、どうしてきめつけるのか。土地の人が文書化するのを好まなかったか、あるいは少ない書きものが散佚《さんいつ》したまでのこと。そこに伝わる伝統的な技術や産物が、ありえた史料を語ってくれる。

「百姓という言葉には農の意味はまったくない」

文字どおり「百の姓」であって、本来は「多くの姓をもつ人々」。農人、商人、養蚕家、木地師《きじし》、漁師、茶の生産、炭焼き……。「天下の御百姓」の言葉は、独自の生業にたずさわる自由民を誇らかに称していたはずなのだ。

どうして日本人が十人いれば十人とも百姓＝農民と思いこむまでになったのか。江戸時代にまして明治以後の政府が稲作を中心とした「瑞穂国《みずほのくに》」を神話と結びつけて徹底的に国民に教育したのが大きい。つくられた虚像を、網野史学が一つ、また一つと剝《は》がしていく。「富裕な『水呑』」、「山の民」、「漆器」、「『百姓』の実像」、「養蚕」……。織維産業は明治以降、最大の輸出生産物であって、日本の近代化に大きな役割を果たした。桑の栽培から養蚕、糸つむぎ、織り物まで、すべて女性の力によった。それは何を語りかけてくるだろう。つねに「虐げられていた」女性観に見直しを迫らないか。優れた学問の成果はサスペンス小説のようにスリリングなのだ。

『クマグスの森　南方熊楠の見た宇宙』

松居竜五　ワタリウム美術館 編　新潮社　二〇〇七年

南方熊楠《みなかたくまぐす》（一八六七―一九四一）は一筆描きが得意だった。森羅万象を記録するにあたり、つねに絵を添えた。便りをしたためていても、文字がおどり出したぐあいに図になり絵になった。粘菌、きのこ、藻類、虫……。森の生命体を報告するとき、無数の図解をもってした。その手はデジタルカメラのように写しとって、カメラのレンズの及ばない生態のつながりまでも記録した。

破れ浴衣《ゆかた》に縄の帯をしめ、肩に胴乱、足は冷飯草履《ひやめしぞうり》。そんないで立ちで町を歩き、山に入った。奇人といわれ、奇行がどっさり伝わっている。粘菌や隠花植物のためには山をめぐり、谷に下りて行かなくてはならない。熊楠は熊野・那智一帯をくまなく歩いた。谷で水あびして、山中で夜を明かすなど何でもない。

一つには独自の考えがあってのことだった。山にとけこみ、森の生命と一体になる。動物と植物との微妙な境界にある粘菌に興味をもったのも同じ考えからであって、命の原初のかたち、自分をそこに寄り添わせる。

いま一つには、それがごく自然にできるような知識があった。少年のころ『本草綱目《ほんぞうこうもく》』を筆写した。薬物、博物学の百科事典である。貝原益軒の『大和本草』、あるいは『和漢三才図会』『可所斎雑記』といったアマチュアのコレクションなども丹念に写しとった。おそろしく記憶力のいい少年は、筆写しながらそっくり覚えこんだ。

「熊楠が採集したベニタケ属のきのこの新種」

「熊楠が採集した未同定のきのこ」

グラフ誌風のつくりのおかげで、あざやかに彩色された図譜と、かさね合わすように書きこまれた英文とに親しく接することができる。

「ユリ科エンレイソウ属の一種。一八八九(明治22)年5月4日、森林で採集」

標本にそえて鉛筆による線画に彩色がしてあって、植物の造形力につくづく見とれてしまう。むろん、熊楠の場合、関心はかたちのみごとさにとどまらなかった。リンドウの根は「龍胆」と書いて、おなじみの胃腸薬である。別名ケロリンソウ。センブリは乾燥させてのち煎じて呑む。「千度振り出してもまだニガい」ので千振《せんぶり》。クコの実は強精の効果があり、バイアグラの元祖である。江戸の滑稽本に、クコ入りごはんを好んで食べる僧が出てくるが、あきらかにからかいをこめている。

アキノキリンソウは抗菌、消炎の効果がある。タンキリマメは文字どおり痰切りの妙薬になった。ノイバラは緩下、利尿によし。ボケの実は鎮痛、オウレンは二日酔……。この自然人にとって山野は即薬局であって、山で病んでもへっちゃらである。

扉ページには楠の大木がていていとのび、天を覆うように枝葉をひろげている。この大いなる日本人が楠を名にいただいたのは偶然ではないだろう。これは巨木として育ち、木質が良くて、かすかな芳香をもっている。高木なので目にとまることは少ないが、ドングリのような実をつけ、それが熟すと濃い紺色の玉になる。大きな図体と可愛らしい無数の玉――巨人熊楠そのままではないか。

『マルハナバチ　愛嬌者の知られざる生態』

片山栄助　北海道大学出版会　二〇〇九年

タイトルに添えて「愛嬌者の知られざる生態」とある。いかにも愛嬌者であって、丸まっこい体に黄色のやわらかい毛がはえている。透きとおった翅《はね》にクリクリの目玉。モゾモゾと花に這いこみ、お尻だけのぞかせている。そのうち、すっぽりと隠れた。花が上下にゆれている。しばらくすると飛び出してきて、つぎの花にとりつく。セールスマンが営業にまわっているぐあいである。

そしてたしかに生態が知られていない。黄色っぽいのがマルハナバチ、お尻以外はまっ黒なのがいて、これはトラマルハナバチ。花にとっては大切な雄しべと雌しべの仲介役だが、モンシロチョウやミツバチとくらべて地味な脇役といったふぜいである。一つには地下に巣をつくるので生態観察が難しいせいだろう。

「私がマルハナバチの巣を木箱にいれて、巣づくりや子育てのようすを調べ始めてから、もう50年以上も経ってしまいました」

まえがきに感慨深げにつづられている。地味な労役に目をとめ、地味な研究をつづけてきた。大判の立派な研究書だが、ふつうの人にもわかるように、さまざまな工夫がされており、第Ⅰ部・生態写真編は一般読者向き、百六十点にあまる写真が、この愛らしい生きものの世界へ手引きしてくれる。花粉を採集してきた「外役バチ」が卵室の中に花粉を落とすと、すぐさま「巣内バチ」が花粉を団子のようにして卵室の床に押しかためる。イキの合った分業システムが見てとれる。

写真を見ていてフシギに思うのだが、卵室が一カ所にまとめてつくってあるのはどうしてか？　しかもそこに無数のハチがとりついている。幼い子に母親が指さしながら語っていくスタイルで、下の短いキャプションが疑問に答えていく。

「早く部屋を閉じないといけないのよ。この瞬間が一番危険なの」

つづく説明に専門用語がまじっていても苦にならない。キャプションに疑問点と要点がまとめてあるからだ。とびきり高度な生態報告に、絵本の作法で入っていける。

第Ⅱ部はマルハナバチの自然史にあたり、営巣習性を中心とした生活史が学術的に解説されている。同じマルハナバチの成虫でも、幼虫のときの食物によってチビ君と超大型とが生じてくるという。小さいからといって役立たずではなく、サイズの違いで分業の分野が定まってくる。さらに突出した「攻撃性働きバチ」があらわれて、ハデなことをやってのける。女王さまがいることはミツバチでおなじみだが、代がわりして新女王はどのように誕生するものか。半世紀にわたって観察してきた人が、アッと息を呑むようなルールが披露される。種に定められたカーストのなかの短い一生にあって、生きものとしての約束を厳しく守り、運命的ないのちを生きている。

つねづね私は庭で見かける黒ずくめのシャレ者を、気軽に「トラマル旦那」と名づけていた。気うつりのする遊び人だと思いこんでいたからだ。まるでちがっていた。むしろ「黒い哲人」と呼ぶのがふさわしい。

『対訳 技術の正体』

木田元 マイケル・エメリック訳 デコ 二〇一三年

百ページにみたない小さな本である。英語との対訳で、左ページに日本文、右ページは英訳。だから本文そのものは五十ページに足りない。さらに「はじめに」があり、付録のような小文二つがうしろについているので、タイトルのいう「技術の正体」は、英文を入れても二十三ページであって、すぐに読み終えて何度でも読める。何度でも読んで、肝に銘じておくべきことが語られている。

哲学者木田元はこれを、一九九一年に発表した。バブル経済まっ最中のころで、科学技術の恩恵が食糧生産、医療技術、メディア産業すべてを大きく変えた。それがビジネスとしても株価を押し上げていく。ともに同じ科学技術が地球の資源を枯渇させ、環境を破壊し、人類の生存そのものを危険にさらしていることも警告されていた。その際、つねに言われてきた。科学は人類の理性が生み出したもの。その科学を実生活に応用したのが技術であって、ひとしく理性の所産であるから、理性によって技術をコントロールできないはずはない——。

「技術の正体」は、このような一般の考えに強く異を唱えたものだ。英訳されたタイトルはThe True Nature of Technologyであって、技術の本当の姿をきちんと見定めようというのである。そもそも技術は、人類がつくり出したということ自体がまちがいではないのか。むしろ逆であって、「技術がはじめて人間を人間たらしめた」のではあるまいか。たしかに「火を起こし、石器をつくり、衣服をととのえ、食物を保存する技術が、はじめて人間を人間に形成したにちがいない」のだ。

つまり、技術は理性などとはちがった根源をもち、理性などよりもっと古い由来をもっており、「人間の理性がつくり出したもの」というのは大きなまちがいで、理性などの手に負えるものではないと考えるべきなのだ。そしてそこから明快な一つの結論が出てくる。

「技術が人間の意のままになるなどと思わない方がよい。技術の論理は人間とは異質のもの。人間にとっては不気味なものだと考えて、畏敬しながらもくれぐれも警戒を怠らない方がよいと思うのである」

雑誌に発表して二十年後の二〇一一年三月、東日本大地震が起き、大津波が襲来、福島第一原発が破壊された。四年たった今なお、炉心の制御はおろか増えつづける汚染水の処理さえままならない。技術が人間のコントロールを抜け出して、みずからの意思で自己展開し、人間がその部品と化してしまったとしか思えない。その「正体」はあきらかに、人間の手に負えないところにまできている。

明敏な小出版社が哲学者の小文に目をとめ、なんとかこれを一冊にできないかを考えた。アメリカの日本文学研究者が、ひろく地球上の人に読まれるように英訳を買って出た。著者があらためて本文よりも長い「はじめに」をつけた。その末尾に「二〇一三年九月」と日付が入っている。一年後の夏、著者は世を去った。優れた哲学者の遺言としての日付ではなかろうか。

『昭和自然遊び事典』

中田幸平　八坂書房　二〇一二年

いまやお伽噺のようだ。かつて子供はタンポポやエノコログサで遊んでいた。ドジョウやトンボだけではなく、穴ゼミやコウモリが遊び仲間だった。タイトルのいう「昭和」は、六十余年に及んだうちの前半とみなしていいだろう。昭和三十年代に入ってからだが、日本経済の高度成長の始まりとともに人々の暮らしが急速に変化し、それが子供の遊びを変えていった。遊びが「自然」と切り離され、やがては旧来の遊びそのものが姿を消した。

エノコログサは夏から秋にかけて空き地や道ばたに生える雑草である。地方によってはネコジャラシともいった。細長い茎《くき》の先端に垂れ穂のように毛がついている。引っこ抜いて穂先をネコの鼻先に垂らすと、ジャレついてくる。むろん、ネコだけではない。

仲間の首すじをこそぐった。女の子はスットン狂な声をあげた。

毛のところをむしって鼻の下に押しつけ、上唇をひん曲げて支えると、立派なヒゲになった。

「乃木大将だ」

笑い出すとポトリと落ちて、乃木大将が元どおりゲタ屋のカッチャンになった。

同じエノコログサを使ってカエル釣りをした。一点を見つめて正座しているカエルの鼻先にユラユラさせると、カエルには小虫が飛んできたように見えるらしい。パクリとくいつくと、「間髪を入れず」釣り上げる。ここでは「カエル釣り」につづけて「カエルの葬式」が語ってある。

いくつかのケースがあって、まずはカエルの尻に麦わらを差し入れて息を吹きこみ、「太鼓腹」にする。苦しがって転げまわるのをハヤシたてた。水に浮かべると、「水上ダンス」をする。ひどい場合は「乗合バスに轢死」させた。それからオオバコの葉をむしってきて、カエルにかぶせ、「ナンマイダー、ナンマイダー」と口々に拝むまねをした。仮死状態が動き出すと、いっせいに悲鳴をあげて逃げ出した——。

春夏秋冬に分け、身近な植物や動物を相手にした遊びが七十種あまり紹介してある。著者は昭和元年（一九二六）の生まれであって、戦前に体験した。だが、戦後のある時期まで、子供の遊び文化といったものは変わらずつづいていた。私自身、体験者のひとりであって、エノコログサの穂先で首すじを撫でられると、全身がもだえるほどくすぐったいのを肌身で知った。それが性的感覚とウリ二つだったことは、大人になって気がついた。だからこそ女の子の首すじに穂先を垂らすのが、うしろめたいような快感をもたらしたのではあるまいか。

カエルを虐《いじ》めるとき、太鼓腹が限度だった。「葬式」にオオバコがつきものだったのは、薬効のある植物であることを、それとなく教える役目もあったらしい。山野から遊び道具を見つけ、即席の判断で工夫をする。そんな子供の遊び集団は、ひそかな人格形成の場であった。エノコログサは、すぐにしおれる。苦しがっているカエルは、やはりあわれなのだ。遊びが果てたあとにのこった特有の「かなしみ」の感情。それは人工の玩具や教育的配慮にもとづく遊びとはまるで異質のものであって、どこか自然の英知と通じるものがあったような気がしてならない。

『山岳霊場御利益旅』

久保田展弘　小学館　一九九六年

タイトルにある「御利益《ごりやく》」は物や金銭ではなく、こころ、精神の御利益。そのための「霊山」とよばれる山が、日本国中にいいぐあいにちらばっている。信仰と慰安を兼ねた聖域が各地にそなわっているといったことは、世界でも珍しいのではあるまいか。

ここには北海道にあってアイヌの聖山幌尻《ぽろしり》岳から九州の英彦《ひこ》山まで、主だった十二の山がとりあげてある。出羽《でわ》三山《さん》、恐山《おそれ》、富士山、木曽《きそ》御岳《おんたけ》山。いずれも山岳信仰の源流といった歴史をもち、永い歳月のなかで実践宗教の性格をおびていった。自然崇拝に真言密教が加わり、独自の神仏習合をつくりあげた点でも共通している。人々はたいてい「講」とよばれるグループをつくり、リーダーである先達《せんだつ》のもと、経を口ずさみながら登っていく。

そんなふうに「お山」にしたしむ一方で、聖域にはきっと人々が恐れ、つつしみ、立ち入りをはばかってきた一点がある。おのずと原生のままにのこされて、清浄の地となった。神霊のやどるところは伝説にともなわれ、なおのこと聖化していく。そんな場合、西洋人は必ず建造物を建てるものだが、日本人は逆である。たいてい建物のたぐいは何もなく、木々の繁りにゆだねてある。あるいは岩から熱水が湯気を噴いてあふれている。ときには白砂がひろがっていて、一筋の水の流れがあるばかり。日本人の心性のなかにあるフシギな空白願望というものだ。

「年間二百万余の人々が訪れ、一方の山上には遊園地まである比叡《ひえい》山が、いまも山岳信仰の聖地であるのは、そこが千年余におよぶ修行の実践世界であるからだ」

観光バスが往き来するドライブコースのすぐ横を、途方もない荒行を自分に課した人が、飛ぶような速足で定められた地点を巡っていく。千年の伝統にいろどられた修行マニュアルに、現代もなお志願者があとを絶たない。これもまた日本人の心性にひそむ、べつの謎にちがいない。

高野山、吉野、大峯《おおみね》、熊野三山、立山、石鎚《いしづち》山。気がつくと、信仰心とは無縁なのに、また聖地巡歴をこころがけた覚えもないのに、おおかたの霊山は訪れている。何か惹かれるものがあるからだろう。日ごろ物量の洪水のなかで見失っているもの。聖なる霊山とはいえ、しばしば時の権力と結びつき、政治性を持ってきた。権威化するなかで世俗にまみれ、しばしば人間臭さを露呈してきた。

巻末に著者おすすめの「百八霊山」がリストになっている。こんなにもどっさりあるのに驚く。日本人の心に断乎として居ついているもの。さんざん世俗性にへきえきしたあと、何でもない神さびた森に行きつき、古井戸が一つ。上方は古木が枝をさしかわしてアーチをつくり、そこから一筋の光が古井戸に差し落ちていた。そんなとき、さながら神にまみえたような気持がしたのは、なぜだろう？

救いのようなよみがえり。古木の根が縦横にのびて、おもいがけないところに淡い緑の一点をつくっている。そんな記憶があるのは、ほかならぬ霊山に多いのはどうしてだろう。

『井月句集』

井上井月　復本一郎 編　岩波文庫　二〇一二年

俳人井上井月《せいげつ》（一八二二―一八七）は「乞食井月」「虱《しらみ》井月」などと呼ばれた。生まれは越後・長岡。十代の終わりに故郷を出奔して東北から関西まで放浪。どうやら芭蕉の足跡を追ったらしい。齢五十ちかくになって信州・伊那谷に居ついた。

とはいえ一処不在。旧家などでつかのまの厄介になり、「小さな古ぼけた竹行李と汚れた貧弱な風呂敷包み」を両掛けにして、腰に酒を入れた瓢箪《ひょうたん》をぶらさげ、村道を歩いていた。犬が吠えたて、村の悪太郎が小石を投げつけてくる。明治十九年（一八八六）、ボロをまとった行き倒れで見つかり、翌年、没。六十六歳だった。

死後四十年ちかくたって、伊那出身の医師下島勲が俳句をまとめ、友人芥川龍之介の跋文《ばつぶん》つきで公刊、風狂俳人を世に出した。現在では研究者の詳細な注解つきの文庫で親しむことができる。

伝わっているエピソードの一つによると、ある日、伊那村富家の主人が某宗匠の短冊を井月に示して、おまえも発句（俳句）をやるそうだが、この先生にはかなうまいと言ったところ、井月は答えた。「美しい細君を持って、贅沢をして、机の上で出来る発句だもの、うまい筈よ」。

俳句史でいうと幕末から明治初期は、子規が痛罵《つうば》した「月並俳句」の時代であって、井月が笑ったような宗匠たちがハバをきかせていた。その奇行ぶりからつい見落とされがちだが、井月はしっかりとした俳論をもち、感覚をとぎすまして自然に対処する方法を身にそなえていた。放浪はこの短詩型詩人に必然の生き方だった。

山冷えに濃き薄きある紅葉《もみぢ》かな
迷い入る山に家あり蕎麦の花
吹《ふき》よせるかぜも木の葉の名残かな

酔余のフラつく足で山国の小道を行きながら、冴えざえとした感覚に言葉をあてる。注によって上五や中七を慎重に入れ替えたことがわかる。「俗なる題には風雅に作り、風雅なる題には俗意を添へをかしく作るは一つの工風《くふう》なり」。近代詩人にひとしい発句法といえるだろう。

鍛治《かじ》の槌《つち》桶屋の槌も師走かな

伊那地方は大きなV字谷がうねりながらつづいていく。カンカン、トントンの木槌の音、金属音が谷あいにこだまして、年の瀬のせわしさからか、槌音のテンポがこころもち早いのだ。小道に立ちどまって、虱男がじっと耳を傾けている。遠くにつづく山並みと、その上の大きな空。槌音が澄み返った虚空に吸われるように消えていく。

幕末、明治の大きな転換期に行き合わせた。身分制が消え失せ、誰もが立身出世に血まなこで、成金富豪の世の中にあって、わが身は無用の人生と思い定めて発句にいそしんだ。詠み捨てたぐあいだが、一五〇〇句あまりが残ったのは、作者が世に残る「工風」をしていたからではなかろうか。厄介になる旧家をきちんと選別して、そこに句稿を託していた。

身は虱のたかる乞食同然でも、感性はつねに山国の大気に洗われていた。そこから一瞬の太刀さばきのような句ができた。

『きのこの絵本』

渡辺隆次　ちくま文庫　一九九〇年

タイトルのせいで誤解しそうだが、これは絵本ではない。キツネタケに始まりハルシメジまで、四十二種のキノコについてものがたった、たのしくて秀抜なエッセイ集である。ただ著者はもともと画家であって、それぞれに絵を付けた。われ知らずペンに先立ち画ペンをとったまでである。

八ヶ岳山麓、過疎の村の片すみにアトリエを建てて引き移ったのは、一九七七年のこと。世はロッキード裁判や日航機ハイジャックで騒いでいたが、一切を黙殺するようにして山住まいを始めた。二度目の梅雨の季節を迎えたとき、庭に「赤茶色の小さな光る釦《ボタン》」を見つけた。よく見るとキノコだった。「キノコ図鑑」によればキツネタケ。陽ざしを受けると赤茶だが、すぐまっ白に退色する。雨が降れば、またもとの色。食べられるとわかって、さっそく「舌の上でも検証」することにした。以来、キノコが山麓暮らしの一の友になった。

まず色と形を仔細に見る。よく調べて、つぎに料理にかかる。ほぼすべてのキノコにわたり、この手順が通してある。目と鼻、そして舌がはたらく。その際、つねにキノコへの深い敬愛をたやさない。どうして敬愛せずにいられようか。これは消費する動物、生産する植物のあいだにある「第三の生物」であって、腐敗分解を受けもっており、森の「掃除屋」といったお役目なのだ。この働き手がいなければ森林の生態系が崩れてしまう。

「キノコの発生の観察は、正確な歳時記を見るようだ」

この本がすばらしいのは、キノコとの出会いを語りつつ、期せずして語り手の成長記になっていることだ。「光る釦」とまちがえた人が、十数年たつうちに、村の人から鑑定依頼をされるまでになった。はじめは警戒されたヨソ者が、根っからの山びとさながらに変貌していく。

「村の年寄りにシモッププリを届けると、本当にうれしそうな顔をする」

シモフリシメジのこと。格別のキノコであって、こくのよさは比類がない。すぐさま、きまった。今夜のメニューは、ほうとうか炊き込み御飯。村人夫婦のやりとりから夕の膳まで、まざまざと浮かんでくる。

キノコが地上にあらわれる季節に応じて、「梅雨から晩夏へ」「秋、冬、ふたたび春へ」の二部立てになっている。雄大な山の麓の時間が、ゆっくりとめぐっていく。「大気がぐんぐん澄んできた。秋は深まり、山々の稜線が日毎に迫ってくる」

落ち葉にコウタケがひそんでいる。探し求めれば、きっと足もとにいるフシギな生きものなのだ。いまのいままでいなかったのに、出会いの一瞬で全世界がクルリとかわる。そのあとはまた深い沈黙と静けさ。

甲斐駒に落日がかかると、谷間にはさざめき。それは「落日が映し出すセロハン紙のような赤トンボの翅」。そうとも、この季節には吹き上げる風のなか、数万匹の赤トンボがとめどなくわいてくるものである。

『木馬と石牛』

金関丈夫　法政大学出版局　一九八二年

富士山がなぜ「富士」の名になったのか。山名のおこりについてはいろんな説があるが、『竹取物語』由来説が最も有力とされている。竹から生まれ、美しい姫に成長した「かぐや姫」に貴公子が次々とプロポーズするが、いずれもソデにされた。姫は帝《みかど》の求婚も退けて天上界へ帰っていったが、ただ帝には別れぎわに歌の文と不死の薬を形見にのこした。

帝は胸もつぶれる思いで「天に近き」山をたずね、「駿河の国にあるなん山」を知り、多くの士《つわもの》を動員して山頂で姫ののこした二品を焼かせた。不死の薬の燃える山で「ふし（じ）の山」、つわものが沢山登ったから「士に富む」山で「富士山」。このエピソードがつねに言われる。

「私にはどうも納得のいかないふしがある」

人類学の金関丈夫《かなせきたけお》（一八九七―一九八三）が一九七〇年発表の論文「竹取物語の『富士』の口合《くちあい》」で、まっこうから異を唱えた。まず納得のいかない四点をあげ、くわしく論証し、丁寧な用例をつけ、さらに注でくわしく補いをした。着眼のあざやかさ、分析のするどさ、論述のはこびぐあい、まさしく間然《かんぜん》するところがない。金関丈夫は解剖学を学び、医学部解剖学教授のかたわら、人類学、考古学、民族学にわたり健筆を振った。和漢洋の学芸に通じ、詩やドラマ、推理小説を試みるような遊び心もあった。著書によって学問のたのしさをおしえてくれる数少ない学者の一人である。

金関の論証は国文畑の研究を逆手にとって、注解書をあげていく。「ふじ」はまず不尽、不自、布士、福慈などの字があてられた。不、布、福が使われ、富を用いたのは一例もない。

ところがある頃から富がとってかわり、山名、神名、地名の「ふじ」がほとんどつねに「富士」となった。それは奈良朝以前と平安朝以後において、「一つの画期的な変化」が生じたことを示している。時代の志向が大きく変化した。人々がより具体的な幸福を願い、「富」という吉祥文字を「一種の手軽な呪術」として愛用し始めた――。

この人の学問がすばらしいのは、何よりも新しい見方、新しい視野をひらいてくれることだろう。用字の変化に社会現象を見てとるかたわら、社会現象を通して言語現象を見定めていく。不から富への突然変異が生じたころ、日本語そのものが大きな変化を起こしていないだろうか。解剖学者が骨の細部を診断するようにして言葉の骨格をたしかめていく。

言語学的には、まさにそのころ上代特殊仮名づかいが消滅して、音節の数、また母音の数も減少した。現世的な富と引き換えに言葉が一挙に貧しくなった。一つの山名の考察をたどるなかに大きな時代の流れがつたわってきて、読者までもが学問することのスリリングな興奮につつまれる。

「竹取物語の『富士』の口合」は二十九編を収めた『木馬と石牛』に入っている。どれも劣らず知的刺激にあふれ、ときにユーモラスだ。死後、新編の『木馬と石牛』として岩波文庫（一九九六年）に収録されたが、なぜかそこには、ひときわ秀抜な竹取論文が省かれている。

『クモの網』

船曳和代　新海　明

ーＮＡＸ出版　二〇〇八年

藪こぎをしているときなど特にそうだが、やにわに顔にクモの巣がはりついてくる。あわてて指ではがすのだが、ヘンにねばついていてまといつく。二度、三度とかさなると、舌打ちして、おもわず毒づきたくもなる――。

他者の生活圏に勝手に入りこみ、丹念に耕して苗づけされた畑を蹴ちらしていくのにひとしいのだ。それもこれも無知のしわざであって、日常に見慣れた生きものであれば、クモなどよく知っていると思っている。

目次に先立ち、「クモって、どんな生きもの?」のページがあって、たちどころに思いこみの皮がハガれるだろう。そもそも「クモの巣」がまちがいで、住まいではなく餌を獲るためのものだから「クモの網」が正しい。どの国でも「網」と呼んでいるのに、なぜか日本人だけが「巣」と言いつづけている。

「獲物を獲るために罠をしかけるのは、アリジゴクなど一部の昆虫を除いて、クモと人間だけ」

漁で用いる網にしても、クモの網をヒントにしたといわれている。ではクモはすべて網を張るのかというと、世界に四万種、日本に一三〇〇種いるなかで、網を張るのは半分。のこりの半分は網なしの「徘徊性」だそうだ。ネバネバの糸にも特性があって、よく見かける丸い網（円網）の場合、クモ自身が歩くタテ糸には粘性がなく、ヨコ糸にだけ粘りがあって、そこに獲物がくっついてくる。あの空中の網は、性質のちがう二種の糸で織り上げられている。

つづいて精巧な標本で紹介される網見本集が圧巻だ。細い糸を織り重ねてドーム状にしたもの（アシナガサラグモ）、揺りかごのようにたらした網（クスミサラグモ）、クラゲの親子の浮遊のように大小二つを上下に浮かせるスタイル（スズミグモ）、庭木に真っ白なテーブルクロスを広げたのとそっくり（クサグモ）……。

ジョロウグモは腹に黄色と緑青色の縞模様をもち、真紅のアクセントを散らしたあでやかな姿から高貴の女官「上臈《じょうろう》」になぞらえて命名されたというが、張る網も大きく、網目が緻密で、時がたつと黄金色に輝く。庭や公園などで、少し黄色みをおびた大きな網を見かけたら、ジョロウグモと思っていい。ためしに網目をながめてみよう。気が遠くなるほどこまかく張りめぐらせてある。ふつうのクモは、タテ糸が一度に一本ずつしか張れないが、ジョロウグモは二本ずつ張れる。容姿だけでなく、「コストパフォーマンス」にも秀でている。

円網のつくられる手順に見る「綿密な段取りと職人芸」はどうだろう。ハツリグモは枯れ葉を網につるし、その中で見張っている。網の張り替えには、お気に入りの枯れ葉を抱えて引っ越しをする。オウギグモは薄暗い林間の下草や低木の枝葉に網を張り、網の頂点から引き出した一本の糸を操作して獲物を待っている。そこに場ちがいな人間が突っこんできたら、クモこそ毒づきたくなるだろう。

八十ページにみたないブックレットだが、驚嘆すべきクモの生態を、これほどみごとに写し取った記録は二つとないにちがいない。クモの能力に魅了され、研究をつづけてきた市民二人がこれをつくった。

『写真句行　一茶生きもの句帖』

小林一茶 句　高橋順子 編　岡本良治 写真　小学館文庫　二〇〇二年

俳人小林一茶に有名な「雀の子そこのけ〳〵御馬が通る」や、「痩蛙まけるな一茶是《これ》にあり」の句があることは知っていたが、ほかにもこんなにたくさん、生きものを詠んでいたとは知らなかった。選ばれたものだけで四百八十三句。全部を集めると、どれほどの数にのぼるだろう。

雀、鶯《うぐいす》、雲雀《ひばり》、雉《きじ》、時鳥《ほととぎす》……、蛙、蟇《がま》、蛇、蝸牛《かたつむり》……、猫、犬、馬、狐、鼠……、鮎、鰹、蟹、亀……、蠅、蝶、蚤、蚯蚓《みみず》、屁ひり虫……。鳥、虫、魚、哺乳類、両棲類。むろん、一茶はそんな区別などしなかった。目にとまったり、いき合わせたり、親しんできた生きものたちである。そのときどきの思いを添えてとりあげた。うたわれている虫や小動物に共通して、一つの特徴があるだろう。生きるにあたって厳しい条件を強いられ、それをせつないまでの英知でもってのりこえていく。

雉鳴くや関《かん》八州を一呑みに

行く雁や迹《あと》は野となれ山となれ

で丶虫の捨《すて》家いくつ秋の風

エッセイと略年譜で簡明にまとめてあるが、惨憺たる人生だった。越後の農家に生まれ、早くに母をなくし、十五のとき江戸へ奉公に出された。俳諧師を志したのは二十代半ばである。それから二十年、杳《よう》として行方が知れない。俳諧行脚《あんぎゃ》といえばもっともらしいが、実際は諸方の有力者をたよっての乞食旅行。たかり、せびり、涙金のお鳥目をいただいて次へ行く。そんな男を雀や猫や蝶や屁ひり虫がじっと見つめている。

むつましや生まれかはらば野辺の蝶

望郷の念にせかれ、江戸から九日間歩きづめで故里に帰ってみると、継母、異母弟がとおせんぼして、冷ややかな目で立ちふさがる。「やれ打つな蝿が手を摺り足をする」は有名だが、風狂の俳人のやさしい心を見てとるのは、とんだおカドちがい。「もみ手をして命乞いをしている蝿は一茶自身」なのだ。草鞋《わらじ》もとかずに、まわれ右をして来た道をとって返した。

古郷は蝿すら人をさしにけり

つねに社会的弱者の視点に立ち、そこから小さな生きものに特有の愛嬌と尊厳を見てとった。おのずと背後に控えている世間や権力や富が、うっすらと見えてくる。あるいは、まわりを払いのけて出てくる。雀の子を蹴ちらして通る「御馬」の息づかい。痩蛙がいれば肥ったのもいて、となれば「大蛙から順〻に坐取りけり」なのだ。

でも、それはたまの一茶であって、たぶん、イヤな、見たくもない人間的風景に立ち会ったあとのことだろう。ふだんはもっと自由な、素直な、とらわれのない目で見ている。蜻蛉《とんぼ》が尻で川水をなぶっている。赤蜻蛉が行列をつくって通りを行く。お祭りに合わせて赤い一張羅でお出ましになったらしい。夕焼けともなると「暮れいそげ〳〵とや赤蜻蛉」なのだ。かぎりない無私の愛情がないと、こんな句はつくれない。

遠山が目玉に映るとんぼかな

静けさを煮つめたような写真がページごとに入っていて、「写真句行」とはうまい言い方だ。自分も手製の一つ作りたくなる。

『火山列島の思想』

益田勝実　筑摩書房　一九六八年

十一編の論考が収めてある。「火山列島」が語られていくと思って、いそいそと読み始めると、勝手がちがう。「原始社会における日本人の想像力」をめぐり、伝説や風土記などを引きながら論がすすんでいく。何かしら異変が起こるのは、いつもきまって夜と朝のはざまなのはどうしてか。単なる時間の推移ではなく、日本人の想像力にパターンがあって、それは中世以前に始まり、ずっとのちのちまで強力に生きつづけているのではあるまいか。

論考はいずれも国文学の専門誌に発表され、一般の読者を想定していない。だからといって、難しいというのではない。まず引用がたのしい。「大きな袋を肩にかけ　ダイコクさまが来かかると――」。おなじみの唱歌につづけて述べられていく。「あのダイコクさまは、噴煙を濛々とあげ、火の灰を降らす火山神なのである」。しかも縁結びの神である出雲の神と同一神であって、この神の名はオオナモチ＝大穴持、オオナムチ＝大穴牟遅、大己貴、大汝など、表記がちがっている。オオナのナが何であったか忘れられたからで、古代人は原始以来の神の名ナが「穴」であることを知っていた。「ただの山の崇拝ではない。『穴』への懼《おそ》れであった。火を噴く穴へのおののきであった」。

日本人にとって山は山一般ではなく、「〈火の神〉への信仰」という形で山を祭りつづけてきたのではなかったか。論はつねに原始の日本人の心の中へともどっていく。日本人の想像力の根っこをさぐり出そうというのだ。それもイメージなり概念としてではなく、文字どおり実体として浮かび上がらせようという。だから天理教の教祖中山ミキが神がかりのなかで口述して側近の者に書かせた『こふき』がとりあげられる。

「このせかいにんげんはしめたハ、九億九万九千九百九十九年いぜんに、どろうみのなかより月日りよにんにさゞめつけて……」

山はまず火の神であることにおいて神——テーゼはくり返されながら変容して現代と結びつく。一九六二／六三年に噴火と鳴動をくり返した三宅島が、火山列島日本の心情史をあとづけていないか。伊豆諸島の海中で、突如噴火して島影をあらわし、数日にして海底に没した明神礁《みょうじんしょう》はどうか。出動した海上保安庁の調査船が消息を絶ったままなのだ。

洞察にみち、刺激的な論がつづいていく。学術論文のワクをはみ出して文学が始まったぐあいである。そういえば論考の一つは「フダラク渡りの人々」と題され、補陀落《ふだらく》渡海を語っている。井上靖の「補陀落渡海記」（131ページ）と同じころに執筆された。学者と作家がそれと知らず、それぞれの興味のままに同じ素材をとりあげた。おかげで想像力の変質、あるいは衰弱現象がくっきりと見てとれる。

熊野の海から、洋上はるかかなたの彼岸、観世音菩薩のおわします普陀落山《ふだらくせん》めざして船出した人々。益田論文ではもとより行き着けるところではなく、「たどりつけないことに対する明確な自覚」とともに、且つは燃えるような想像力を抱いて渡っていった。小説では、それがやがて慣習化して、めでたくお上人さまにならず、むくつけき俗名のまま終わったケース。むろん、衰弱した想像力は制度にすぎないが、原始のそれは哀しいまでに美しい。

『写真集　花のある遠景』

西江雅之　左右社　二〇一五年

　はじめに二枚の写真が収めてある。一つは兵庫県西部を流れる揖保川《いぼ》。東京生まれの少年が疎開してきて見つけた風景だ。もう一つは、アフリカ・イエメンの都市アデン。二十代はじめの青年が一カ月かけてソマリアを単独縦断したのち、たどり着いた町である。疎開少年は川のほとりに立って、視界をさえぎる山の向こうには何があるのか、知らない世界に憧れた。灼熱の都市にたどり着いた青年は、「焦《こ》げた鍋底」を思わせる異都であるにもかかわらず、「故郷に戻ってきたような、落ち着いた気持ち」を覚えた。

　のちの文化人類学者・言語学者、西江雅之の原点にちがいない。とまれものものしい肩書よりも、この人には「旅の人」というのがもっともふさわしい。写真集が足跡を示している。アフリカはアデン、チュニジア、モンバサ、ウガンダ、ソマリア、ナイロビ……インド洋のコモロ島、フランス領マヨット、モリシャス島、絶海の孤島ロドリゲス。カリブ海ではキューバ、ハイチ。パプアニューギニアのマヌス島、極楽鳥の生息地タリ、文化人類学の父マリノフスキーが調査のために長期滞在したトロブリアンド諸島。

その跡を図解すると、長い線と、いくつもの円が生じるはずである。線は旅の道程をあらわし、円は長短を問わずとどまったところ。フィールドワークのためであるが、この人にはやはり研究者的用語よりも、「停留所」といったような日常語が合っているような気がする。足をとどめ、耳をすませて音と声を聞きとり、ノートをひらき、写真をとり、そののちそっと円を離れた。停留所探しの旅が、地球の果てのような遠方へとつれていった。

この写真集を編むとき、西江雅之は死の床にいた。タイトルは若き日の代表作である『花のある遠景』をかりることにして、新しくあとがきをつけるつもりだったが、病いの苦痛と死がジャマ立てをした。かわりに病床で語ったことと、エッセイからの抜粋が添えてある。

「何かがわたしを捉える。その瞬間に、こちら側も相手を捕える」

「その瞬間」の身体反応において、写真のプロと自分とは違うという。彼らは相手の一瞬のスキを狙うが、こちらは被写体との間に生まれる「一瞬の緊張」を狙う。それは画面全体にひろがる緊張であって、それ自体では完結せず、おのずと「対象は無傷である」。これ以上ないほど的確な自己分析である。この旅の人は旅先をカメラに収め、考察し、論じても、対象を食いものにしない。風のように通り過ぎることを念じている。そんな自分の生き方に「明確な妄想」「馬鹿げた努力」の二つの言葉をあて、さらに「はっきりとした夢を持つこと」「他人の何倍も努力をすること」と言い換えた。

そんな人と死の半年ばかり前に、なじみの喫茶店で出くわした。彼はこともなげに膵臓ガンだと告げた。「なんだ、もういっちゃうのか」「人間、死ねばゴミだからね」「そりゃあそうだけど、さびしくなるなァ」。そんなやりとりをした。そのさびしさがどんなに深いものか、いままた写真集をひらきながら、あらためてかみしめている。

『自然の猛威』

町田 洋、小島圭二編

岩波書店 一九九六年

地震のたびに「活断層」が言われる。日本列島自体が変動帯の一部であって、自然の災害をとりあげるとき、まず活断層の動きから始めるのは当然のこと──。

いや、そうではない。活断層に光があたったのは、ごく近年のことらしい。「阪神淡路大震災でいまや時事用語になった活断層は、それまでは細々と研究されていて、顧みられることが多くはなかった」。

阪神淡路大震災は一九九五年一月十七日。この『自然の猛威』は一九九六年四月の刊行。シリーズ「新版 日本の自然8」として準備中に大地が大きく揺れた。

地震の揺れは、わずか十秒。にもかかわらず死者五万五〇〇〇人以上、家屋の全半壊二十万戸、被災者総数三十万人以上に及んだ。シリーズの英文タイトル Nature in Japan

のなかの災害を巡る一冊だった。おのずと『自然の災害』が予定のタイトルだったが、急遽『自然の猛威』に変更された。理科系の基礎的啓蒙書が、時代の要請に応じた珍しいケースと言える。

火山の噴火、地震と津波、巨大崩壊、洪水、台風、雪氷……。まことこの日本列島は災害列島だ。巻頭に掲げられた雲仙火砕流の迫力に息を呑む。地球のハラワタがドッとあふれ出たぐあいなのだ。津波と火災で一切を失った奥尻島南端の空中写真。神戸市南部の横倒しになった高速道路。

「地震でできた活断層の分布をみると、日本列島の岩盤はひじょうに細かく割れ、くいちがっていることがわかる」

海溝沿いの断層も、陸上の断層も「歪《ゆが》みエネルギー」を蓄積して、すきあらば動こうとしている。この島国に自然の猛威は宿命であって、そのなかで、ことさら安全を言いたてるのは、よほどの政治的配慮にもとづく思惑ずくにちがいない。

阪神淡路大震災に人々が驚いたのは、関西には大地震はこないと信じられていたからだ。ところが統計に見るとおり、直下型地震による災害はその多くが「西南日本、とくに近畿地方の周辺」に発生している。ここ百年間で見ると、関東よりはるかに多い。にもかかわらず、どうして恐ろしさが人々に伝わっていなかったのだろう？

直下型地震の特徴であって、規模が小さくても海溝型巨大地震に匹敵する頻度で起こり、大きな災害をひき起こす。ただ直下型は、震源域の周辺では壊滅的な被害を及ぼすが、少し離れると被害はウソのように少なくなる。震災の痛みを感じる人は、地域全体で見ると、ごく少数派にとどまり、記憶の蓄積にいたらない。

「ひとつひとつの活断層の再来間隔は長いのにこんなに高頻度で断層活動が起きるのは、ともかく活断層の数が多いからである」

大きな衝撃を受けて編まれたせいか、全体に災害を見据えた緊張がみなぎり、表現が簡明でわかりやすい。阪神淡路で、政府もやっと活断層の重要性を認識し、プロジェクトチームを発足させた。多くの活断層の中から、当面安全なものとそうでないものを区別して明示する。以来、二十年になる。では、どのような結果が出たのだろう？　とりわけ原子力発電所の立地状況について、判断・評価を下したはずだが、たとえば福島のケースはどうだったのだろう？　もしかすると政治的配慮にもとづく安全神話の再確認で終わったのではなかろうか。

『霊山と日本人』

宮家 準　講談社学術文庫　二〇一六年

ちょうど真ん中あたりに「霊山の分布」地図がある。関東から中部一帯にかけて、とりわけ近畿地方は、山名がひしめきあっている。巻末には、よりくわしい霊山索引がついていていて壮観だ。いかに日本人が山を神聖視して、祈りの基層に山岳信仰をやしなってきたかがうかがえる。

こころみに自分がこれまで登った山を数えてみると、気がつくだろう。それと知らず多くの霊山に登っている。そういえば登山口には古い里宮があった。頂上近くの岩場に、ヨダレかけをつけた石仏が祀ってあった。裏手の瀧近くで、萌黄《もえぎ》の鈴懸《すずかけ》に白い袴と脚絆《きゃはん》姿を見かけた。シャワー代わりを考えていたが、修行の滝と聞いて遠慮した。

世に知られた個々の霊山については、それなりに知っているつもりだが、山岳信仰を包括的にとらえ、日本の霊山に共通する特徴、信仰、儀礼、修行のかたち、霊性のありかたなどを語ったものは少ない。著者宮家準には、ほかに『修験道』『日本の民俗宗教』といった優れた著書があって、この面での第一人者である。諄諄《じゅんじゅん》と説くといったタイプの語り手で、「ここではこうした諸霊山の開山伝承にほぼ共通に認められるものをあげておくことにしたい」。「そこで次にはこうした山の神格を顕した宗教者や、彼らを助けたり、その一面を示すとされる鬼や天狗、彼らを山の神格のところに導いた動物などを取り上げることにしたい」。

自然への怖れと畏敬に始まった信仰は多岐にわたり、組織化され教団化するにつれて歴史のなかで複雑な様相を呈してきた。包括的に語ろうとすると、膨大な知識が必要で、読者は途方に暮れる。そのためステップごとに次に語ることとの予告を述べて、方向づける。叙述がひろがりすぎたと思うと、「そこで最後は、これをまとめて、その全体的な特徴と相互関係を考えてみることにしたい」。

おりおり往き迷いながらも楽しく読めるのは、語りに工夫がされているからだが、とともに長い歳月のなかで、信仰が生み出してきた神格の姿が楽しいからだ。正装した山伏姿は目がさめるほど美しい。現代のファッションデザイナーが舌を巻くようなカットとアレンジと配色がこらされている。

開山伝承には、山の動物や天狗、鬼などが一役買っていて、それぞれが山や水や岩や里と結びつき、山の性格をあざやかに伝えてくる。なぜ熊野ではカラスがガイドを演じたのか。立山では鷹と熊が大切なつとめを果たした。日光では蛇が激流の橋渡しをした一方で、大峰山では大蛇が役行者によって退治された。そういった伝承の多くは、修行者が水分《みくまり》神を「統制下においた」ことを伝えている。永年の疑問がとけたぐあいだ。

以前、熊野古道を歩いていて、「王子」をいただく礼拝所に出くわして目を丸くした。「山の主尊の眷属《けんぞく》が示現して、修行者を守るとの信仰」がもたらしたもの。「ちなみにこれらの王子はいずれも童形で棒や念珠を持ち、異様な姿をしている」。

天狗の面相などにも見てとれるが、自然信仰は人間の想像力に強力にはたらきかけて、とびきり大胆で生気あふれた造形を生み出すものなのだ。

『ときめくカエル図鑑』

高山ビッキ 文　松橋利光 写真　桑原一司 監修　山と溪谷社　二〇一三年

幼いころ、カエルとよく遊んだ。まわりにどっさりいたからだ。雨上がりの庭木にのぼっていた。草むらから次々にとび出してくる。縁側に寝っころがって、ちびっこのアマガエルをおでこにすわらせたり、鼻にのっけたりした。ヒヤリとして、くすぐったい。ガマ仙人のまねをして呪文を唱えると、おどろくほど遠くへ跳んで逃げた。

ただそれだけのことと思っていたが、そうではないらしい。「幼い頃にカエルと触れ合った人は、大人になってもカエルと関わり合って生きる可能性があります」。心のなかにカエルが住みついているからだそうだ。

なんだか、うれしくなった。世界中のカエルは三〇〇〇種以上だとか。人間などよりもずっと古く、一億年以上も前から地球の住民だった。日本が大陸と地続きだったころ、中国からやってきたツチガエルは、中国の揚子江あたりがルーツらしい。朝鮮半島から別の集団がやってきて、現代の西日本のツチガエルをもたらした。学問的には五つの集団があって、少しずつ鳴き声がちがうというから楽しいではないか。

カエルグッズでおんぶした親子ガエルをよく見かけるが、実際は親子ではなく、オスがメスをがっしり捕まえて「産卵を促す抱接」中。指先が丸まっていて、メスを抱きしめるとき、特別の効用があるらしいのだ。

カエルの写真家によると、同じ種類のカエルでも個体ごとに性格がちがっていて、図太いのもいれば、神経質なのもいる。「日々の撮影は出会ったカエルの個性を見極めた上でのちょっとした駆け引きが重要」。

日本のカエルはニホンアマガエルから始まっている。幼いときに遊んだ仲間で、目の左右に黒い筋がある。低気圧が近づくと鳴き出すので雨の予報官だった。

久しぶりにモリアオガエルと再会した。この前は旧天城火山の火口湖にあたる八丁池だった。モリアオガエルは樹上生活者であって、池の上に突き出た枝の先っぽに産卵する。保護のために産卵のあと、綿菓子のような白い泡の玉を盛りあげる。伊豆・湯ヶ島の写真館のご主人で、三十年にわたり八丁池のモリアオガエルを見守ってきた方と、標高一一二五メートルの池を訪ねた。霧の動きがあわただしい一日だった。そのなかで枝先に鈴なりの白い泡の玉が、幻のような風景をつくっていた。

おつぎがおなじみのトノサマガエル。田植えのすんだ田んぼで、天にとどろく声で合唱していた。あらためて写真で見ると、腰を据え、前肢をわきにして口をキッとむすんでいるところは、殿様の貫禄がある。説明文のおしまいにきてハッとした。「環境省レッドリストの準絶滅危惧」トウキョウダルマガエル、オオハナガキガエルも同じ。イシカワガエルはレッドリストの絶滅危惧ⅠB類、ハナサキガエルは絶滅危惧Ⅱ類。

大気汚染、水質・土壌汚染、オゾン層の破壊、地球温暖化、農薬の使用、水辺・湿地の消失……。カエルの天敵はヘビやイモリといわれるが、もっとも兇悪な天敵は人間である。際限のない自然からの収奪と経済的欲望がカエルたちを追いつめていく。

カエルに出会うコツもおそわった。その日の天気や風の強さによっても居場所が変わる。風からの避難場所を見つけると、そこにちゃっかりとカエルも来ている。

『音楽と生活　兼常清佐随筆集』

杉本秀太郎 編　岩波文庫　一九九二年

兼常清佐（一八八五―一九五七）は、カネツネ・キヨスケと読む。近代日本のもっとも優れた知性だと思うのだが、当の近代日本も日本人も、そんなふうにはみなさなかったのだろう。生前の三十点にちかい著書は散逸した。それを惜しんで編者が一冊のアンソロジーとしてまとめ、年譜と解説をつけた。タイトルは「音楽」がついているが、全四章の四分の一であって、四分の三はひろく近代日本、また日本人の生活にかかわっている。一つか二つか読むだけですぐに、なぜこの優れた知性が日本社会のよけいなハミ出しものとしてソデにされたのかがよくわかる。

アンソロジーは一九三一年から四一年に世に出た四冊から選ばれている。歴史的にいうと、満州事変の勃発から上海事変、国際連盟脱退、ロンドン軍縮会議脱退、日中戦争、

日独伊三国同盟、太平洋戦争の始まりまでの十年である。

兼常清佐はどの事件にも、直接には触れていない。語られているのは専門とした音楽美学、また、こよなく愛したピアノという楽器との関連からのあれこれである。ピアノの名手といわれる人のピアノの鍵のタッチと、ネコの脚がのったときの音がどうちがうか、あるいはちがわないか。

小学校の音楽の時間に、教訓つきの歌をうたわせる「修身ぶし」のこと。日本の楽壇で天才ともてはやされ、ドイツに赴き、ウイーンで自殺した女性ピアニストのこと。終生の仕事とした民謡の採譜にまつわり「(仕事場の一隅から) ニッポンの声・ニッポンの歌」「ニッポン人の趣味」……。

日本、また当時の大日本帝国を彼はつねにニッポンと書いた。東京、京都といった地名は、トーキョー、キョートであり、自分が学んだ京都帝国大学は「キョート大学」である。人名もカタカナ表記で通した。俳人大須賀乙字はオースガ・オツジであって、藤井紫影はフジイ・シエーである。

漢字につきまとう権威めいたものを一切削《そ》ぎ落とす手法である。学術用語はことさら難解な漢字があてられるが、その種の言葉はいっさい使わずに学問をした。

軍人が政治を壟断《ろうだん》して、国がまっしぐらに孤立化へとすすみ、どの事件にも国民が喝采を叫んでいた時代である。日本的なものがもてはやされ、世界の文化の頂点であるかのように崇高化され、文学者、学者、芸術家、歌人、俳人が臆面もなく日本の伝統文化の優秀さを言いそやしていた只中である。

「心がどうだの、悟りが何だの、精神がどうだのと、いやに持ってまわった理屈がつく。これがわからなければニッポンの芸術がわからないように言われる。それが芸の神髄であるように言われる……」

彼はこともなげに三味線は「一種の原始楽器に過ぎない」と述べた。ニッポン国がナチス・ドイツとの運命共同体に入ったころ、「私はナチでないドイツ語を愛し、ナチでないドイツ思想を愛し、ナチでないドイツ音楽を愛する」と言い放った。

「何かにつけてのぼせあがる世間」（杉本秀太郎）にそむいて、兼常清佐は醒めた目で世の中を見て、地道な学問をねばり強くつづけながら、少し皮肉な軽い調子で、誰にも書けないエッセイを書いた。キヨスケ・スタイルになれてくると、その背後に、時代の闇が黒々と感じ取れる。

『建築家の名言』

Softunion 編　エクスナレッジ　二〇一一年

十年ばかり前に建築家や都市プランナーや写真家十数人が、「有限責任事業組合」というのを設立した。たがいに関連する仕事に力と知恵をかし合うというのだ。二十代から五十代までてんでんバラバラで、さしあたりは「ソフトユニオン（SOFTUNION）」と命名。

どういうきっかけか知らないが、めいめいが仕事の上で大切にしている言葉を出し合って本をつくろうとなったらしい。そこから、すこぶるユニークな名言集ができた。

「専門家とは、いつも同じ間違いを繰り返す人たちのことである」（ワルター・グロピウス）

バウハウスの生みの親のグロピウスは教育者でもあったはずだが、こういう大胆なことを平気で口にしたらしい。提出者のコメントがついていて、専門家には必ず自分のやり方があり、「何べん間違いを繰り返してもまた繰り返す頑固者」。たしかに建築にかぎらず、どの分野にも通じることにちがいない。

「設計図がきれいなら出来上がりも美しい」（大江 宏）

若手には先生にあたる人が、図面を見ながら、ふと洩らしたひとこと。若手にはなぜか記憶にしみついた。高名な建築家による居丈高な高層建築を見ると、その設計者の設計図の「きたなさ」を思ってしまう。

フランク・ロイド・ライトは「近代建築の三大巨匠」といわれる一人だが、自分のこれまでの作品で最も好きなものを問われると、ひとこと「NEXT!」と答えたという。過去はもうどうでもいい。関心があるのは、つねに次の仕事。「ネキスト」のひとことがうれしい。とてもいいことを教えてもらった。

「男は若くして結婚したら、ろくな者にならない」（伊藤ていじ）

伊藤ていじは日本の民家研究の道を切りひらいた人だ。その研究室でコーヒーを飲みながらの談笑中に発せられた。ほかにも「地球上に引っかき傷を残して死ね」「人に世話になったら礼状を書け」など、この人の言葉をあげている人が多いのは、よほど魅力のある先生だったのだろう。研究室に入れる選考基準が、「得意なもの」があることだった。パチンコが得意な学生もいて、その景品稼ぎが研究室に山盛りになっていた。民家の調査に関連しての言葉を覚えている人がいた。「僻地へ行けば行くほど古いもの（民家）が残っていると思っていた」。むしろそうではなく、京都や奈良など「中央都市部」に多く残されていた。伝統や文化を伝承していく力は、「土地や人々の民度」と比例するらしいのだ。

「大学院を出たくらいで建築のことを分かった気にならないことです」（マック・スコギン）

アメリカの大学の学部長が卒業する学生に語った言葉。そのあと、四十年建築をやってきた自分にも、わからないことがたくさんあるのだから、とつづけたという。意味ありげな教訓ではなく、こういう平凡なことをきちんと述べるのが名言なのだ。受けた人のコメントがついている。「この言葉のありがたさは仕事を始めてすぐに気づくことになった」。

『町並み・家並み事典』

吉田桂二　東京堂出版　一九八六年

事典はふつうデータがつまっていて、必要に応じて開くものだが、これはちがう。必要がなくても開いていて、何度も見たページがいつも新しい。宮城県登米郡登米町、名古屋市緑区有松町、兵庫県佐用郡佐用町平福、山口県熊毛郡上関町祝島……。たのしく旅行をして、印象深い出会いをした町々であるが、そのはじまりはこの本だった。

横長の判型で、左ページに細いサインペンによる精緻な町並みのスケッチ、右ページに解説。たしかに建物なり町並みのつくりにつき技術的な解説がまじえてあるが、むしろ小エッセイといった感じで、町に住む人々の生活、考え方、暮らしの匂いまでつたわってくる。そんな画文が八十八篇、つまり日本の個性ある、風土をよくとどめた、伝統的な八十八の町の遍路旅だ。タイトルにはうたってあっても、いかにこれが事典的無味

乾燥から遠いかわかるだろう。

巻頭の「序にかえて」の日付は一九八六年で、「ここ十年ばかり」、日本各地の古い町並みを訪ねる旅をしてきたという。「憑《つ》かれたように」見てまわった。「日ごとに消えていく古い民家とその町並み」を思うと、駆け歩くようにせざるを得なかったからだ。

建築家吉田桂二はつましく批評を差し控えているが、日本の景観がこの時期に大きく変化した。一九六〇年代の「所得倍増」計画、それにつづく七〇年代の経済の高度成長のなかで、古い家、様式をもった町並みが惜しげもなく引き倒された。重厚な瓦屋根に代わってスレート、白壁と格子に代えて合板とプラスチック。誰もがそれこそ「文化」であり「発展」だと思っていた。昔ながらの町並みは古くさくて時代に遅れていると考えた。この時期を境にして、日本は一挙に醜くなった。どこに行ってもどこにでもある安っぽい、ゴタゴタした家並みがあるばかり。

「風土とは、自然と人間の営みの歴史的集積ということができるだろう」

古い民家や町並みは土地の記憶を伝え、それを訪ね歩けば、特色のある風土にふれることになる。それこそ旅の楽しさだし、感動でもあるのだが、吉田桂二には「消えてゆく姿」に接して、「愛惜をかみしめる旅」になってしまった。

だからこそ解説では、きちんと技術的なことにふれた。長い歳月のなかではぐくまれた土地に固有の技能であり、建物はそれを伝える証人でもあるからだ。また町並みの特色をこまかく指摘している。厳しい条件のなかでハッとするような様式が生み出された。古い民家や町並みは江戸時代のものと思いがちだが、多くの場合、まちがいで、明治という新しい文明開化の時代こそ日本的な民家や町並みをつくり出した。その先人の知恵がどうしてハイテクの現代に生かされないのだろう。

写真は数多く撮ったが、写真ではなくペン画にした。写実ではなく省略や強調ができるし、より多くの情報を入れることができる。消えゆくものへの無言のメッセージを伝えることができる。何度開いても新しいのは、そのたびに細部に新しく発見をするからだ。

『新修 五街道細見』

岸井良衛　青蛙房　二〇〇四年

「細見」はガイドブックの意味。江戸を中心とした五つの街道、つまり東海道、甲州街道、中仙道、奥州街道、日光街道と、その支線の道中を編集したもの。江戸時代を通じて名所記や絵図、独案内《ひとりあんない》が数多く出されたが、江戸末期をもとにして、主だった本から抜き書きをつくり、独自の図解にそえて読むための地図にした。

巧みな創意工夫がほどこしてある。その一つだが、まん中に色紙が入っていて、これが江戸・日本橋。東海道、甲州街道、中仙道は西（左）へのびているので右開き、奥州街道、日光街道や水戸街道は東（右）にのびているので左開き。ページをくるごとに旅のコースがのびていく。また随所に「町」「家」「宿」「休」「祭」などの略号がついていて、町の長さ、家の数、宿屋、住所、祭社などがひと目でわかる。神社や寺はもとより、橋や川や名物、名産が、歩行につれてあらわれては消えていく。

ためしに日本橋を発って品川から川崎、その川崎宿《しゅく》の手前の六郷川（多摩川）。万治版（十七世紀）の名所記では「六郷の橋・長さ百廿間」で、橋詰めから池上への道があり、半里ばかりのところに「猟師の住む里あり、羽田村といふ」。文政版（十九世紀）では「六郷のわたし」で、武家以外は舟賃十文、「この川を玉川といふ」。江戸の初めは橋があったが、大雨のたびに流され、以後は橋をかけず舟渡しにしたことが見てとれる。いまやジェット機やジャンボ機の羽田が、まずは猟師の里として言及されていることもわかる。

戸塚、藤沢、平塚を過ぎると、次は大磯宿。「町はずれより小磯まで並木の松あり」。大磯の浦の五色の小石は知られており、持ち帰って盆栽に入れる人がいた。松並木は現在も健在で、小磯は鴫立沢《しぎたつさわ》と呼ばれているあたりと思われる。その先の切り通しに、小川をはさんで地蔵尊があるが、かつて夜な夜な石地蔵が化けて出て、往来の人を悩ました。紀州の某が美しい女のなりで誘い寄せ、抜き打ちに切りつけてから地蔵堂に立ち寄ってみると、首が落ちていた。以来、「首切れ地蔵」の名がついた——。旅の途上の土産ばなしが案内記から丁寧にひろってある。

小田原の手前の酒匂川（相模川）は、水の少ない冬場は土橋が架せられ、ほかの季節は「歩渡《かち》し」で川越人足の肩を借りた。古い細見には「追いはぎ多し」とある。

小田原を出ると湯本を経て箱根。さいかち坂、カシの木坂、猿すべり坂、てうし坂、白水坂……。坂の名前がひしめいていて、天下の険が旅人を苦しめたことがうかがわれる。権現坂を下った先が箱根の関所。「上リ男女御手形上ル。江戸に入には男女とも手形いらず」。武士に関してだろうが、パスポート検査は簡単だったようで、西から江戸へ向かう場合はフリーパス。旅行者はひと息ついて、名物の焼豆腐や団子で疲れをいやした。

日本人の旅は双六《すごろく》のように、おりおりの休みをはさんでコマをすすめて、上がりにいたる。その道筋自体が歴史と物語をもち、色濃く風土と暮らしを映していく。

著者岸井良衛《よしえ》（一九〇八―一九八三）は岡本綺堂の門に入って脚本や演出を学び、芝居の現場にいた人である。何もかも承知のナビゲーターに手引きされ、居ながらにして、こよなく贅沢な街道歩きができる。

『新 道具曼陀羅』

村松貞次郎　岡本茂男 写真　毎日新聞社　一九九七年

おりおり記述にまじっている。

「鉞（まさかり）も納屋の片隅に無聊《ぶりょう》をかこって二十年」

「木舞《こまい》の鉈（なた）。（……）もうだいぶ昔の作で、さいきん物置から出してきたというもの」

鉞は山に入って木を伐り、粗く角材にはつる。片手で下げるだけでも手にあまる重さ。大木の上に仁王立ちして、これをふるった。「鉞かついで金太郎——」。唱歌にうたわれているように、もっとも「いかめしい力」をそなえた道具だった。

「木舞の鉈」といわれても何のことかわかるまい。土壁の工法とかかわっていて、左官は壁の下地に細く割った竹を組んで縄で締めた。それを「木舞」と言って、竹を割るのが木舞の鉈。

こよなく美しい本である。見開き二ページ、かわるがわる文と写真で日本の古来の道具を語っていく。見出しに大きな漢字があてであって、文字のもつ品格が道具そのものの威厳とピッタリ重なり合っている。鑿、鋸、鉈、鎚、玄翁、墨壺、篦……。レッキとした日本語ながら、もはやおおかたの日本人は読むこともできない。

巻頭ちかくに「おことわり」のページがあって、初出とその後のことが述べてある。「文・村松、写真・岡本」で週刊グラフ誌に連載が始まったのが昭和五十年（一九七五）のこと。連載は十年つづき、四百七十回に及んだ。その前半部は数年のうちに本になった。のこりの後半より選んだのが『新 道具曼陀羅』で、初出より数えて二十二年後に刊行を見た。

村松貞次郎は近代建築史家、とくに日本の建築技術史の第一人者だった。一代の碩学《せき》が毎週一文を草し、それを十年もつづけたのは、強い使命感があってのことだったのではなかろうか。初出の年が暗示している。先立つ一九六〇年代は日本経済の高度成長まっ只中、東海道新幹線、黒四ダム、名神高速、首都高速など、大土木工事が目白押し。先進国でも例をみない急成長のひずみの象徴のようにして、一九七六年、前首相田中角栄がロッキード事件で逮捕された。

それはまた技術革新と機械化が急テンポですすんだ時期でもあった。いまや労働現場の主役は機械と装置である。旧来の道具は容赦なく捨てられ、時代おくれの遺物として排斥された。

このままでは日本の伝統的な道具と職人技術が忘れられ、わからなくなってしまう。技術史家は一つ一つ道具の戸籍をたしかめ、作ったヒト、使ったヒトの面影をつづっていった。道具は機械のようにヒトから離れることはない。道具を手にしてヒトはモノと語り合い、モノを知った。その濃密なヒトとモノとの対話と交流こそ文化というものではなかったか。

旧国鉄機関車の点検ハンマーは全長、頭部の長さ、柄の径、重量、みるからに「美事なバランス」の道具である。点検の音だけでスプリングの疵やボルトの弛緩を発見した。いまある世代以上の人は、帽子のアゴ紐をきりりと結んだ人が長い柄のハンマーを手に、機関車を点検している姿を記憶にとどめている。

「新」を編むにあたり、村松貞次郎は新しく「道具というもの」をめぐる力のこもったエッセイをつけた。日付は一九九七年八月。書き上げて十日後に急死。ながらく相棒をつとめた写真家は突然の訃報に、「一瞬背骨の抜けて行くような脱力感」を覚え、「職人達の世界に与えた損失」を思って言葉もなかったという。

#『日本山海名産図会』

名著刊行会　復刻一九七九年

日本の山と海の産物を絵と文であらわしたもの。「生産現場アルバム」にあたる。寛政年間（十八世紀末）に大坂で出版。著者名はなく、画工・蔀関月《しとみ》とのみある。江戸末期の大坂の浮世絵師である。著者名がないのは、先に江戸で出た『日本山海名物図会』により、それに西の産物を増補してタイトルの一字を取り替えたらしい。コピーライトがなかった当時には、よくあったこと。

全五巻のつくりで、巻一はいかにも大坂版らしく、そっくり伊丹の酒づくりにあててある。「日本上酒の始」とされていたせいもあるようだ。洗米から麹づくり、仕込み以下、伝統的な工程であって、現在とさしてかわらない。

巻二から山と海の産物にうつり、豊島《てしま》石、御影《みかげ》石、龍山《たつやま》石、砥《と》石などの切り出しと細

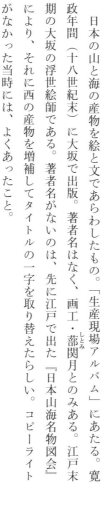

工現場、マイタケや熊野産イシタケの採集、蜂蜜や蜜蠟の仕事場、鳥獣の網のかけ方、熊猟のこと。熊といえば熊の膽《い》が貴重だが、偽物が多いから気をつけろと注意がしてある。「試真偽法」があって、判別の手段がなくもない。となると「制偽膽法」もあるわけで、ニセモノのつくり方にも触れている。前近代の技術書のたのしいところである。

巻三と巻四が魚にあてられているのは、肉食が限られていたころ、魚が主食をまかなっていたからだ。伊勢のエビ、丹後のブリ、讃州のサワラ、若狭のタイ、広島のカキ。すでにご当地ブランドものが生まれていた。土佐とくればカツオ、越前のウニ、明石のタコ、諏訪の八目《やつめ》ウナギ……。ブリの追網《おいあみ》、サワラの流し網、タイの五智網《ごちあみ》、カツオの一本釣り、漁法も今とほとんどかわらない。

画工関月は現場取材をしたのだろう。働く人々の姿、チームを組んだ集団の動き、作業風景など、なんともいきいきと描きとめている。浮世絵のかたわら和漢の書に親しみ、詩文を修め、千種屋という書肆を経営していたというから、一風変わった実業家の目で時代の産業を見ていたのだろう。

江戸や大坂にはすでに「諸国産物取次所」があって、各地の特産を扱っていた。同時代の才人、平賀源内は薬種商を組織して東都薬品会をつくり、定期的に薬種カタログを出していた。例会は会席、つまりパーティつきで、情報を交換する。取次所へ出品するにあたり、送り手は運送屋に渡す荷に「賃銀江戸払」の書状をつけたというから、運送費用を賄ってまで利益があったのだろうか。

それは「クスリ九層倍」のケースだが、諸国の名産をめぐり、情報のネットワークと宅配制が始まっていた。人々のいきいきした労働の姿は、厳しい封建制のなかで打ちたてた自分たちの物流システムと、それを身をもって実践しているよろこびを伝えるものではなかろうか。

山でとれる一つで丹波の産というが「山蛤《はまぐり》」と紹介されている。ガマに似たカエルらしく、笹原から追い出して手網をかぶせる絵がついている。ハラワタを抜いて乾物にすると、「其色桃色繻子《しゅす》のごとく」で、好事家に愛玩されたらしい。ここでも市中に出まわるものに「偽物多し」。古今を問わずブランド物にはニセモノがつきものなのだ。

『秋風帖』

柳田國男　梓書房　一九三二年

『秋風帖』は大正九年（一九二〇）の旅をつづった小さな紀行記で、柳田國男の膨大な著書にあっては、まるで迷い子のように収まり悪くてめだたない。朝日新聞に連載したとき、読者から抗議がきたらしい。ちっとも旅行案内になっていないではないか。何のへんてつもない村や里をめぐっているだけ。いったい誰のための紀行なのか――。

誰のためでもない、ひとり柳田國男のための旅だった。前年十二月、職を辞した。東京帝大法科を出て官につき、農商務省、法制局、宮内書記官、三十九歳で貴族院書記官長。傍流とはいえ官僚の出世コースを順調に駆けのぼっていた。それを突如、打ち切った。ときに四十五歳。上司はもとより、同僚たちはいぶかしんだ。やめて何をするのか問われると、「気ままな旅がしたい」とでも答えたのではなかろうか。他人にはワケがわからなかっただろうが、当人には正直な答だった。この年の夏から秋にかけて気ままな旅をした。そこでの見聞、旅のなかで考えたことが、やがて民俗学という新しい学問を生み出した。

紀行は大井川下流の町島田から始まっている。遠州浜松は素通りして、浜名湖の北のへんぴな地方へ向かった。熊村《くんま》（現・浜松市天竜区）で一夜の宿をかりた理由は述べていないが、「熊」という地名にひかれてのことだろう。百五十ばかりの戸数のうち、百二十戸あまりは元からの村民ではなく、よそから移ってきた。「旦那大家様と呼ばれて居る人」は一人もいない。山中の桃源郷のような村を、もっとよく知りたいと思いつつ峠越えをした。

秋葉路の山道のうち、鳶巣《とびのす》が一番高所で、そこから鎮玉《しずたま》の村が眼下に見える。美しい名前である。家や庭のようすをこまかくながめ、医院のあるなし、水や日当り、水車の有無、川にかかる橋のつくり……農商務省の役人のときの視察の作法だが、いまは土下座で迎えられる参事官ではなく、一介の旅行者である。

「海抜千五百尺の高寒な此村にも、ポンの往来する大道は幾筋か通って居たと見える」

三州作手村のくだり。「ポン」とは何か？　川で生活していた渡世人で、ポンまたはポンスケと呼ばれた。スッポンから派生したらしい。巧みに魚をとって近くの村に売り歩く。国勢調査に洩れている放浪の民を知って、うれしかったのだろう、大げさに述べている。「ポンは此国土の第二の住民である」。

背中合わせのような松平と杉平の二つの村に往き合わせた。ただ一字がちがうだけなのに、「土地が天下に名を知られる機会の差」は莫大だ。かつて日本国中、松平ナントカの殿様がちらばっていて、どこでもおなじみ。家康が家来に、むやみに松平の姓をくれてやったからだが、柳田國男によると、「生まれた家の後ろの山に、松があるか杉の木が立って居るか」、軽々に見すごしてはならない。

珍しく軽口をたたいたのは、とりわけ書きたかったことが控えていたからで、次の章は「還らざりし人」。何かの理由で三州を出て、人生の大半を旅で過ごした国学者・紀行家菅江《すがえ》真澄《ますみ》のこと。ここにきてわかるのだが、官を辞して最初の旅に東海地方を選んだのは、真澄の故里を訪ね、まさにいま始まった自分の新しい人生の旅の最初の一歩にしたかったからにちがいない。

『日本フィールド博物記』

菅原光二　写真・文　小学館　一九九七年

写真を主体にした大判の図鑑のつくり。Natural History of Japan と英文がそえてある。それがどうして『日本フィールド博物記』となるのだろう？　首をひねりながら開くと、目次1、目次2と目次が二つある。1は春・夏・秋・冬の時間軸による。2は野鳥・昆虫・小動物・植物・キノコと、ジャンル別に分けてある。

さらに巻頭に「フィールド」をめぐって小文が掲げてある。ふつうは「野外の自然」をさすことばだが、ここでは生きものを観察したり、山菜や木の実を探したり、写真を撮ったりするなかで、「その人がなんらかの関係」をもった場所と説いてある。そこに通う人にとってフィールドとなるわけで、これは自分だけのフィールドを探しに行く人のための本。そんな思いを盛りこもうとして、風変わりなタイトルになったらしい。

見開き二ページが一つのテーマにあてられていて、春はまず「フキノトウ、季節の始まり」。キク科の多年草で地下に根茎をもち、フキノトウは「花茎」といった図鑑的説明のかたわらに、やや趣きのことなる小文が二つそえられている。一つはフキノトウのかおりのこと。もう一つはそれが人だけでなく、けものやチョウにとっても大切な自然の恵みであって、クマには冬眠からさめたときの整腸剤、チョウにとっては最初の蜜。写真がさらに別の物語を告げていて、芽を出したばかりの雪中のフキノトウが、雌雄のちがう株となり、四十〜五十センチに伸びるまでの姿を追っていく。まっ白な鳥海山《ちょうかい》を背後にして、お山と対峙するように斜面に並んださ緑の群れは、けなげな自然のいのちそのものだ。

植物に応じて小鳥のさえずりが春を告げる。「さえずり」については、それが「なわばりを宣言したり、雌をひきよせたりするための声」と図鑑的に説明されている。いっぽう小文は、幼いころ学校の授業中にオオヨシキリの声をきいて、「そわそわと落ちつかなかった」こと。ムクドリのついばみを見て、野山のイチゴの食べごろを学んだこと。「写真・文」の人の少年時代がホーフツとしてくるのだ。やがて少年は一月＝イスカ、二月＝ミソサザイ、三月＝ウグイス、四月＝ヒバリといった「声のカレンダー」をつくってみた。そんなふうにして、のちの警抜なフィールド博物記の下地がやしなわれていったのだろう。

見開きごとに十〜三十点の写真があてられ、八十余のテーマを追っていく。雌をめぐってモリアオガエルの雄のにらみあい、ヤスでヤマメを突いた少年、「山の宝石」キノコの大集合、雪上で奇妙なジャンプをするキタキツネ。

ふつう図鑑の写真は没個性だが、ここではツボミがハミングして、花が歌っている。けものが疾《はし》り、鳥がえものを狙っている。また通常、図鑑には時間が閉め出しにされているものだが、ここではページをくるごとにひそかに時を刻み、自然の鼓動をつたえてくる。菅原光二にはムササビの生態をとらえた優れた記録があるが、日本の山野のさまざまな生きものたちを通して、雄大な映像のシンフォニーをひびかせた。

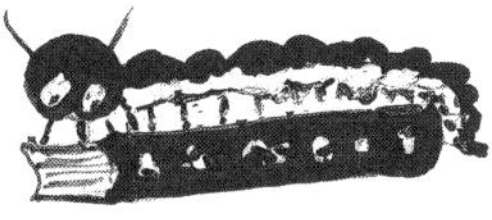

『民間学事典』

鹿野政直、鶴見俊輔、中山茂編　三省堂　一九九七年

「民間学」という言い方はごく新しいようだが、魅力的な用語である。明治以後の日本の学問は官学を中心に発展してきた。これとつかずはなれず江戸以来の在野の学があったはずだが、多くが知られず、埋もれ、忘れられた。それを人物と事項の二巻にわたってまとめたもの。

「人名編」では主として明治以降の民間学者、身は官にあっても在野精神の旺盛だった人、さらに民間学の源流にあたる人物を中心に収録し、総計九百五十九名。官学的な定説にしばられず、大勢順応に陥らず、権威や肩書とは遠いところで自由な発想をした。思いつく名前をひろっていくだけでもたのしい。柳田國男、宮本常一、柳宗悦《やなぎむねよし》、子母沢《しもざわ》寛《かん》、大仏《おさらぎ》次郎《じろう》、司馬遼太郎……。

事典ではあるが、編者は各事項の筆者に、事典にとらわれず、自由な記述を求めたのだろう。たとえば「二宮尊徳」の筆者筑波常治は冒頭から、尊徳は明治以後、もっとも有名な日本史上の人物にちがいないが、「これくらい曲解され歪められて有名になった人も珍しい」と述べていく。虚像だけがひとり歩きして真の価値が埋もれてしまった。「最大の責任はかつての修身教科書にあった」。

実践家尊徳は机上の空論を嫌い、つねに綿密な事前調査をしてから具体的な企画をたて、一定の条件を提示し、相手が受諾するのと引きかえに期日を区切って実行を約束した。契約という行為を重視して、その徹底ぶりは西洋的感覚を思わせるのだ。短い記述の中から、ぬぐったように新しい一人の農政家があらわれる。

「一部の弟子が尊徳を崇敬するあまり明治政府への売りこみをおこない、その過程で政局の思惑にあうように実態をねじまげ、修身教科書の虚像をつくってしまったことは皮肉といえよう」

明解な立論がされており、通常の事典とはあきらかにちがうのだ。

山とのかかわりでは、明治半ばに富士山頂越冬気象観測を敢行した野中至《いたる》と妻千代子、小島烏水《うすい》、ウォルター・ウェストン、今西錦司、桑原武夫、辻まことなど幅広く選ばれている。烏水では「山が人間と自然を融和せしめ、科学と歴史とを統合する芸術」とする登山哲学のこと。ウェストンでは著書『日本アルプスの登山と探検』(一八九六年、275ページ)によって、いち早く日本の山を世界に紹介したが、見るべきはそのこと以上に、本場アルプスで修得した自分の登山流儀を押しつけなかったこと。上條嘉門次ら現地の山案内人の経験と知恵とモラルを尊び、日本の山岳風景とともに山への考え方、山村の暮らし、民俗や文化への鋭い観察を怠らなかった。

今西錦司の棲み分けの理論は有名だが、サル学の基礎を築いた過程、種社会という考え方、ダーウィンの進化論に異議を唱えた独自の進化論、晩年に提唱した自然学など、今西学を知るには「遺書がわり」に書いたという『生物の世界』、これ一つをすすめている。加えてエピソードで人物像をあざやかに示した。晩年はみずから選んだ各地の一等三角点の登頂をめざし、登頂すると三角点の礎石を手でなで、ワインで万歳三唱した。そんなふうに目標の一五〇〇山登頂を達成。最終的には一五五二山に達していたという。

『東京下町1930』

桑原甲子雄　河出書房新社　二〇〇六年

写真家桑原甲子雄《きねお》は一九一三年の生まれ。二十代で一九三〇年に立ち会った。二十一歳のとき、あこがれのライカ（C型）を手に入れ、「写真なしでは夜も日も明けぬ」（「私の略歴」）日々を過ごした。この青年が変わっていたのは、そのころ写真界で流行した「新即物主義」といった理論にとらわれず、自分がおもしろいと思う往来の風景を撮りつづけたことである。当時、おそろしく高価なカメラとフィルムを、そんなスナップ撮りにあてようなどと、誰も思わなかった。

「昭和十一年度、稍々《やや》技術も水準に達し確実に仕事が出来るようになりました」

一九三六年であって、桑原甲子雄には別に『東京昭和十一年』という写真集もある。本能に導かれるようにしてスナップを撮りまくった。のちの歴史に照らすとき、とりわけ意味深い時代の転換点であって、その年に起きた主な事件だけでもこんなにある。

二・二六事件

ロンドン軍縮会議脱退

日独防共協定調印

フランス人民戦線成立

スペイン内乱勃発

ソ連でスターリンによる大粛清

そのほかにもメーデー禁止、大本教、ひとのみち教団検挙、阿部定事件……大日本帝国はナチス・ドイツと運命共同体に入り、国際的な孤立を深めていく。翌三七年には日中戦争が始まった。

写真集『東京下町1930』はこういった世界的事件とはかかわりなく、あくまでも三〇年代の市井スナップ集である。丸ノ内のビル街をゴミ満載の馬力車が行く、毛生薬《けはえ》、毒下し、りん病治療薬などのビラをはりめぐらした薬局。「支那事変」を告げるニュース映画は、テレビのない時代の重要なニュース源だった。子供の写真が多いのは、お国のために産めよ、ふやせよと囃《はや》されて、どの家にも三人、五人といたからだろう。

二・二六事件では東京に戒厳令がしかれ、厳しい統制の下に置かれた——と、歴史書にはしるされている。だが、ライカをふところに忍ばせ、市電で現場にやってきた青年の報告はずいぶんちがう。日比谷公園から警視庁、皇居の堀端、馬場先門。

「交通はまったくいつもと変わらない」

憲兵や兵隊がたたずんでいるが、とりたてて緊張感もない。証人役のようにして永井荷風の日記が引用されている。「溜池より虎の門のあたり弥次馬続々として歩行す。（……）堀端は見物人堵《かきね》となる」

陸軍の青年将校と兵士一四〇〇名が政府の要人を暗殺。首相官邸、議事堂、永田町一帯を占拠した。世界を震撼させたテロだったが、大半の日本人は、もの珍しいお祭り騒ぎとしてうけとっていた。荷風の日記によれば、日本人は暮らしが立ちいきさえすれば満足で、「軍国主義に対しても不安を抱かず、戦争についても更に恐怖せず、寧《なお》これを喜べるが如き状況なり」。

スナップの伝える市井の風景が傍証というものだろう。上野、浅草近辺をやたらに写し回り、数千枚のネガを蓄えていた青年は、のちに現像した写真集に小文をつけた。タイトルは「庶民の頭越しに戦争の足音が……」。気がつくと、いつのまにか泥沼のような戦争に深入りしていた。

『花の神話学』

多田智満子　福澤一郎 装画

白水社　一九八四年

タイトルは「花」とあるが、ひろく果実や樹木の神話を含んでいる。ヨーロッパで植物一般をあらわす「フローラ」が、ここでは花で代表してある。神話を生み出した古代人は、古いから年老いているのではなく、むしろ逆に数千年も年若い自然の事物に、つねに「驚きと畏敬の念」をもって接していた。だからそそり立つ巨木は「人間の尺度を超えた偉大な神性の顕現そのもの」。そこから自然界の神話をみていくというのだ。なんと新鮮な発想ではないか。

ヒヤシンス、アドーニス、柘榴《ざくろ》、月桂樹、薔薇《ばら》、巴旦杏《はたんきょう》……。おもわず膝を打ちたくなるのは、日ごろ感じていた疑問が、あざやかに解決されていくからだ。エデンの園の「智恵の実」を食べたので、アダムとイヴは天国から追放された。聖書には、ただ果実

とあるだけなのに、絵ではいつも林檎《りんご》なのはどうしてか？「ギリシア・ローマ時代から中世紀にかけては一般に果実ならなんでも林檎と呼んでいた」。

ラテン語で林檎をあらわす言葉は果物一般をさす語であって、そこから禁断の木の実は林檎という俗説がひろまったらしいのだ。

創世記によると、そんな善悪を知る木の実を食べたばかりに、アダムとイヴはお互いが裸であるのを恥じて、いちじくの葉で腰を覆った。その後、男の裸身像では、いちじくの葉で前をかくしている。

それで思い出したが、子どものころ、熟したいちじくの実をいやらしいといってはやしたてた。何も知らないままに大人たちがエロティックな連想をすることは知っていた。ヨーロッパでもほぼ同じ見方が古代からあって、いちじくがエロス的生命樹として神聖視され、その栽培は女性にかぎるとされていた。とすると男性の最少限度の衣類にふさわしいわけだ。

少年名作全集で『西遊記』を読んだとき、「人参果《にんじんか》」にびっくりした。三蔵法師一行が高山の寺で宿を求めたときのことだが、留守番の小僧が言うには、こんな山寺で接待ができない。裏の庭に人参果といって、赤子がなっているから、それをもいできて召し上がっていただこう。

挿画には、丸々とした赤ん坊がお皿にのせてあらわれた。三蔵法師があわてて辞退すると、「では私どもがいただきましょう」と言って、裏手で小僧が二人してペロリと食べてしまった――。

中国の「仙果」伝説に対して、ヨーロッパにも人間の形をした植物の言いつたえがあり、椰子《やし》の実に似た果実から若い娘の足、腿、膝が出てきて、女の子になる。女性のエロティシズムのかかわってくるのがヨーロッパらしい。

さらにこの本でおそわったのだが、『酉陽雑俎《ゆうようざっそ》』という古書には「人木《じんぼく》」が語られている。タジク（大食国）の西南二〇〇〇里のところの国では、樹木の枝に人の首が花のようにはえている。「言葉は理解しない。人が問いかけると、笑顔をみせるだけだ。頻《ひん》繁《ぱん》に笑うと、かならず落ちる」。

怖いようなユーモアのある話ではないか。咲という字は笑の古字であって、花咲くというのは、とりもなおさず花が笑うこと。人と植物とが、それほど距《へだ》たっていなかった時代の見方をつたえているだろう。

『絵図史料 江戸時代復元図鑑』

本田 豊 監修　遊子館　二〇一六年

タイトルを見たとき、よろこびとともに映像による復元時代の到来を思った。たいていの文化遺産はデジタル・アーカイブ化されていて、インターネットで気軽に利用できる。そこからテーマをしぼった復元まで、ほんの一歩である。ネットでは個々の映像だが、本の場合は見開き二ページに縦横に収まり、二ページが四ページ、四ページが八ページと綜合性を高めていく。時代遅れのようにいわれる紙のメディアだが、「復元力」においては抜群に優れている。

「江戸城のくらし」から始まって「江戸幕府の組織と政治」「武家のくらし」「町のすがた」「運輸・交通・旅」「庶民のくらし」……。用いられた絵図史料の総計は、どれくらいにのぼるだろう？　目分量で千数百点にあまると思われる。おかげでまざまざと目でたしかめることができる。たとえば江戸城本丸の途方もない部屋数であって、初めて登城した大名は目がくらむ思いがしただろう。そしてただただ粗相のないことを念じていたに相違ない。

江戸城の主な儀式と行事をカラーの図版でたどっていけるが、将軍などに生まれ合わせると、着せ替え人形として果てしない用向きが待っていた。世嗣誕生などの儀式には、本丸大広間の能舞台で能楽が催され、町人にも観覧が許された。その際、晴雨にかかわらず町人には傘が一本ずつ渡された。だから絵図では、かしこまった町人がめいめい太い唐傘を肩にかたげている。最初は何か意味があったのだろうが、やがて形式となり、幕府官僚体制のなかでコッケイをものともせず、二百年にわたって営々とつづけられた。

官僚組織はつねに細分化されていく。幕藩体制の進展とともに、旗奉行、幕奉行、畳奉行、腰物奉行といったふうに、ただ一品のみの管理者が続出した。

絵図史料をたくさん並べたからといって復元されるわけではないのだ。公定の図会はほどよく様式化されていて、おもしろくない。私的な図解は描き手しだいで信頼がおけない。北斎や広重の百景物は、絵としてはたのしいが、たぶんに絵師としての創作と誇張が入っている。

映像は自由に部分の拡大ができる。「庶民のくらし」のうちの「し尿処理」にあてられたさまざまなイラストによると、江戸時代のし尿は経済行為であって、裏長屋のトイレが野菜や金銭になった。大坂では「しょうべんしょ、しょうべんしょ」と声をかけながら、野菜と小便を交換する商いがあった。「雪陣」と大書きした仮小屋は、祭りや行楽地にやってきて、簡易トイレでひと稼ぎする者がいたからだ。

なにげなく添えられた小さな絵がおもしろい。江戸時代の旅姿はよく見かけるとおりだが、小物の一つに「早道」という小銭入れがあった。小さな筒状をしていて、ねじると、中に詰めた小銭が出てくる。銭湯の看板に弓と矢を組み合わせたのがあるが、おそらく弓射る→湯入るのシャレだろう。

江戸復元は「葬儀」でしめくくられている。葬儀用の棺や輿《こし》をつくる職人の仕事場だが、壁ぎわにズラリとハデな葬式の飾り物が並べてある。柱に「かけむくあり」の貼札が見える。棺を覆う白い布のこと。棺桶屋が葬儀の準備から人夫の手配までしたらしいのだ。

『東京徘徊 永井荷風『日和下駄』の後日譚』

冨田 均　少年社　一九七九年

実に不思議な名作である。タイトルにそえて「永井荷風『日和下駄《ひよりげた》』の後日譚」とある。序につづいて路地、地図、寺社、建物、店、水、橋、樹……。この目次は『日和下駄』の序につづく樹、地図、寺、水、路地とほぼひとしく、崖、坂となるのもピッタリ同じ。大の荷風ファンが荷風の足どりをたどって、東京中を徘徊した。どうもそのようである。

だが、『日和下駄』が世に出たのは大正四年（一九一五）である。『東京徘徊』の刊行は昭和五十四年（一九七九）。六十四年後のこと。しかもこの間、関東大震災があり、東京大空襲にみまわれた。首都は二度にわたって壊滅した。「後日譚」となると、変わりはてたその変貌ぶりをつづるしかないのではあるまいか。

「荷風永井荘吉の生まれた金富町（文京区春日二丁目）に水道橋から春日通りに抜ける小路がある」

途中に坂、石段のあるゆるやかな小道で、金富同心町町会の掲示板が奥ゆかしい。雨の日に軒の低い町家をのぞき込むと、「びしよびしよになつた透き硝子の向うで、老人が孫娘と林檎を食つたりしてゐる」。

そこへ豆腐屋が来る。「と、窪地の一軒から女が飛び出し、小銭片手に『お豆腐やさあん！』『あいよ』と豆腐屋のいい返事が響き、自転車が路肩にとまると、ぐいと女の左手が鍋を上に差し出し、『はい』と十円玉をぱらぱらと鍋の中に落す……」。

まさしく『日和下駄』そのままである。荷風の愛した路地裏の情景が伝法なやりとりを取りこんで語られている。だが、時は大正初めではなく、昭和五十年代であることは、お豆腐の値段からもあきらかだ。新幹線が走り、首都高速で車が数珠つなぎになり、忙《せわ》しなくテレックスがとびかっているただなかで、「から雨がつづいちや子供の体がなまつちまつてね」「豆腐はなまつちやゐませんぜ」といった会話がつづられていく。

しかもこれを書きとめたのは、昭和二十一年（一九四六）生まれの著者が二十七歳のときで、ノートは四年ばかり眠っていた。それを目のいい出版社が見つけて本にした。著者自身、「あの二十七歳当時の気ちがいじみた歩行」を思い出し、「しんとした気持になつてゐる」と述べている。

「これは東京散歩の体裁をとった青春の書である」

「後記」に唐突に出てくる言葉に嘘いつわりはない。二度の東京壊滅をいっさい視野に入れず、ひたすら大正のアプレ者荷風の目差しで東京中をほっつきまわるなどの思いつきは、若さがなくてはできないだろう。そして自分が学んだ新字新カナ、また東京都がほどこした新住所表示などはきれいに無視して、旧カナ、旧地名で押し通すなど、まさしく若さの力業というものだ。そのようにして荷風の歩行、荷風の文体による昭和東京誌ができた。とりわけお気に入りのスポットには、手製の地図を描き、コメントをつけた。この一点は荷風散人とちがったガリ版時代の昭和の青年がのぞいてほほえましい。

『幸田露伴 江戸前釣りの世界』

木島佐一 訳・解説　つり人社　二〇〇二年

幸田露伴は釣り好きだった。仕事に一段落がつくと、なじみの船頭をともなって釣りに出かけた。みずから『水の東京』で語ったとおり、当時の東京は「河を帯にして海を枕にしている都」であって、さらに日本橋から深川にかけて縦横に掘割が走っており、舟が行き来した。水のあるところには魚が棲み、魚のいるところには釣り人が集まる。釣り好きには願ってもない環境だった。

晩年の傑作『幻談』（293ページ）は全編釣りをめぐっている。むろん、ほかにも露伴には無数の釣り談義がある。考証好きだったので、釣りの法、魚名、釣車《ちょうしゃ》や釣りにまつわる深い蘊蓄《うんちく》を傾けた。

当人が存分にたのしんだぶん読者はお手上げである。江戸末から明治初期に教養をつんだ人の日本語は、名調子はわかっても意味はチンプンカンプンであって、多く漢字の読み方すらもわからない。

『幸田露伴 江戸前釣りの世界』は、小説二篇、紀行五篇、考証五篇を収め、現代語に訳してある。原文のもつ格調をとりこんだ上で、よくこなれていて読みやすい。釣りや魚名、釣り技法の独特の用語には、本文に含みこませるようにして註がほどこしてある。さらに露伴の特徴だが、とめどなく考証のための考証に行き及ぶ場合、ほどのいいところで打ち切りにして、つなぎの文を入れ、本来の流れにもどす。訳・解説者は長らく予備校で教鞭をとった人だというが、テキストのつくり方があざやかだ。興味をよびさまして、どこまでも飽きさせない。

「舟はずんずん出る。客はすることもないから、しゃんとして、ただぽかんと水面を見ていると、もう海の小波《さざなみ》のちらつきもだんだんと見えなくなって、雨ずった空が初めは少し赤味があったが、ぼうっと薄墨になってまいりました」

『幻談』の一節、何げない叙景描写だが、変事が起こる前のひそかな予兆といったものが感じとれる。そのあと水死人がしっかり握りしめている竿をもぎ取るくだり。

「……自分の親指を掛けて、ぎくりとやってしまった。指が離れる、とたんに先の竿の主は潮下に流れていってしまい、竿はこちらに残りました。かりそめながら握った自分の手を充分に洗い……」

懐紙で拭って、そのまま海に捨てると、「白い紙玉は魂ででもあるようにふわふわと」夕闇にのまれたという。

紀行「雨の釣」のせっかく舟を出したのに天気は悪くなるばかりのところ。「東風《こち》じゃ間違いなく雨だ。おまけに魚はまず釣れないと、『何羨録《かせんろく》』――享保のころ某侯の書いた魚釣の本――以来定まっているのだ」。馬鹿のたとえにさえいわれる釣りに出て雨に「降られて」帰る阿呆者とあっては、まことおもしろくない――さりげなく註が挿入してある。また（女に）「振られて」の地口《じぐち》を訳しこんで、あざやかな手ぎわである。

現代語訳はともかく、註入り抜粋に眉をひそめる人がいるかもしれないが、露伴の片意地なまでの徹底癖に対して、読者の立場から対処したまでである。おかげで釣り文学の逸品が拭ったように新しく甦った。

『幕末下級武士の絵日記　その暮らしと住まいの風景を読む』

大岡敏昭　相模書房　二〇〇七年

埼玉県行田市は、古くは忍《おし》藩十万石の城下町だった。利根川と荒川にはさまれた低地帯にあって、城はそのただ中につくられていた。川水を引きこむと大きな水域ができる。関東制覇中の秀吉は石田三成に忍城攻略を命じた。三成は「水攻め」の戦略で攻め立てたが、忍城は落ちず、以来、「天下の水城」とうたわれた。

幕末に近いころだが、この忍藩に尾崎石城《せきじょう》という侍がいた。御馬廻役で石高は百石、中級の身分である。風雲ただならぬ時代にあって藩の行き方がたよりなげに思えたのだろう、石城が書をもって藩政を批判したところ、十人扶持に落とされ、一気に下級武士の一人となった。

勤務は週一、二度と少ない。もともと筆まめな上に絵が描けた。日々の暮らしを絵入りの日記にした。それが発見され、百五十年ばかりのちに本になった。『幕末下級武士の絵日記』には「その暮らしと住まいの風景を読む」と添えられているが、数においては圧倒的多数派の下級武士が、いかなる住まいに住み、どのような暮らしをしていたのか。彼らの日常、食べ物、飲み物、武士仲間、町人とのかかわり……。理不尽な格下げのおかげで、この上なくたのしい記録が残された。

九月六日・朝食かゆ　午飯玉子　夕食はとうふ

七日・朝食菜しる　午飯里芋　油揚　夕食かもの汁

八日・朝食ねき汁　午飯里芋　夕食茶つけ

簡素な食事にみえるが、自宅また友人宅でよく酒宴をひらいた。そこでは刺身、焼魚、玉子、鶏肉、茶碗蒸し、松茸、田楽、寿しなどの料理が出る。懐が乏しいと帯一筋を金にかえて酒を買った。下級、中級と身分の違いにかかわりなく親しく交流をした。酒を飲んで酔い、そのまま登城することもあった。

「十二月三〇、快晴。朝より襖彩色出来。（……）予、壮歳より貧の究る時ハ、助を親戚朋友にからすして、先書籍を売却する事時々なり」

画才を生かして襖絵など描き、薄給を補っていた。貧窮しても借金はせず、書物を売って急場をしのいだ。少しあとに、売った書目をあげ、「三度二度」買いもどしてまた売った本に○印をつけている。愛着が深かったのだろう。友人知人もほぼ同様で、武士たちは学問と武芸に精を出し、読書内容もきわめて高い。

寺と和尚がしばしば出てくる。石城は毎日のように寺を訪ね、酒宴のあと泊まったりもする。寺がサロンの役割で、武士、町人問わずよく集まり、「天下国家、並びに女色」を論じ、なごやかに交遊した。

時代の証言とされるものは重大な事件なり、めったに起こらない記録が主になって、ふだんの人の暮らしは無視される。江戸時代というと、もっぱら封建的身分社会の厳しさが言われるが、下級武士の日記の伝える現状は大いにちがうようだ。生活に窮していても貧しくはなく、持ち合わせがなければ帯が金にかわり、困難に直面した者は皆が支え、突然の訪れにも食事で歓待した。窮乏のなかでも書物は工面して手に入れ、毎日おおらかに生きて、人との絆を大切にした。どうやらのちの「豊かな社会」が失ってしまったものを、ごく自然にそなえていたようである。

『菅江真澄遊覧記』

菅江真澄　内田武志、宮本常一編訳

東洋文庫　平凡社　一九六五年

菅江真澄《すがえますみ》（一七五四―一八二九）は江戸後期の人。三河（愛知県東部）の生まれ。二十代末に故郷を出て北へ向かった。以後、人生の大半を旅で過ごし、多くの記録をのこした。日記や地誌の体裁をとって詳細な図絵をもち、民俗、風俗、地理、考古、本草の分野に及んでいる。当時の習いで文人的なタイトルがついているが、記録としてきわめて客観的、かつリアルであって、『菅江真澄遊覧記』と総称され、読んでたのしく、また民俗学研究の貴重な資料となっている。

旅程の立て方に特色がある。城下町や寺町といった人工都市には寄りつかず、当地の物流の中心を拠点にして、周辺の集落を丹念にめぐっていく。

寛政八年（一七九六）四月「陸奥（青森県）のおくの国々の桜」に誘われて旅立った。

桜の風流は名目であって、見たいものはほかにあった。外ヶ浜、大滝、十二所権現に詣で、ついで南に転じた。「この村（三内村）の古い堰の崩れたところ」から、縄形、布形の古い瓦や、かめの壊れたようなものが出てきたことを聞き及んでいた。

今では「三内丸山」の名で知られた遺跡である。そこにはかつて八百棟をこえる竪穴式住居があり、現在は復元されている巨大な堀立柱建物があったことなど、真澄はむろん知る由もなかったが、人頭や仮面を思わせる出土品をこまかく写生し、これは殉死にかかわる「はにわ、たてものの類」であって、かつてありえた高度な文明を想定した。

このときは青森県中央部をめぐり、現・黒石市を終着とするひと月に近い旅だった。つづいて津軽半島へ赴き、深浦の船問屋に寄寓先を見つけると、すぐまた旅ごころが起こったのだろう。「岩木川にそってさかのぼったところに、その名称もかわったあんもんの滝という、世間にあまり知られていない、またとなくおもしろい滝があると、年来聞いている」ので、十月末、すでに雪が見舞うというのに出かけていった。

現在は暗門の滝までコンクリートの遊歩道が通じているが、真澄は案内人と尾根づたいに進んで、三段の滝を上からながめた。「身を縮め、冷汗をかくような心地でかろうじて見下し……」。水が天から中空に落ちるさまを、息をのんで見つめていた。

そのとき歩いた尾根道は「ウシナガレ」といって、炭焼きや近くの鉱山で働く人の通る道で、ナタ目が道しるべになっていたという。案内人から聞いたことも書きとめている。夏のころ「流し木」といって伐りためた木材を滝に落として下へ流す。真澄はブナの巨木が暗門川から岩木川、さらに十三湖をへて日本海へと運ばれていく物流のコースを考えた。

奥に山仕事の小屋があり、そこで休んでいると、鼻歌をうたいながら斧をさげた山男が帰ってきた。さらに三人がひきつづいた。真澄は注意深く耳をそば立てていたのだろう。一方は秋田の杣《そま》びと、もう一方は弘前のきこりと判別した。白神山地で暮らしを立てている人々が、こともなく国境をこえて杣道を行き交いしていたのである。

『天一美術館』

天一美術文化財団発行　二〇一四年

ＪＲ上越線水上駅から北西に歩いて三十分ばかり。「谷川」は文字どおり、谷あいにあり、川沿いに集落がのびている。山好きなら、中ゴー尾根から谷川岳へ至るコースの起点として知っている。

大正の中ごろ、歌人若山牧水が当地の温泉宿に泊まって多くの歌を詠んだ。昭和十年代に太宰治が女づれで、死に場所を求めてやってきた。当時の写真には厳しい自然と、多くの村びとと子供たちが写っている。

現在は閑散としていて、ものさびしい。学校は廃校になったのか、子供の姿を見ない。静かな温泉を好む人がチラホラとやってくる。

建物は少し高台にあるので、通りからだと目にとまらないだろう。たとえ看板を見か

けても、銀座で知られた天ぷら屋の名前が、どうしてこんなところにと不審がるにちがいない。石段を上がっていく人はほとんどいない。だからいつ行っても、とびきりの建物とコレクションをひとり占めにできる。

岸田劉生《りゅうせい》、熊谷守一《もりかず》、安井曾太郎《そうたろう》、梅原龍三郎《りゅうざぶろう》、藤田嗣治《つぐはる》、青木繁、光琳、乾山《けんざん》、蕪村、大雅、ルノアール、マティス、ルオー、ピカソ……。誰が人けない谷川のほとりで、こんな出会いを予期しただろう。部屋ごとにスペースが広くとってあって、近寄って見てもいいし、あとずさりしてながめてもいい。芸術品というものは、視点に応じて微妙な変化を見せるものだ。劉生の「麗子像」は有名だが、ここには珍しく正面を向いた麗子がいて、謎めいた神像のようにすわっている。村娘が純朴さそのものの姿で目をみはっている。とことん様式を切りつめた守一の花は、小品なのになんと大きく見えることだろう。

『天一美術館』は美しい横長の変型で、所蔵品のさらにまた選り抜きを集めたもので、百二十ページばかり。小さな宝物だ。選り抜きの五十八点を収め、左に図版、右に解説。必要な場合は注がそえてある。白を基調とした品のいいつくりで、心おだやかでないときなど、ページをくっていると、ふしぎに落ち着きがもどってくる。川喜田半泥子《かわきたはんでいし》は地方銀行頭取のかたわら、焼き物や書に才気を発揮した。解説にエピソードが披露してあって、天一コレクションに感心したあまり、みずから「天一」の弟子と称して知人に天ぷらをふるまった。そこまではいいとして、乾燥椎茸を水に戻すことを知らず、そのまま供したというから、いかにも銀行の頭取である。天一のおやじに言わせれば「何をかいわんや」。ともあれ半泥子の焼き物の悠然としたのどかさはどうだろう。

建物は吉村順三の設計。不格好な高台に、よくぞこれだけみごとな空間のかさなりを実現したものである。山と向き合うかたちでオープンスペースが用意してあって、谷川岳をいただく岩峰がただならぬスケールをもって迫ってくる。ふしぎなのは、この小さな美術館が大きな山に、一歩も引かずに対峙していることだ。吉村順三最後の作というが、依頼者が存分に腕を振るわせたことが見てとれる。

美術館は春に開いて晩秋に閉じ、冬は深い眠りにつく。自然の生理と歩調を合わせ、その胎内に選り抜きの美の集団が赤子のように抱かれている。私はおりおり、たのしくそんな想像をする。

『谷内六郎の絵本歳時記』

谷内六郎 絵と文　横尾忠則 編

新潮文庫　一九八一年

市立横須賀美術館には大きな本館と隣り合って別館があり、谷内六郎（一九二一―一九八一）の記念館にあてられている。どうして横須賀に谷内六郎のほとんどの作品が収まったのか。目のいい学芸員がいたのだろう。閑静な山の鼻にあって、すぐ前は青い海。谷内六郎には、打ってつけのところといえる。

いまでは美術館の重要なコレクションだが、いかなる美術展や個展のために生まれたのでもない。もともとは週刊誌の表紙絵だった。昭和三十一年（一九五六）、新潮社が『週刊新潮』の創刊にあたり、表紙は谷内六郎と発表したとき、誰もが驚いた。看板にひとしい表紙には名のある大家がおなじみなのに、無名の新人だったからである。いや、まんざら無名でもなかった。その前年、文藝春秋漫画賞でデビューした。文藝春秋が漫画に正当な市民権を与えるべく始めた賞であって、戦後の代表的な漫画家は、おおかたがここから出発した。その第一回の受賞者が谷内六郎だった。そのとき三十四歳。小学校卒以外の学歴、画歴ともになし。

そのかけ出しの漫画家を、毎週、激烈な売り上げ競争にさらされる週刊誌が表紙絵画家として起用した。目がいいだけでなく、異議を封じこめられる辣腕《らつわん》の編集者がいたからにちがいない。以後二十五年間、まさに死の年まで、谷内六郎は一号も休まず『週刊新潮』の表紙絵を描きつづけた。

一つの雑誌と一人の画家とが一心同体になるほど継続したケースは、ほかになくもない。しかし、谷内六郎のようにただ一つのテーマで一貫させて、しかも飽《あ》きさせなかったという例は、ほかにないだろう。読み捨ての週刊誌にあらわれたが表紙は捨てられず、作家の死後、美術館の大切なコレクションの一つになった。

谷内六郎は文春漫画賞を受賞後、自殺未遂で世間を騒がせた。哀愁をおびた作品とその一件から、人々は細い神経の衝動的な人物を思ったようだが、大きな誤解である。彼は冷静に考え、自分の責任で何をしたいかを決める人だった。したいことがわかっていたので小学校以外は学校に行かなかった。したいことの勉強、具体的には好きな画家の絵を学ぶこと。そして好きな絵を描いて生きたいと思い、その道がひらけたのちにも、好きな画家たちの絵を学びつづけた。勉強を怠ると直ちにマンネリに陥り、飽きられることをよく知っていた。

それが証拠に彼は毎号、「表紙の言葉」をつけた。幻想性の強い絵に対する作者の解説であるとともに、言葉で自作を推考するためでもあった。その人の一〇〇〇点あまりから九十一点を選んで歳時記にした画家横尾忠則がきわめて的確に述べている。

「谷内さんの絵は谷内さんの日記であり自伝ですが、これがまたぼくの日記であり自伝でもあるのです」

日本人なら、誰も「谷内六郎」を自分のなかにかかえているからだ。幼いころの、さらに胎児のころに見たような、あるいは夢見たような光景。

「夜中の水音」は、水道から水滴が落ちる音で目をさました子供の連想だが、トンツク、トンツクと太鼓を叩く、白い衣の法華経の信者が次々と出てくる。解説には「谷内さんが最終的に希求しておられた法華経の世界」と述べてある。遅まきながら、宮沢賢治とつながることに気がついた。

『津浪と村』

山口弥一郎　石井正己、川島秀一編

三弥井書店　二〇一一年

また三月十一日が巡ってきた。二〇一一年、一二年、一三年……。まる七年たった。一朝にして地上から消された膨大な死者たちに、せめて花の一輪を捧げたい。

山口弥一郎（一九〇二―二〇〇〇）は福島県の生まれ。地理学を田中館秀三《たなかだてひでぞう》に、民俗学を柳田國男に学んだ。女学校で教鞭をとりながら、三陸地方の調査・研究を始めたのは、昭和十年（一九三五）のことである。若い研究者はよく歩き、よく聞くことを研究の指針とした。八年間の成果を、柳田國男のすすめに従い、「漁村の人々にも、親しく読める物」にまとめた。昭和十八年（一九四三）刊行。戦争さなかであって、どれほどの目にふれたものか。

二〇一一年五月、二人の研究者の手で復刊された。おりしも東日本大震災の関連本がドッと出廻っていたころである。地味なつくりの、六十八年前の本が、どれほどの手にわたったものか。

当時すでに山口弥一郎は三陸地方を、はっきりと「津波常習地」と名ざしている。「天正以来三百五十年間に二十三回、十五年に一回の割合で津波が来襲している地方」なのだ。明治二十九年（一八九六）の大津波で二万一〇〇〇人。近くは調査を始める二年前の昭和八年（一九三三）に、三〇〇〇人にちかい犠牲者が出た。つい昨日の悲劇が若い研究者を三陸に送ったことがみてとれる。

くまなく歩くにあたり、調査のポイントをきちんときめていた。二度にわたり全滅したところ、明治にはほぼ全滅したが、昭和には救われたところ、明治の大津波を知る人がいたかどうか、集落移転がどのようにすすめられ、どれほど実現したか。

昭和八年の大津波のあと、宮城、岩手両県は被災地での集落再興を禁じたが、ほんの少しの例外を除き、ことごとくが失敗した。その結果、平成の大津波が二万人にあまる死者・不明者をもたらした。

「我々が不思議に思うのは、これだけの惨害に遭いながら、どうして村を再びその被害地に建てたかである」

八年にわたるねばり強い調査のなかで、不思議が少しずつとけていく。集落、村々、町村の暮らしの実態を正確にとらえないかぎり、意味のある集落移転はありえない。同じ一つの半島でも、岬や入江、地形によって暮らし方が、純漁、純農、混在とちがってくる。それぞれ移転の熱意がちがい、強引にすすめると対立に及んでくる。

この本が貴重なのは、もっともらしい社会学の理論などにたよらず、また行政批判にとらわれることなく、足の調査と克明な聞き取りに徹していることだ。津波を宿命とする土地に住まざるをえない人々への深い思いやりにつらぬかれている。

編者の補遺によって読めるのだが、山口弥一郎はチリ地震津波（一九六〇年）のあと、新聞に寄せたなかで述べている。「恒久的な基礎的調査をする津波研究所などこそ、この三陸海岸に建てないで、世界のどこに設置する適所があるといえようか」。いずれ「二年たらずして」世論からも国会からも、津波災害対策の声が消えてしまわないか案じている。

三・一一と記号化して、ごく心情的な報告ですませているところをみると、まさしく心配が適中した。

『古道巡礼　山人が越えた径』

高桑信一　東京新聞出版局　二〇〇五年

「古道」や「幻の集落」といわれると胸が騒ぐのは、どうしてだろう？「塩の道」「砥《と》石道」「謎を秘めた千年の道」とくると、なおさらだ。ここではおおむね「径」と表記されているが、それはブルドーザー仕様の現代の道とはまるで大ちがいで、一日で出来たりしない。長い歳月にわたり人の足が踏みしめて、ようやく地上にあらわれた。

ある頃から人の足が遠のき、やがてとだえ、忘れられた。容赦なく草木が覆っていく。人の記憶から消えて久しい。だが人の足がひらいた道は、必ず痕跡をのこす。人が往き交いし、生活したあかし。

「八十里越」「津軽白神、マタギ道」「仙北街道」「熊野古道、小辺路」……。国道〇号やルート××とはちがって、名前がすでに威厳とスタイルをおびている。歴史と暮らし

が、目に見えない道しるべの役をになっている。

「径はたどる者もないようで荒れ果てていたが、どうにか踏み跡を見出して尾根を越えると、そこにフガケ沢の安静があった」（「津軽白神、マタギ道」）

少しでも体験のある人は知っているが、険しい尾根や沢を越えると、ウソのようにおだやかな一角に行きつくものだ。同じ森なのに、ほんの少し樹相がちがっていたり、やにわに遺跡のような石積みがあらわれる。あるいは一面の笹っ原に、頭だけのぞかせている、何を祀ったともしれない小さな石のお宮。

会津西街道は知っていても、会津中街道とは初耳だ。歴史の本にも出てこない。しかしながらたしかに宿駅がつらなって、旅人を送り迎えしていた。那須三山の肩のあたりにも宿があって人と馬とが待機していた。いかにしてこの径が生まれ、どうして地図から消えて、幻の宿となったのか。

古道に胸が騒ぐのは、そこにものがたりがあり、ロマンを思ってしまうからだろう。現実は多くの場合、ごく実際的な必要から生まれ、その必要がなくなって消えるがままにされたとしてもその間に道がそっと変容する。無用だからこそ現代には有用であって、忘れられたからこそ、探し出すのに値する。

「八十里越」で始まり、「八十里越の裏街道」で閉じられているのが意味深いだろう。

しばしば道の道があり、その道にまた、細い糸のような間道がある。秘密の道であって、秘められた道であれば、おのずと通った人にとっても秘密であって、記録をのこさない。それでも、その一帯に、かつて鉱山が点在した事実があるとすれば、網の目のような、ひそかな回路がなくてはならない。

「流域の鉱山が閉じられた後、径の命脈を保ったのはゼンマイ採りたちだった」

日常的な眼差しにもどるからこそ、幻の道探しはおもしろいのだ。暮らしの必然性が道に色どりを与え、歳月のなかで謎めいてくる。そして忘れられた道たちが、それとなく伝えている。ある時期まで、日本の山にはきっと神がいて、山は恐れられていた。だからどんなに奥まで道をひらいても、必ず一点の聖域をのこした。人々が恐れ、つつしみ、立ち入りをはばかってきた一点。そこに小さな祠《ほこら》を一つ。その後、茂るにまかせられ、人の記憶から消え失せたが、ブナの幹に刻まれたナタ目のように、じっと酔狂な聖域巡礼者の訪れを待っている。

『井伏鱒二全詩集』

井伏鱒二　岩波文庫　二〇〇四年

井伏鱒二に「山の図に寄せる」という詩がある。平べたい山が何重にもかさなり合った図がついていて、「わが故郷の山々」だという。広島県の福山に近い村の生まれだから、中国筋の風景だろう。

「右に見えるは中条の山
明日は雨ぢゃといふ夜さは
山のきわめで稲光りする」

つづいて、「左に見えるは」「近くに見えるは」「手前に見えるは」というぐあいに読み上げられて、故郷が山々のただ中にあり、どの山にどんな雲がかかるかが、天気の予報をしたことがわかる。

「何でもないようなこの山々
望郷の念とやらを起させる
こんな筈はないと思ふのに
どうにもならないことである」

「あの山」と題して、三行詩がある。

「あれは誰の山だ
どつしりとした
あの山は」

これも故郷の山の一つだろう。そうでなければ、山を指して「誰の山」といった問い方はしないからだ。上京して作家になってのち、釣好きの井伏鱒二はしばしば甲州の山に登って渓流釣りをした。そんなおり、早春にあったなだれに熊が巻きこまれていたといった噂ばなしを耳にしたのかもしれない。詩「なだれ」では峯の雪が裂けてなだれが起こり、そのなだれに熊が乗っている。

「あぐらをかき
安閑と
莨《たばこ》をすふやうな格好で

そこに一ぴき熊がゐる」

何でもないことのようで、どこかおかしい。それは井伏鱒二の小説にみる特徴と同じである。最初の詩集を『厄除《やくよ》け詩集』のタイトルにしたのは、ときどき小説を書きたくなくなることがあって、書いてもつまらないと思えてくる。小説が厄にあうわけで、そういうときの「厄除けのつもり」で詩を書いたそうだ。

およそ風変わりな詩人の誕生である。これまで世界のどこの、いかなる詩人が「顎《あご》」と題して顎のはずれた人を詩にしたりしただろう。電車に乗っていて見かけたそうだが、急に顎がはずれて、当人はむろん、往生した。

「がくりと口があいたきりで

舌を出し涙をながした」

つい笑い出しそうになるので、あえて目をそらし、窓の外の橋の下に菖蒲《しょうぶ》がうわっていて、ハテ誰がうえたのかなどと、あらぬことを考えてみたりした。

おかしみ。井伏鱒二の文学の特色をいうのに、きまっていわれることだが、ほかに言いようがないからだろう。散文精神によりそって、つねに一人の詩人がいて、さりげないたずらをしかけてくる。そこから『唐詩選』を訳して、おなじみの名詩が生まれた。

ハナニアラシノタトヘモアルゾ

「サヨナラ」ダケガ人生ダ
ちなみに原詩はこうである。
花発多風雨
人生足別離

『ＪＴＢの新日本ガイド　名古屋　三河湾　美濃　飛驒』

改訂新版　日本交通公社出版事業局　一九八九年

一九八〇年代のことだが、旅行ガイドブックのシリーズで『新日本ガイド』全二十三冊が出ていた。Ａ５変型判といって、縦二十五センチ、横十一・五センチ。かなりのタテ長で、ミシュランのガイドブックとほぼひとしい。

しかし、このシリーズの特色は判型よりも構成と中身にあった。日本全国を二十三の区分にして、北海道、信州、東京、京都、奈良、四国に一冊まるごとあてている。そのあたりは穏当だが、上州・越後・佐渡で一冊、房総・水郷・茨城、横浜・鎌倉・湘南で各一冊とくると、「おやっ」と思うだろう。名古屋・三河湾・美濃・飛驒で一冊。よく見ると東北を、ⅰ北部、ⅱ南部の二冊に分け、下北や男鹿、磐梯《ばんだい》、いわき地方の町や村を丹念にひろっている。

全体の構成のユニークさにもまして、中身の独自性がズバ抜けていた。観光物件の評価を六段階に分けてマークづけしているのは版元の観光情報データによるおまけというものだが、まず巻頭にどっさり地図をつけた。行政区分図、地形図、ブロックごとの索引図、交通図、ドライブ図。地図はまた各章に及んで、中心都市図、各パート図と至れり尽くせりである。

本文に先立ちVisual guidanceとして、写真、地図、図解イラストを多くあしらって自然や歴史、産業などを紹介。いっぽう本文のガイド記事はイラストだけにして、くわしく記述し、各ページ欄外三分の一のスペースで、市町村人口、担当部局、入館・入場料金、時間の条件、本文への補足……。観光ガイドシリーズはワンサとあるが、この「新日本ガイド」はもっとも良心的な一つだったと言えるのだ。

いま『名古屋　三河湾　美濃　飛驒』を開いているが、近年、人気の高い郡上《ぐじょう》八幡をはじめとする奥美濃の章でいうと、奥美濃の出入り口にあたる関市から始まっている。町の紹介に加えて、有名な「関の刃物」についてコラムがそえてある。八幡町の陰でめだたないが、美濃市はすてがたい町なのだ。これもまた有名な「美濃紙」について、小百科にぴったりのコラム。そして美濃祭の華やかな花神輿《みこし》のこと。隣接する武儀町、洞《ほら》戸《ど》村、板取村、美並村をきちんとガイドした本があるなどと、誰が予想しただろう。

ついでようやく八幡町。地形的特徴、歴史。「郡上の八幡出てゆくときは、雨も降らぬに袖しぼる」。哀調をおびた盆踊り歌の流れる夏祭り。その四日間は山あいの小さな城下町が数万の人でふくれ上がる。

だが、奥美濃はふところ深いのだ。八幡町につづいて和良《わら》村、明方《みょうがた》村、大和町、どんづまりが白鳥《しらとり》町。白山登山口の旧石徹白《いとしろ》村は、村民すべて神に仕える身とされ、ながく年貢免除、苗字帯刀を許されていた。当地の白山長滝神社の六日祭では、天井につるした花笠を若者が奪い合う。入り口の町関市からたどってくると由緒深い歴史と風土をもつ日本の一地方がくっきりと浮かび出る。

このシリーズが、どのような経緯で実現したのかは知らないが、日本交通公社出版事業局が総力をあげて取り組んだ企画だったにちがいない。絶版になって久しいが、古書店を丹念に見ていくと、端本がゾッキ本にまじっていたりする。一冊ずつ集めていくと、「旅の百科」が完成する。

『湯治場通い』

野口冬人　現代旅行研究所　一九九一年

名前の冬人は「ふゆと」が正しいが、親しい人たちは「トウジン」とよんでいたのではあるまいか。もの知りのトウジンさんである。勉強家で博学、たずねると何であれ親切におしえてもらえる。江戸時代の温泉関係のめぼしいものなどと言おうものなら、有名無名とりまぜて、ズラリと書目が届いたりする。

そのエッセイには、よく「山登りにうつつを抜かしていた十代の頃」という一節が出てきた。十代の身で、山を下りてきて温泉で汗を流すときの爽快さを知ったようだ。また山深いところに湯治宿という宿があって、自炊しながら、わが家のように逗留している人々がいることも知った。

昭和八年（一九三三）生まれであって、昭和五十年代はじめから温泉の本を書き出した。『療養の温泉60選』『湯治の宿』『温泉療養の旅（東日本篇／西日本篇）』『温泉療養の手引き』『温泉療法入門』……。

療養、保養、湯治で一貫している。時代相を考え合わせると、これは気骨のいる選択だった。昭和五十年代の半ば、一九八〇年ごろから、日本の温泉は観光開発ブームのなかでマンモス化し、由緒ある温泉宿が次々と鉄筋コンクリートの温泉ホテルへと変わっていった。社員旅行や団体、グループ旅行大歓迎で、一晩中ドンチャン騒ぎ。「観光化された温泉宿では、もう温泉の効果などを求める客は必要としなくなっていたのである」（「温泉考論」）

そんななかで野口冬人は、リチギに湯治温泉のあり方を説きつづけた。好況に浮かれていると、いまに苦しい経営を強いられると警鐘を鳴らしつづけた。不況になったからといって、また昔の湯治宿へもどすといったところで、いったんはなれた客は、おいそれとはもどってこない。だいいち観光向きにかえてしまった宿は、部屋の造り一つとっても療養向きとは大ちがいなのだ。

ディスカバー・ジャパンの熱気が冷めてみると、ことごとくが野口冬人の言ったとおりになった。『湯治場通い』はバブル景気が崩壊した前後に出たものだが、世の中はまだ湯治場に通うといった雰囲気はなかったのだろう。本は仲間でつくった小さな団体から、ひっそりと刊行。保養を大切に考えた人だから、昔ながらの多少とも貧乏くさい湯治宿の欠点は十分に承知していた。だからこれからは、よい環境にあって、心がやすまる宿、日頃の生活のなかでは味わえないムードをもち、しかも一般の人にも手がとどく範囲内の高級感のある、「リッチな保養向きの温泉宿」をすすめている（「湯治と保養」）。日付を見ると一九八九年十二月である。二十年ばかり前にすでに、今日の温泉宿の傾向を予告していたことになる。

九州・竹田市の長湯温泉は小さいながら、日本一の炭酸泉で知られる名湯だが、旅館の並ぶ川沿いから山の背を少しのぼったところの高台に、昔の校舎を移築した風雅な建物がある。看板が出ていて「林の中の小さな図書館」。三方の天井まで大きな書棚が並び、野口冬人・山と温泉の本コレクションが詰まっている。その死（二〇一六年）に先立ち、町の人と話し合って小さな、おシャレな図書館にした。名前をどこにもしるしていないのが、いかにもこの人らしいのだ。

『東海道五十三次ハンドブック』

森川　昭　改訂版　三省堂　二〇〇七年

テーマ別ハンドブックはありがたい。ほんのちょっとの勉強で、一挙に物識《ものし》り博士になれる。そのなかで東海道案内のこのハンドブックは風変わりだ。

「左側コレド日本橋はもと白木屋呉服店・東急百貨店。裏の広場に名水白木の井戸の碑。日本橋三丁目ディックビル裏に秤《はかり》座の碑」（日本橋）

「右へ入り新馬場駅先に東海寺。沢庵和尚の墓は巨石。狂歌師半井卜養《なからいぼくよう》墓。……妙蓮寺に丸橋忠弥首塚、薄雲太夫墓。妙国寺に四代目芳村伊三郎夫妻（お富与三郎のモデル）墓。桃中軒雲右衛門墓。釣鐘型のお祭佐七墓、小唄音丸墓。俳優佐田啓二墓……」（品川）

「（六郷川を）渡ると川崎宿。今の国道十五号の下辺りに奈良茶飯の万年屋があり、万年横丁から川崎大師まで一八丁の大師道があった。その分岐点にあった「大師河原／災

厄消除／従是《これより》弘法大師之道」の道標は大師境内に現存」（川崎）

はじめに旧宿のアウトラインを語ったあとは、記念碑、墓、石碑、道標、塚などを丹念にひろっていく。古文書にあって現在は見当たらない場合は、それがどこに移動したかをあとづける。道標など欠けたり折れたりしている場合は、欠けぐあい、折れのこりの現状を報告。

即物的な案内のあいだに「権太坂は長大な坂」（保土ヶ谷）。昔、旅人が坂の名を聞いたところ、耳の遠い老人が自分の名を問われたと思って、「ヘイ権太ともうしますだあ」と答えたのが坂の名の由来、といった楽しいエピソードがはさみこまれる。

つづいてまた、塚、道標、墓、墓、墓……。ひたすら石巡りの石部金吉的学者と思いきや、「この辺り左手一帯キリンビール工場。瀟洒なレストランもあり、しぼりたてのビールや料理が楽しめる」とあって、なかなかハナせる先生なのだ。

つねに歌川広重の浮世絵シリーズ『東海道五拾三次』がひいてあり、具体的なイメージをお供にできる。「（広重の）保永堂版はここを描く。『こめや』とある所は今は民家。画中に『左りかまくらみち』とある道標は、近くの妙秀寺に保存（上半分）『くらみち』』、延宝二年（一六七四）建」。その書きぶり方からも、著者が実際、東海道全路を歩き、塚や碑や墓を親しく見て、欠けたものは手でなでるようにして写してきたことが読みとれる。

日本人は碑や追慕の墓や塚が好きなのだ。石造りにして道や寺社に建立した。過去をとどめる記憶のしるしだが、実のところ、造ってしまうとお役御免でさっさと忘れた。そんな過去の遺産が日本全国、どれほどの数にのぼることだろう。

「国道一号を渡り五〇メートル右側に小関越《こぜきこえ》道標「三井寺観音道、小関越」文政五年（一八二三）建」

大津を出ると、上がりの京は真近いが、まだまだ見ものは多いのだ。江戸・日本橋から京都・三条大橋まで、数千の石の記憶がえんえんとバトンタッチしてきた。最後に「名所図会」から一つが採用してあって、三条大橋の下を牛車が通る。舗装したような敷石の軌道があって、牛車はその上を行く。当時すでに歩道と車道がきちんと分けてあったのである。

『科の木帖』

宇都宮貞子　文京書房　一九九〇年

山の文芸誌『アルプ』は昭和三十三年（一九五八）三月に創刊。まる二十五年にわたり三百号を数え、昭和五十八年（一九八三）二月終刊。田部重治《たなべじゅうじ》、武田久吉など戦前からの山の名士や、深田久弥、尾崎喜八など、当代の山の人気作家、辻まことや畦地梅太郎など、画家であっても画壇とは遠いところで自由に生きていた人たちに寄稿を求めた。その一方で無名であれ、これと見きわめた人には惜しみなくページを与えた。宇都宮貞子（一九〇八―一九九二）は、その一人だった。

長野市で生まれ、東京の大学で学んだのち、更府村（現・長野市）へ嫁いだ。『アルプ』に初めて投稿したのは一九五九年、五十一歳のときである。信州の山村に親しい植物をよく観察し、人や暮らしとのかかわりを、丹念な聞き書きをまじえて語っていく。その

「草木ノート」は回をかさねるうちに、個性的な植物民俗誌に育っていった。
一九七二年の『草木覚書』に始まって、著書は二十数冊。『科《しな》の木帖』は、最後の著作の一つにあたる。刊行の一九九〇年は、バブル景気がピークに達していた年である。一国の山野が「日本列島改造論」に売り渡され、土地をめぐり札束が乱れとんだ。
ほぼこのころと思われるが、草木の語り部は書いている。「地球上の生物の主役は植物。全くその通りなのに、いくらか文明を持つに至った人類は、自分が主役だと思い上がって、めちゃめちゃに植物や動物を殺し、地球を痛めつけていますが、これを止めないと、今にひどい目にあうことは必至です」。
言うことは言った。あとはごぞんぶんに、といったふうに花の咲き散る丘や、入野の芒の仲間たちを語っていった。
あんらっこ（カリン）
すいばな（オドリコソウ）
だんごのき（ミズキ）
すずめのちょんちょん（カタバミ）
やまのばさのきんちゃく（ヌスビトハギ）
……

土地の言い方がまず出てきて、それに一般名がそえられる。土地の人とかかわってこその植物なのだ。人が親しむなかで名づけた名前にこそ意味がある。

「四月下旬に小田切の山を歩いていた時、道上の急な坂畑に頬被りの頭が見えたのでよって行って見ると、小さなおばあさんが一人、麦の草を取っているのだった」

そっとわきにすわりこむ。麦の畝との間にオドリコソウの群。おばあさんが指さして
「このミツバナは花の尻に蜜あるんて、子供がよくなめやすど。蜂もたんとついてやすなあ」。

林の外れに五竜《ごりゅう》や鹿島槍《かしまやり》、爺《じい》などの後立山《うしろたてやま》連峯。イカルの愛嬌のある高い調子の鳴き声。おばあさんによると〝アカベコ・キィー（赤い着物を着なさい）〟と鳴く。ちょっぴり叙景が入って、風景が立体の彫りをもってくる。

「信濃町の高山のおばあさんの話に」「三水の大川さんは」「鬼無里《きなさ》では」「野沢温泉では」「北山の篠原ますゑさんの話」……。まったく誰にも語れなかった草木誌にちがいない。ごくさりげなく、方言をまじえたおしゃべりが、土の匂いと、いのちのいろどりをつたえてくる。

『光の街　影の街　モダン建築の旅』

海野弘　平嶋彰彦 写真　平凡社　一九八七年

ふつう「モダン建築」という。「モダニズム建築」ともいうだろう。「アール・デコ様式」といいかえたりする。一九二〇―三〇年代に世界的に流行した建築スタイルであって、先にヨーロッパで始まり、東京に及んでのちに全国にひろまった。東京がヨーロッパを模倣し、地方が東京を模倣したといわれるが、はたしてそうか。

『光の街 影の街』には「モダン建築の旅」と添え書きされている。東京に始まって函館、小樽、米子、北九州、塩釜、石巻……。なるほど、モダニズムの建物を求めて旅をした。少々風変わりな紀行だが、気まぐれな旅には、はっきりとした主張がこめられていた。地方のモダニズムは東京の模倣ではないということ。円や直線を巧みに用いた造形意欲が、一九二〇年代に、日本のいたるところで試みられた。だからこそ世界的な現象とし

て歴史に残った。単なるコピーでは土地に根づいたりしないものだ。

「私の旅はひどく貧しいものだ。そこには変ったものも珍らしいものもない」

謙虚な旅人である。あたふたと、しゃかりきになってお目当てを探したりしない。夕方、街のホテルに入り、翌朝、遠足の日の小学生のように目を輝かせて出かけていく——まず、図書館だ。たぶん、すでに十分知っているだろうに、当地ならではの著者による街の歴史をざっとおさらいする。一九二〇年代の街の姿を、想像のなかで復元しながら、やおら見たい建物を訪ねていく。

函館では「ニュー函館ホテル」だった。いや、銀行を改造したこの小さなホテルに泊まっていたのだから、訪ねるまでもなかった。鳥取県の米子市では「市役所旧館」、ならびに「岩井家具店」だった。宮城県石巻では、「かんけい丸」という船名のような陶器屋だった。

「子供っぽいのであるが、旅に出るとわくわくして早起きしてしまう」

子供っぽいのではなく、生まれながらの旅人の生理にちがいない。さらにホテルの朝食よりも、街に出て、小さな喫茶店で、「入れたてのコーヒーと焼きたてのトーストを食べる方がいい」のも同じこと。旅好きとは、そういうものなのだ。福島県郡山市のことだが、早起きのあまり、図書館開館三十分前に訪ねてしまった。とあればスケジュールは即座に変更。このあたりも旅なれた人の特性である。自在に入れかえて、近くの郡山市公会堂にした。一九二四年、郡山が市になった記念につくられた。ついでながら、「公会堂」のある街は訪ねていっていい街なのだ。

そのあと作家宮本百合子の引用になる。彼女の祖父中條政恒は、郡山盆地に猪苗代湖の水をひく安積疏水《あさかそすい》の工事をすすめた人だという。つぎに訪ねる「安積疏水事務所新館」の前説でもあるが、郡山市内に点々と池があるのがフシギでならなかった者には、目からウロコが落ちる思いがする。明治の人は街の資産家に声をかけ、はるばると遠い湖から石造りの疎水を引いて、何百町歩かの原野を開墾した。若い女性百合子は、祖父のもとに遊びにきて、一方の資産家と、他方の開拓者と、あまりに貧富の差があるのを痛感して、十代の社会主義の作家になった。

海野弘の推測によると、公会堂は東の資産家と西の開拓団とのちょうど中間にあって、二つを「一つにつなぐ願い」をこめて建てられたのではあるまいか。「しかしその願いは、少なくとも、戦前は空しいものだった」。一つのモダン建築が、ひろやかな歴史的視野をひらいてくれる。

『ぼくは散歩と雑学がすき』

植草甚一　晶文社　一九七〇年

一九六〇年代半ばのことだが、雑誌『話の特集』に風変わりな連載が始まった。海外、とりわけアメリカの週刊誌や月刊誌をとりあげて、話題になっているテーマ、人、出来事などを紹介する。一見ありきたりの海外トピックスのページだが、いくつか、単なる紹介に収まらない特徴があった。

一つ。書き手が外国、とくにアメリカのジャーナリズムに、おそろしくくわしいこと。

二つ。はっきりした好みがあって、それを何よりの基準にしていること。

三つ。これがいちばん目立つ特徴だが、語り方が変わっていること。多くの場合、まるで歩いているように書く。実際、フラフラ、ブラブラ、散歩するのが好きなのだ。

植草甚一（一九〇九―一九七九）の実質的なデビューである。つまり、六十歳ちかくで世に知られた。先だってほかでも書いていたが、おおかたがジャズの雑誌やマイナー雑誌であって、一般の人は知る由もなかった。

「地下鉄で渋谷から外苑前まで行く。降りてから右側を先へとすこし歩くと、ウィンドーにレコードを飾った小さな店がある」

「……だいぶながい距離にわたって明るい感じの店が並んでいる。いつこんな感じのいい通りになったのかと思いながら歩いていると……」

「……タバコをすいながら書いているうちに、なんだかいやになってきた。それで寝ころがって読みかけたままの……」

このような語り口のもとに、海外、とくにアメリカの映画、ジャズ、文学、ミステリー、ときには政治を語っていく。フランス事情にもくわしい。散歩のついでに古本屋に寄る。洋書店で最新の雑誌を買う。おもしろそうな記事をスクラップにして、短篇小説などで気に入ると翻訳したりもした。

散歩のついでの寄り道は、古書店、洋書店のほかに文房具店と喫茶店だった。文房具店で新しいタイプの筆記道具を見つけると、ひとしきり吟味して、これまでとの違いをたしかめる。喫茶店にはなじみがあって、そこで腰を据えて、仕入れたての雑誌をめくるわけだが、それとは別に、いつのまにか開店した喫茶店に行きあうと、入ってみて、インテリアや壁の色、容器の選択に目を走らせ、ガラスごしに見える街の風景をながめる。

白ずくめの上下に、頭には粋なカンカン帽。それがソフトになったり、白い服に派手なショールがついたり、いずれもよく似合っていた。七十にちかくなって、顎の山羊ひげが白くなり、仙人に似てきたが、ロックや前衛的ハプニングやドラッグを論じて、それもちゃんとサマになっていた。

植草甚一は、そのようなまったく新しい表現者として一九六〇―七〇年代を生き、当時の若者に大きな影響を与え、その「散歩文体」をまねる多くの若手があらわれた。言い忘れていたが、植草甚一は大学中退ののち、東宝に入り、その後、映画館「新宿文化」の主任をつとめ、それを軍国主義の時代に尖鋭な映像文化の拠点として守り抜いた。ノンシャランな自由人で、散歩と雑学の大好きなこの人のひそかな背骨である。『植草甚一スクラップブック』全四十一巻を注意して読むと気がつくのだが、希望と夢の国アメリカが、いずれ格差と分裂と横槍の大国に変貌するということを驚くほど早々と、それもことなげに語っている。

『新版　娘につたえる私の味』

辰巳浜子　辰巳芳子　文藝春秋　二〇〇八年

初版が出たのは昭和四十四年（一九六九）のこと。世代をこえて読み継がれ、四十年後に新版が出された。母が娘に家庭料理の秘訣をつたえるために書いた。ただそれだけのようだが、しかしこれは昭和期にあらわれた最も意味深い本の一つである。いかなる思想書よりも的確に時代の転換と、その後の変化を告げていた。

家庭料理であって、それは季節に応じている。一月はお正月料理、お餅や春の七草のシーズンである。二月はとろろいもと葱。桃の節句のお客さまを迎えるのが三月。あわせて玉子と麩の料理。四月、花見のべんとう。五月はさつきの献立で、筍《たけのこ》の季節でもある。六月は糠味噌《ぬかみそ》。漬物には家の作法があるものだ。そしてこのころ、新じゃがいも、新玉ねぎがお目見えする……。

今では想像しにくいことであるが、戦時中、また戦後も長らく日本人はおいしい食べ物を忘れていた。敗戦後の十数年、生きるので精一杯で飢えをみたすだけの食事だった。昭和四十年代に入り、ようやくひと息ついて、少しずつ余裕ができてきた。ひもじさの食《く》い物ではなく、伝統的な習俗をまじえて親しんできた食べ物がもどってくる。それこそ平和の到来を告げるもの。

『娘につたえる私の味』は、当時の主婦たちのひそかな欲求に、寄りそってこたえる本だった。人々はまたハタと気がついた。長々とつづいた窮乏のあいだに、料理の仕方を忘れていた。なぜこの時期に、ほかならぬその料理なのか。そのことも忘れている。しつけのようにして、親から子につたえられた料理の手順、要所に大切なコツがある。ナサケナイことに、それがさっぱり思い出せない。おりもおり願ってもない教科書が届けられたぐあいなのだ。

辰巳浜子（一九〇四―一九七七）は人名辞典には「料理研究家」となっているが、名のある料理人について修業したわけではなく、料理学校で学んだのでもない。女学校を出て、十九歳でサラリーマンと結婚。子供は三人。応召した夫が戦地で行方知れずの時もあったが、まずは安定した中流階級の主婦だった。家庭料理は手作りにかぎるし、日本人の家庭料理にはしばしば約束事、しきたりがあるのをよく知っていた。それは素材の生かし方をつたえたり、味の深め方を示唆したり、季節の特性に応じたりしている。知らなくてもかまわないが、知っているほうが料理するにも、食べるにも、よりいっそうたのしくなる。それが文化というものであって、「母が伝えずして誰が伝えられるでしょう」。

写真では「母」を絵解きしたような、和服姿の、やさしげな大らかな風貌だが、ピシリと芯の通った、考えのはっきりした人だったのだろう。ごぼうのような「良質の野菜」の調理法が忘れられ、食材としても失われていくのを「大きな損失」と語っている。「所得倍増」がスローガンだった同時期の値上がりに触れ、魚では高い切身ではなくても、中おちやえんがわで、おいしいあら煮ができることを述べている。ひじき、ぜんまい、海苔、かんぴょうなど乾物の保存に、冷凍保存をすすめている。農協に冷凍倉庫の整備をすすめ、冷凍技術の進歩、改良が「食糧の管理に多大の利益をもたらす」と主張している。食品界のお歴々より何十年も早かったのではなかろうか。

死後、娘は母の遺品を整理していて、丹念にメモをとった「50年分のノート」に気がついた。

『富士山の噴火　万葉集から現代まで』

つじよしのぶ　築地書館　一九九二年

富士山の地下で「低周波地震」といわれるものが観測されたのは、二〇〇〇年十月である。一七〇七年の宝永の噴火からほぼ三百年。静寂を保っていたお山が、そっと動き出したぐあいだ。翌年、国と関係自治体は「富士山火山防災協議会」を設置。噴火による災害を予測し、被害を防ぐための検討を始めた。

三年後の二〇〇四年、同協議会は「富士山ハザードマップ」を発表。火山災害予測図、あるいは火山災害危険区域予測図にあたり、富士山が噴火したら、どの地域に、どのような危険が及ぶかを示したものだ。自治体の防災業務用以外に、一般配布用や観光客用もつくられたが、ほとんど手にとられることなく終わったのではあるまいか。富士山が噴火するなど、お伽噺めいているからである。八面玲瓏《れいろう》の富士と称されるあの美しい三角錐が黒煙を吐き、灰や溶岩を噴き出すなどのことが、どうしてありえようか。

貞観《じょうがん》六年（八六四）駿河富士山噴火

これは「貞観の大噴火」といわれるもので、膨大な溶岩が青木ヶ原一帯に流出。「せの海（湖）」を本栖湖、西湖、精進湖に分断した。

長元五年（一〇三二）駿河富士山噴火

元弘元年（一三三一）駿河富士山噴火

永禄三年（一五六〇）是歳駿河富士山噴火

寛永四年（一六二八）是歳駿河富士山噴火、江戸雨灰色黒

元禄十三年（一七〇〇）是歳駿河富士山噴火

宝永四年（一七〇七）駿河富士山噴火

これは「宝永の大噴火」と呼ばれたもので、噴火は十六日間つづき、火山灰が江戸から房総一帯に降りつもって、農作物に甚大な被害をもたらした。現在、富士山南面にパックリと大きな口をあけているのが、そのときの火口である。

防災学者のつじよしのぶ（本名・都司嘉宣）は、富士の噴火年表をつくっていて気がついた。江戸以前の部分は主として「正史」、つまり、「支配者の統治の記録」から採録されている。したがって軍事、行政にかかわる場合は記録されても、「統治上の利害に

無関係」なことは記されない。たとえば静かに噴煙を流しているといったことは、支配者にとって得にも損にもならないことなので記録者の関心に入ってこない。

いっぽう、現在の火山学の関心は「噴煙を含む火山活動」のあるなしであって、穏やかに噴煙をあげているのは、活発な火山なのだ。とすると記録に見る「駿河富士山噴火」だけでは富士山のことはわからない。その年以外の富士山は噴煙もあげず地熱の痕跡もない静かな山だったのか、はたしてどうなのか。

そんな関心から、この地震学者はお伽噺や昔話、紀行文、万葉、古今、新古今の和歌、さらに江戸時代の句集まで克明にあたっていった。八世紀から二十世紀の終わりまでの約千二百年間に、富士山に噴煙のあった時期を時間換算すると、およそ六百五十年になる。長い歴史の物差しでいうと、富士山は現在の浅間山や阿蘇山と少しもかわらない活火山なのだ。しかも一七〇七年の宝永噴火このかたマグマを噴出していない。マグマをせっせと地下にためつづけている富士山は不気味な存在だが、あと百年ぐらい、このまつづくかもしれない。あるいはある日、突如として一気に噴出することもありうる。つぎの噴火の時はいつごろなのか、誰にもわからない。

『カントリー・ダイアリー』

イーディス・ホールデン　岸田衿子、前田豊司 訳

サンリオ　一九八〇年

二十世紀初頭のことだが、イングランド中部の小村にイーディス・ホールデンという女性がいた。幼いころから絵が好きで、地元の美術学校で絵を学んだ。身近な草木や花や鳥や蝶を描いていたのが出版社の目にとまり、おりおり挿絵の仕事が舞いこんできた。一九〇六年、イーディスが三十五歳のときだが、まる一年間、画文スタイルによる日記を書こうと思い立った。一月から始まって、まず、その月の言い方が何に由来するのかを調べ、主な聖人の祝祭日をメモしておく。日々の観察とともに、読んだ本から印象深いことばを書き出しておく。書くにあたり、画をまじえながら文そのものも、お得意のレタリングによることにした。だから一年が終わってみると、美しい手書きの画文集ができていた。

ときおり挿絵を依頼してくる出版社の目にとまり、一九〇六年の日付入りの本になった。出た当座は人の目にとまったかもしれないが、手書きの絵日記はそれきりで忘れられた。一九七七年、ある出版社が美しい日記の存在に気づき、あらためて元のままの本にした。グリム童話の「眠り姫」のように、七十年余りの永い眠りののちに、片田舎のつましい女性の観察日記が甦った。

たとえば四月のところ。

「この月の名前（APRIL）は『開くこと』を意味するギリシャ語に由来する」

四月一日が、「なにも気づかぬ者や、人を疑わない者をだますこと」に多大の努力が払われる日のこと。四月のことわざに、この月の洪水は「カエルもオタマジャクシも流し去る」というのがあって、イーディスはメモするとともに、オタマジャクシに目をとめて観察した。まさしくいま、「ゼリー状の卵」から出て、小さなしっぽを振りながら池を泳ぎまわっている。さっそくカワギスがやってきて、オタマジャクシをパクついている。カエルの卵とオタマジャクシの絵が添えられている。

「4／14　最初のツバメを一羽、また黄蝶を一匹見た」

「4／20　今日、今年はじめてチフチャフの姿を見、声を聞いた。二羽も見たのだから、この辺にたくさん来ているらしい。また狩猟場ではじめてノビタキを見た」

イギリスの山里にとっては、小鳥の姿がカレンダーよりも正確な季節の便りであることがうかがえる。チフチャフ（Chiff-chaff）は鳴き声を模した俗名だろう。勉強好きのイーディスはそこにSylvia hippolaisと学名を書き足している。まわりにツノギ、カバノキ、コケモモを描き添えたのは、チフチャフが姿を見せるころに花をつけるからだろう。ヒメタテハが飛んでいる。その花々をめざしてあらわれるからにちがいない。画文はそれ自体が、大いなる自然の循環《じゅんかん》の一部になっている。

「4／23　明るく寒い日。狩猟場から取ってきたという二匹の毒蛇を見た」

マムシの画文に追加して、人はひどく恐れるが、実は小心の動物であって、いつもおそいかかるよりは、人から「逃げようとする」生き物だということを書き添えた。地上の生き物を、この上なくよく見ていた。背表紙には、こればかりは出版社がつけ足したらしいが、少し眉をひそめたシンの強そうな、美しい女性の姿が見える。

『日本列島　地図の旅』

大沼一雄　東洋書店　一九八〇年

地図の本はそれぞれ特色があって、どれといわずにたのしいものだが、いま、ある世代以上の人には、当書はとりわけうれしい本である。沖縄から北海道東端まで、地図とともに旅をする。世に出たのが昭和五十五年（一九八〇）のことで、改訂を受けたが、基本的には、その当時の日本列島の姿をとどめている。人によっては自分の青春の町と対面して、その変わりようまで知ることができるのだ。

「基地の中の沖縄」が皮きりだ。主都那覇の市域を、広大な米軍施設、米軍住宅地が占めていて、残ったところに人家がひしめき合っている。当時（昭和五十五年）の記録で、人口密度一平方キロ当たり、じつに一万人以上。頭ではわかっていても図示されないかぎり、現実の苛酷さはわからない。

「役場のない村」では、鹿児島の南、約二百キロ、トカラ列島の新旧二つの地図が語りかける。

「小宝島は、ここにあげた三つの島のうちでは、ただ一つの島民のいる島である。昭和五〇年現在、人口二五人」

まだ若かったころ、冒険野郎のつもりで宝島探険を志した人もいるのではなかろうか。行政上は十島《としま》村といって村ではあるが、どの島にも役場の記号がない。わきに鹿児島市の部分地図の拡大図が添えられていて、鹿児島湾の一角に「十島村役場」が見える。

「過疎化の波は、今日も休みなく、孤島の岸辺を洗っている」

『日本列島地図の旅』は地図による戦後日本社会の旅であって、それも最初の高度経済成長に突入したニッポン国の変貌の記録でもある。「無人都市から一〇〇万都市へ」と題された広島の章には、三枚の地図があてられていて、一つは大正十四年測、二つ目は昭和二十五年測、三つ目は昭和五十六年測。戦前、広島鎮台が置かれ、軍事都市として発展した。それが二十年八月六日の原爆の日を迎える。一面の焼け野原が約三十年して一〇〇万都市になっている。何やらお伽噺の舞台を見ているようだが、わが祖国の一つの不屈の姿でもあるだろう。

「東北日本を行く」の冒頭は「三陸リアスと津波釜石」。明治二十九年の三陸津波の大

被害。昭和八年、再び襲ってきた大津波。つづいて語られていることは、数十年後の大津波そのままの予告でもある

「いま、三陸沖六〇〇キロメートル、深さ四、〇〇〇メートルを震源地とする地震があったとする」

ウネウネが凝集したような釜石市の地図が、黙示録の一景のように見えてくる。

終着駅は北海道南東の根釧《こんせん》原野。見わたすかぎり、ノッペラボーの台地が広がり、平均気温、年五度。年中ストーブが欠かせない。夏には毎日のように濃霧が立つ。

そのころリュックサックは横長の形をしていて、背負って歩くとカニが這っているのとそっくりだった。夏になるとカニの群れが北海道へやってきて、右往左往する。濃い霧の立ちこめるなか、せわしなくカニ族が移動していた。「コンセンゲンヤ」のひびきが、はるかな異国にひとしかったが、地図には「別海村」とあって、別海のカニに似合っている。思い返せば、ただ黙々と歩いていた気がするが、はたして何を念じていたのだろう？

『山の文学紀行』

福田宏年　スキージャーナル社　一九六〇年

この本は二度出た。最初は昭和三十五年（一九六〇）で、ちょうど登山ブームが始まったころのこと。二度目は昭和五十一年（一九七六）で、日本の文学だけだった最初の本に対して、外国編がつけ加わった。著者は中央大学でドイツ語・ドイツ文学を講じる一方、山好きで知られ、自分では「素人」と称していたが、大学の山岳部長としてヒマラヤまで遠征した。山の名著の訳者としても知られていた。

最初の登山ブームは若い人が主役だった。当時の写真に見るとおり、ほぼ二十代の若者、若い娘たちが谷川岳を埋めている。その山登りには特徴があった。山は登るだけでなく、自然と向き合って対話するところ、思索し、人生を考えるためのオープンスペース。

「自然によって人生論をたどってみたいというのが、この本のねらいである」

太宰治の『富嶽百景』、志賀直哉の『暗夜行路』の大山、『伊豆の踊子』『あすなろ物語』の天城山、若杉慧の『青春前期』の八ヶ岳、井伏鱒二「山峡風物詩」と深沢七郎の『楢山節考』……。

どのように山が語られているかをたどりながら、主人公の行動、考え方、感じ方を追っていく。山はつねに人生を考えるためにそこにあった。昭和三十年代の日本は貧しく、若い層はとりわけ貧乏で、休みもロクにとれないなかにあって、山に入ると幸せだった。コッペパンをかじりながらも論じる対象があり、とり交わされる対話があった。大半は幻想であったにせよ、空腹をこらえても夢見るだけの能力があった。

深田久弥の著作からは無邪気な善意と信頼の物語「G・S・L倶楽部」が選ばれていて、登山家の登山話は一つも入っていないのである。

外国編では十九・二十世紀の名作を通してスイス・アルプス、キリマンジャロ、カフカーズ、アンダルシア山地、ウラル、コルシカなどが語られていく。二度目の刊行の昭和五十年代にも、一般の人にはスイスははるかに遠く、キリマンジャロは雲のかなただった。日本人が自由気ままにアンダルシアやウラルの山地を放浪するなど想像もつかぬころで、だから著者は山岳描写や広大な展望のくだりを長々と引用した。いわば紙上山

旅の案内役を買って出た。

「……百歩ほど進んだと思うと、急に谷が開け、天然にできた曲馬場のような地形が眼前に現われた。まわりにそそり立つ絶壁に遮られて日の光は全くささぬ。旅する者にとってこれ以上気持のよい休息場を見つけることはできない」

作者が南スペインを歩くにつれて、編者がうしろから追っていき、そのうしろから読者が山道をついていく。そんなふうにして、私たちの世代は横光利一の『旅愁』のチロルを歩き、ヘッセの『郷愁』のスイス・アルプス一帯をさまよった。コルシカの風物のおおかたはモーパッサンの『女の一生』に負うている。いかにも貧しい体験だったが、その山旅が貧しかったとは誰にもいわせない。

『近世紀行文集成　第一巻　蝦夷篇』

板坂耀子 編　葦書房　二〇〇二年

江戸後期の蝦夷（北海道）については、菅江真澄《すがえますみ》の旅日記や松浦武四郎の日誌が知られているが、ほかにも多くの紀行記がある。それだけ関心が高まっていたからだろう。ロシア船がしきりに沿岸に出没していた。ロシア使節が正式に通商を求めてやってきた。イギリス船が現われた。幕府は東蝦夷を直轄地と定めた。最上徳内が千島、近藤重蔵がエトロフ島の探険に出発した。悪徳商人に耐えかねてアイヌ人の反抗が始まった。北方の辺境がにわかに慌ただしくなってきた。

『近世紀行文集成』の第一巻として「蝦夷篇」が出たとき、私は小躍りした。これまで研究者以外は手に入らなかった江戸時代の紀行記が読める。しかも編者のわかりいい解説つき。ここには四篇が収めてあって、「蝦夷の嶋踏」「蝦夷蓋開日記」「未曾有後記」「蝦夷行程記」。いずれも初めて知った。

私にはとりわけ谷元旦《もとかつ》の「蝦夷蓋開日記」がたのしかった。「蓋開」はふた・びらきと読むのだろうか。寛政十一年（一七九九）、幕府は松平信濃守以下八百余名の大調査隊を蝦夷に派遣した。それを「蝦夷国蓋開き」と称した。それだけ力を入れ、予算をつけたようだ。谷元旦は『日本名山図会』などで有名な画家谷文晁《ぶんちょう》の末弟で、このとき二十一歳。駆け出しの画家が調査隊の図画写生係として加わった。かの国の「国風、人物、山水、器用、産物等をうつす」べし。

日記は「出立」に始まって、「帰着」で終わる。当集成で百三十余ページあり、いちばん長い。二十一歳の青年には見るもの、接するところ、すべてが未知だった。津軽半島の「三馬屋（三厩）」より海峡をわたり、蝦夷に入ってのちは箱館、室蘭、苫小牧と、海沿いに進んだ。「蝦夷人（……）予を見てあぐらをかき、手を二三度上《あげ》へ上る。蝦夷の礼なりといふ」。

アイヌの女たちの機織《はたおり》を見たのだろう。「其織法は夏月蘭《いひ》を刈取、熱湯を懸《かけ》て日に晒しあげて、女の職工に織《おる》。白と黒と染分て織をアヤキナといふ。アッシ布とヲヒヤウの木の皮を五月比《ごろ》剝取《むきとり》、水に漬《つけ》て日に干しあげて細《こまか》にさきて後《のち》、よりをかけ機《はた》にかけて杼《ひ》に通し織《おる》なり」。

江戸の紀行記というと雅文的で、大げさな詠嘆調の文飾が入るものだが、ここにはその手のものが一切ない。画家の目で見たところをそのまま書いた。その文は少し補いをすれば、すぐさま現代文になるだろう。

アイヌ人の村に逗留中のことだが、村びとのたのしみ方を語っている。「歌舞、夷語（アイヌ語）にて少しも分らず、歌をうたうもの、横手を頭《かしら》へ置《おき》、左りの手にて腹をたたき、拍子を取うたふ」

異文化体験にあたるが、感情的な判断は一切いれていない。「余戯《たはぶ》れに夷人と射をなす、中《あた》りを競ふ、木葉を以て的となし射る」広大な原野に、二つの言葉と若々しい喚声とが流れていたと思われる。

しめくくりに「写《うつ》し来たりし品」を数えている。「草木三百種、海品十七種、蝦夷大概奇勝図百十六景、奥羽勝景百五十五景、百獣十三禽《きん》三十一品《ひん》、貝類三十品、器物百十、人物七拾弐様、都合八百三十一品」。

なかなか精勤だったといわなくてはならない。画家というよりもカメラマンの仕事振りだったのではなかろうか。

『木』

幸田文　新潮社　一九九二年

木をめぐる本だからタイトルは「木」。それでよさそうなものだが、ふつうこんな場合、出版社が承知しない。それでは読者に内容がつたわらないというのだ。せめて「木との対話」「樹木を訪ねる」「私の愛する木」……。

本として出すとき、著者幸田文《あや》はすでに亡くなっていた。だから遺族が対応したのだろうが、聡明な遺族は丁寧に、そしてはっきりと述べたにちがいない。「木」でお願いしたい。著者が生前、つねづねそのように申しておりましたから――。

えぞ松、藤、ひのき、杉。読んでいくとわかるが、植物学者にも、ナチュラリストにも、樹木の好きな物書きにも、誰にも書けなかった。ひとり幸田文のみにできた植物誌である。「樹齢三百年ほど、とその人は推定する木だけれども、さながら兄弟木とでも

いうような、より添ってそびえた二本立だった」。

ひのきの巨木で、一本はまっすぐ、一本はやや傾斜して立っている。ともに「根張り」が逞しく、土をはなれるあたりの「幹の立ち上がり」の強さときたら、みごとというほかない。幹は「ぐうんと円筒型」でのびて、下枝はなく、樹皮は谷のしめりを吸って濡れている。樹齢といい、姿といい申し分ない。幸田文の木の紹介文そのものも、木に対する愛情とやさしさを内に秘めて、ピンと張りつめている。

まっすぐな方はいいとして、傾斜した方はいただけない。なぜか？　聞き書きを終えてのちに語っている。「人にそれぞれの履歴書があるように、木にもそれがある」ほんのわずかなねじれ、カッコいいほどの傾斜がもたらす傷、木はめいめい、そういったものをからだにしるしている。

圧巻は屋久島の杉をめぐる一章だろう。それはこんな書き出しによっている。
「去年は、縄紋杉《じょうもんすぎ》に逢うことができて、この上ない仕合わせな年だった」
「去年」とは一九七五年のこと。ときに幸田文七十一歳。ふだんはたしなみのいい着物の人が、「木に逢いに行く」ためにズボンとヤッケになった。ウィルソン株までは頑張ったが、もう足が動いてくれない。念願の縄紋杉まではおぶってもらうことにした。「縄紋杉は、正直にいうと、ひどくショッキングな姿をしていた」。

不格好で、幹が「横にどでかく太く」、その上は枝分かれして急に細くなる。「根まわり二十八米《メートル》、胸高直径五米、樹高三十米、コンピューターの計算では、樹齢七千二百年という」。

ひろく知られたデータを伝えたのちに、自分の眼が見てとった独自なところをつづっていく。

屋久杉は総じてこぶこぶだが、縄紋杉のこぶこぶはところどころ灰白色の筋がうねっており、おどろおどろしい。根は「縦横あやにかけてのた打って」いる。なにより不気味なのは、その「古さ」だという。見た瞬間に、はかり知られぬ長生きだと直感的に感じさせるもので、「なにかは知らずあやしい」。

昼の弁当のあと、ちょっと昼寝をした。元気回復してながめると、「縄紋はやはり、申分のない別格だった」というのだ。からだが疲れていると見誤る。一度はいとわしく、二度目は好ましく見直せてほっとしたというが、なんと正直な人だろう。

#『和菓子を愛した人たち』

虎屋文庫 編著　山川出版社　二〇一七年

和菓子はケーキ類とちがって製法が単純である。小麦粉をこねて、あんをつつみこみ、それをむす。ただそれだけ。小麦粉が米粉《べいふん》になったり、もちごめになったり、うるちともちごめの混合になったりのちがいはあるが、基本はかわらない。

これっぽっちの製法から、なんと多彩な製品が生まれてくることだろう。まんじゅう、大福、どらやき、もなか、きんとん、おはぎ、ちまき、くずもち、きんつば、よもぎもち、桜もち、わらびもち、栗まんじゅう、ぼたもち、月見団子……。いま思いつくだけあげても、これだけある。全国の名物菓子をかぞえていくと、どれほどの数になるものやら。

紫式部と椿餅、松尾芭蕉と「ところてん」、二代目団十郎と「ういろう」——。歴史上の有名な人物が、和菓子を食べている。あるいは和菓子のエピソードとかかわっている。菓子を通して歴史上の人物の意外な一面が見てとれないか。

本能寺の変ののち、京都の人が明智光秀に粽《ちまき》を献上したところ、光秀は気持が上ずっていたものか、「菰葉《こよう》」（粽を包んだ葉）をとらずに口に入れてしまった。京の人々はそれを見て、この程度の人物かと見限ったらしい。食べ方で武将の器をはかったわけだが、案の定「三日天下」で終わった。

「春はあけぼの」で始まる清少納言の『枕草子』には、たまのことだが菓子が出てくるそうだ。ある日、貴族の使いが白い紙包みをもってきた。「餅餤《へいだん》」が二つ入っていた。中国から渡来した唐菓子の一つで、ガチョウやカモの子、雑菜などを煮合わして餅で包み、四角に切って仕上がり。現代の感覚でいうとお菓子よりもサンドイッチのようなものだったと思われる。文筆好きの女性には、ありがたい差し入れだったのではあるまいか。

歌人の和泉式部は恋歌で有名だが、食べ物の歌も少なからずあって、わが子に草餅を詰めて送ったなどのことを歌にしている。草餅というと、すぐにヨモギ餅を連想するが、当時はヨモギではなく母子草、つまり春の七草の一つのゴギョウをまぜて搗《つ》いた。草餅にさりげなく母と子の情を包みこませていた。

天下の副将軍徳川光圀は友人の古希の祝いに特別の饅頭を用意した。虎屋が注文を受けて作ったそうだが、虎屋の記録には、「皮二十七匁《もんめ》、餡《あん》四十三匁」饅頭の上に、「ふく寿といふもし一しかき申候」となっていて、数は百組。皮と餡の重さをたすと、通常の約五倍で、相当に大きかった。福々しいおまんを百個並ばせるとは、さすがに水戸の御老公というものである。

正岡子規と牡丹餅、宮沢賢治と団子、谷崎潤一郎と羊羹《ようかん》、三島由紀夫と干菓子……。たのしいエピソードが百人に及んで百話収めてある。「虎屋文庫」とあるとおり、「ヨーカンのトラヤ」で知られた老舗《しにせ》のスタッフが、店に伝わる古文書や伝聞をひもとき、まとめ上げた。食べる人と食べものをめぐる手つづきが、おいしい和菓子のつくり方と似ている。おかげで頬ぺたの落ちるような本ができた。

『神主と村の民俗誌』

神崎宣武　講談社学術文庫　二〇一九年

山に向かう途中、目にしたことはないだろうか。古ぼけた石段の左右に雄大な幟《のぼり》が立っている。白地に黒の雄渾《ゆうこん》な文字、上を下にシャレた模様がついている。秋空にスックと立って、おりからの風にはたはたとはためいている――。

秋の祭礼を告げている。遠くで笛、太鼓が聞こえるようだ。それにしてもいかにも日本的な風景である。神さまのすむところは、なぜか懐かしい。

この本が三十年ちかく前に単行本で出たときは、『いなか神主奮戦記――「むら」と「祭り」のフォークロア』だった。中味には「奮戦記」が合っている。若い神主の卵がむらの慣わしと祭儀のなかで奮闘する。三十年ちかくたって、そんな私的記録がごく自然に、ひろくユニークな「村の民俗誌」に変貌した。すぐれた本の特性である。

岡山県中央部・吉備高原南端の宇佐八幡神社が主な舞台である。神崎家は世襲の神主として代々つとめてきた。著者の代で二十八代目になる。生まれながらに、このような宿命を定められていた。

その一方で宮本常一門下の民俗学者である。その生活の場は東京にある。取り入れが終わり、正月があけるまで、吉備高原は祭りがつづく、神々の季節である。よく耕された高原に、平均して一町の田畑をもつ農山村が散在している。豊かな土地は神さまにも「居ごこちがいい」のだろう。旅するとわかるが、神社のほかに、いたるところ小祠、辻堂を見かけるものだ。好んで神が降臨してきた。そんな土地の描写が興味深い。神々の「すだく里」で、父にかわって一人祈禱を捧げる姿から始まっている。父が祭主で、「若」は禰宜《ねぎ》といって補助役をつとめていた。

サンヤーサンヤー

この御座《みざ》に参る心は天地《あめつち》の　開きはじめの心なるもの

太鼓は横打ち、一面の革を左右のバチで叩く。音をそろえるのが難しい。夜ふけの一人祈禱が一時間ばかり、雑念が消えていって、足のしびれも気にならない。「血の因果といえば大げさになるだろうか」。

祭主の神社も入れて、神主のいなくなった神社を八つ兼務している。季節に入ると、とてつもなく忙しく、さまざまな問題が降りかかってくる。神主はまた土地の人の愚痴や訴えごとの聞き役でもある。「若」とて、その役目を免れない。

「そもそも、私たち日本人の信仰の形態は、はたして宗教といってよいのかどうか」

実態のなかで、根本的な疑問が芽生えてくる。「無神論者である私のような立場の者が祭司役が務まるのも、また日本のむらの祭りではなかろうか」。

貴重な記録である。若い感性と民俗学的観察を通して、まぎれもない事実が書きとめられた。文庫版あとがきは、父を継いだあと四十年に及ぶ歳月のなかで、すさまじいまでにむらが変化したことが語られている。高齢化と過疎化による活力の後退。祭りの行事が消えていく。その中で小規模な「株神」の祭りの一つが復活したこと。そのエピソードの報告が何ともいいのだ。

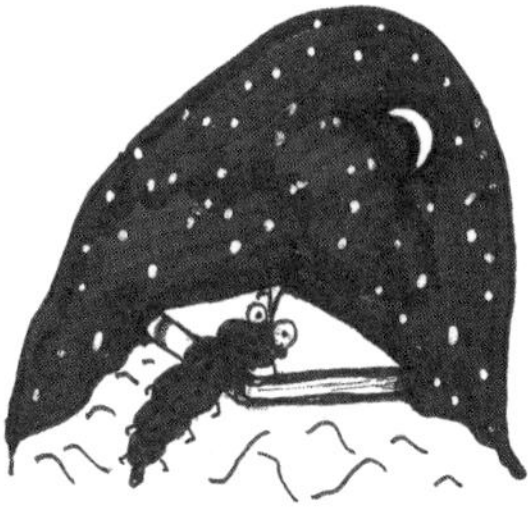

池内 紀（いけうち・おさむ）
1940年、兵庫県姫路市生まれ。ドイツ文学者、エッセイスト。『池内紀の仕事場』全8巻（みすず書房）、『山の朝霧 里の湯煙』（山と溪谷社）ほか、著訳書多数。『諷刺の文学』（白水社）で亀井勝一郎賞、『恩地孝四郎』（幻戯書房）で読売文学賞、『海山のあいだ』（マガジンハウス）で講談社エッセイ賞、『ファウスト』（集英社）で毎日出版文化賞、『カフカ小説全集』（白水社）で日本翻訳文化賞、『ゲーテさんこんばんは』（集英社）で桑原武夫学芸賞をそれぞれ受賞。2019年8月没。享年78。

●乱丁·落丁、及び内容に関するお問合せ先
山と溪谷社自動応答サービス
TEL.03-6744-1900
受付時間／11:00〜16:00（土日、祝日を除く）
メールもご利用ください。
【乱丁·落丁】service@yamakei.co.jp
【内容】info@yamakei.co.jp

●書店·取次様からのご注文先
山と溪谷社受注センター
TEL.048-458-3455　FAX.048-421-0513
●書店·取次様からのご注文以外のお問合せ先
eigyo@yamakei.co.jp

ISBN978-4-635-17212-7

山《やま》の本棚《ほんだな》

2023年 7月5日　初版第1刷発行
2023年12月5日　初版第3刷発行

著・挿画　池内 紀

発行人　川崎深雪

発行所　株式会社 山と溪谷社
〒101-0051
東京都千代田区神田神保町1丁目105番地
https://www.yamakei.co.jp/

装幀　櫻井 久（櫻井事務所）

編集　大武美緒子、神谷浩之（山と溪谷社）

印刷・製本　株式会社シナノ